高等学校“十一五”规划系列教材

公共关系学

主　编　马　纯　张　祎
副主编　孙冬青　刘义华
吴祯嵘　吴腾飞

合肥工业大学出版社

前言

随着我国改革开放步伐的加快和社会主义市场经济的长足发展，现代组织所处的社会关系和社会环境越来越复杂，对组织顺利发展的影响力也越来越大。因而，人们的公关意识不断增强，公关实践活动蓬勃开展，社会组织对公关人才的需求日益迫切。如何改善、协调社会组织的内外关系，使组织处于天时、地利，尤其是人和的发展环境中，是任何组织都必须关注的重点。公共关系已迅速成为现代组织战略管理的重要内容。开展公共关系思想、原则、方法和技巧的教育，是培养公共关系人才的有效途径。公共关系的实践活动不仅仅存在于工商企业的经营管理活动中，而且还广泛存在于人们的社会政治、文化、生活和交往等各个领域。我们编写的这本《公共关系学》，不仅可以作为高职高专、成人高等学校公共关系课程教材，而且对那些希望从事公共关系职业，努力实现个人事业成功的人们也是非常适用的。

本书主要分为两个部分：第一部分是公共关系基本理论，阐述了公共关系兴起的原因条件和国内外的发展趋势，以此强调公共关系在社会经济生活中的重要地位和作用；第二部分是公共关系实务，书中对公共关系的一些基本知识和基本技巧做了较为全面的介绍，以适应操作性、实用性的需要。

本书的特点：理论繁简得当，案例分析典范。作为教材，教师可以充分发挥创造的空间；作为自学用书，既保证了公共关系体系的完整性，又能够使学生举一反三，学以致用。

本书在编写过程中，参考和引用了国内外同类和相关的著作及报刊资料，得到安徽职业技术学院工商管理系的领导及各位同仁的大力支持和帮助，同时，也得到了合肥工业大学出版社疏利民编辑的指导，在此一并表示诚挚的谢意！

本书由安徽职业技术学院马纯、张祎任主编，负责全书大纲的拟订以及书稿统稿和修改。安徽建工技师学院孙冬青、安徽职业技术学院刘义华、安徽铜陵职业技术学院吴祯嵘、安徽明星科技职业技术学院吴腾飞任副主编。具体分工如下：马纯撰写了第一章和第十章；张祎撰写了第二章和第五章；孙冬青撰写了第六章和第八章；刘义华撰写了第三章、第四章和第九章；吴祯嵘撰写了第七章和第十一章；吴腾飞撰写了第十二章。

由于编者水平有限，书中难免出现不足和疏漏之处，敬请有关专家、学者和广大读者不吝批评指正。

编　者

2006 年 12 月 8 日

目录

第一章　公共关系概论

学习目标

掌握公共关系概念的基本含义、定义、构成要素，以及公共关系与各学科的关系等内容。

引导案例

只有一个乘客的飞行

1988年10月25日，一架波音747喷气客机从东京飞往伦敦。机上只有一名乘客，这架飞机是英国航空公司所属的008号班机，乘客是日本妇女大竹秀子。

本来，在东京等候这架班机的有191人，可是，这架飞机因故障延迟起飞，其他190名乘客都在劝说下改乘别的航班走了，唯独大竹秀子非008号不乘。在此情况下，英航毅然决定：008号班机修复后，放弃其他商业飞行，只载大竹秀子一人。于是，开始了一次航程为1.3万公里、长达13个小时、仅有一名乘客的长途飞行。大竹秀子被请到头等舱，15名服务小姐和6名机组人员为她服务，在机上她享用了水煮大马哈鱼、嫩煎猪肉等美味菜肴，又收看了电影《落水》，在睡意蒙胧中飞抵伦敦。这次飞行，英航共计损失10多万美元。

公共关系作为一种客观存在，可以说在人类社会产生的同时就已经开始出现。但在当时及以后漫长的一段历史时期内，它一直处于盲目的原始状态。只是到了20世纪初，随着商品经济和传播技术的迅速发展，现代公共关系才开始发展起来，通常所说的公共关系就是指这种现代意义上的公共关系。公共关系作为一门新的学科，也就是在这种基础上产生和发展起来的。本章的主要任务是：如何认识公共关系以及公共关系学的研究对象和主要内容等。

第一节 公共关系的含义

“公共关系”一词来源于英语 Public Relations，英文缩写为 PR，也可译为公众关系，或被简称为公关。

一、公共关系的定义和分类

公共关系作为商品经济高度发展的产物，已成为现代社会的一种普遍现象，它的社会作用也表现得越来越重要。但由于公共关系的学科历史较短，人们对公共关系的认识还存有诸多方面的不一致，对公共关系的定义也有各种各样的表述，这些表述从不同的角度反映了公共关系的内涵。

（一）管理职能方面的定义

持这种观点的人认为，公共关系是社会组织对社会公众一种有目的、有意识的调整和控制行为。这类定义，主要是从公共关系的功能特点角度出发，强调了公共关系的作用是一种组织的管理职能。

国际公关协会提出的定义是：“公共关系是一种管理职能。它具有连续性和计划性。通过公共关系，公立的和私人的组织、机构试图赢得同它们有关的人们的理解、同情和支持——借助对舆论的估价，以尽可能地协调它们自己的政策和做法，依据有计划的、广泛的信息传播赢得更有效的合作，更好地实现它们的共同利益。”

美国《公共关系新闻》杂志的定义是：“公共关系是一门管理职能，它评估公众的态度，检验个人或组织的政策、活动是否与公众的利益相一致，并负责设计与执行旨在争取公众理解与认可的行动计划。”

美国公共关系研究和教育基金会的哈洛博士认为：“公共关系是一门独特的管理职能，它帮助一个组织和它的公众之间建立交流、理解、认可和合作关系；它参与各种问题和事件的处理；它帮助管理部门了解公众舆论，并对此作出反应；它明确并强调管理部门为公众利益服务的责任；它帮助管理部门掌握情况变化，并监视这些变化，预测变化趋势，以使组织与社会变化同步发展，它以良好的、符合职业道德的传播技术和研究方法作为基本的工具。”

香港中文大学潘光迥博士的定义是：“公共关系是一门管理学科，为人们广传一种优良的形象，或者维护某项有益措施，争取外界谅解、协作与支持。”

王乐夫在《公共关系学》一书中的定义是：“公共关系是一种内求团结、外求发展的经营管理艺术。它运用合理的原则和方法，通过有计划的持久的努力，协调和改善组织机构的内外关系，使本组织机构的各项政策和活动符合广大公众的要求，在公众中树立起良好的形象，以谋求公众对本组织机构的了解、信任、好感和合作，并获得共同利益。”

美国著名公共关系权威卡特利普和森特一致认为：“公共关系是这样一种管理功能，它确定、建立和维持一个组织与决定其成败的各类公众之间的互益关系。”

（二）传播沟通方面的定义

持这种观点的学者侧重于认为，公共关系是社会组织对社会公众的一种有目的、有意识的传播沟通行为。这类定义主要是从公共关系的运作特点上来考察的，它强调了公共关系的手段是一种传播沟通方式。

《韦伯斯特新国际辞典》第三版公共关系条目的定义是：“公共关系是通过传播大量具有说服力的材料，促进社会上人与人之间、人与公司之间、或公司与公司之间亲密友好的关系。”

英国学者弗兰克·杰弗金斯在《公共关系》一书中的定义是：“一个组织为了达到与它的公众之间相互了解的目标而有计划地采用了一切向内向外的传播方法的总和。”

美国学者约翰·马斯顿认为：“公共关系就是运用有说服力的传播去影响重要的公众。”

《大英百科全书》公共关系条目的定义是：“公共关系是在传递关于个人、公司、政府机构或者其他组织的信息，以改善公众对他们的态度的政策和活动。”

毛经权在《公共关系学》一书提出的定义是：“公共关系是在一个组织运用各种传播手段，在组织与公众之间建立相互了解和信赖的关系，并通过双向的信息交流，在公众中树立良好的形象和声誉，以取得理解、支持和合作，从而有利于促进组织本身目标的实现。”

（三）社会关系方面的定义

持这种观点的学者侧重于认为，公共关系是社会关系的一种，这类定义主要是从公共关系状态来考察，强调公共关系的社会属性。

日本公共关系专家田中宽次郎认为：“公共关系就是良好的公共关系状态，亦即与社会保持良好的关系的技术。以企业的经营而言，若不能与外界社会保持良好的关系，就不可能持续经营下去。”

美国普林斯顿大学希尔兹教授认为：“公共关系是我们所从事的各种

活动、所发生的各种关系的统称。这些活动与关系都是公众性的，并且都有其社会意义。”

（四）公共关系的通俗定义

一些从事公共关系工作的专业人员，根据自己的经验，对公共关系也做了通俗的解释。尽管这些解释五花八门，但均言简意赅，直观明了，突出了公共关系的某种功能。如：

公共关系是“争取对你有用的朋友”；

公共关系是“90％靠自己做得对，10％靠宣传”；

公共关系是“通过建立良好的人际关系来辅助事业的成功”；

公共关系是“一个建立公众信任、增进公众了解的计划方案”；

公共关系是“促进善意”；

公共关系是“说服和左右社会大众的技术”；

公共关系是“信与爱的运动”；

公共关系是“制造风气的技术”；

公共关系是“讨公众的喜欢”；

公共关系是“一门研究如何建立信誉，从而使事业获得成功的学问”；

公共关系是“旨在影响特殊公众的说服性传播”。

综上所述，我们认为，公共关系是一个组织机构从事公众信息传播、关系协调与形象管理事务的一门艺术和学科，它是涉及调查、策划、实施、评估和咨询的一种实践活动。

二、公共关系的内涵

尽管公共关系的定义有许多不同的表述，但公共关系的基本内涵却是不变的，或者说是基本一致的。

（一）公共关系是一种客观存在

公共关系作为一种客观存在的状态，是伴随着人类作为社会人而存在的。它具有以下特点：

1. 公共关系状态是不以人的主观设想为转移的

它既可以处在尚未被人们自觉意识的状态之中，也可以处于被人们认识并加以利用的状态之中。无论是否承认、是否喜欢，公共关系作为一种社会状态总是客观存在的。任何组织或个人都处在一种公共关系状态中。

2. 公共关系状态具有动态性

公共关系状态是一种既有的现象，同时也是一种正在发生、发展的现象。组织在社会公众环境中运行，会形成一种既有的公共关系状态，又可以通过有意识的公共关系活动，形成新的公共关系状态，使组织与社会公众环境达到更融洽、更协调的状态。

正因为公共关系是一种客观存在的状态，才需要我们认真去研究、分析，需要我们通过公共关系活动去调整、改变或维持公共关系状态，以达到我们活动的目的。

公共关系包括以下两种主要状态：

一是组织的社会关系状态。组织的社会关系状态指的是组织机构与其相关的公众对象之间相互交往和共处的情形与状态。它包括：相互交往范围的大小、交往关系的远近。比如是密切还是疏远？是合作还是竞争？是敌对还是友好？

二是社会组织的公众舆论状态。公众舆论状态是指公众舆论对组织机构的反映和评价的状态或情形。如对一个组织的政策或产品的评价，是赞扬还是批评？是喜欢还是讨厌？

任何一个组织从诞生之日起，就处在一定的社会关系状态和公众舆论状态之中。良好的公共关系（状态），有助于组织的生存和发展。

（二）公共关系是一种社会实践活动

自古以来，人们为了某种经济的、政治的、军事的、文化的目的，自觉或不自觉地从事某种公共关系活动，设法改善公共关系状态，争取人们的了解和支持。这些活动开展得好不好，往往直接影响人们各种具体目标的实现。但是，直到20世纪初，才出现了现代意义上的公共关系活动。我们平时如果没有特指，大多数公共关系都是指现代公共关系活动。

现代公共关系活动是指运用各种有效的传播沟通艺术，协调组织的社会关系，影响公众舆论，塑造组织的良好形象，优化组织的公众环境等一系列公共关系实务工作。这些活动具有以下特点：

1. 目的性

任何公共关系活动都有明确的目标。这种目标在实践中被分解为许多具体的目标，如改善同某个公众的关系，或提高组织的知名度，或获得某一方面的赞誉等等。

2. 技术性

任何公共关系活动都要依赖一定的手段，通过特定的活动方式进行。技术性包括两种含义：一种是指所用工具的设备技术；二是活动的步骤所具有的技术性。

3. 团体性

公共关系中的“公共”一词是相对“私人”而言的。它表明，公共关系主要处理的是组织与组织、组织与公众之间的社会关系，而不是一般的私人关系。

公共关系活动主要包括以下两大类内容：

一是日常的公共关系活动。它是指组织在日常经营活动中，组织内部任何一个岗位、任何一位员工的敬业精神、良好的职业道德和高素质修养所表现出来的言和行。日常的公共关系活动是大量的、经常的，它对组织形象的塑造起着至关重要的作用。正如“罗马城不是一夜建成的”一样，企业形象也要靠日积月累而成。

二是专题性公共关系活动。它是指在一定时期内，为了达到某一公共关系目标，有计划、有步骤、有系统地运用公共关系方法和技术而进行的某项公共关系活动。如召开新闻发布会、组织参观、进行社会服务和赞助等等。专题性公共关系活动对提高企业知名度的作用非常重要。

总之，正是因为存在着公共关系状态，才需要不断努力通过公共关系活动去达到最佳的公共关系状态。一个组织的公共关系活动总是针对其特定的公共关系状态来进行的。因此，公共关系状态既是公共关系活动的基础，又是公共关系活动的结果。一方面，公共关系活动总是在一定的公共关系状态的基础上展开的；另一方面，公共关系活动又会影响或改变、形成一定的公共关系状态。开展公共关系活动的前提是正确认识和评价公共关系状态。

第二节　公共关系构成要素及特征

一、公共关系构成要素

公共关系活动主要由公共关系行为主体、公共关系客体（公共关系行为对象）和信息传播媒介三个基本要素组成。

（一）公共关系的主体——社会组织

社会组织是人们有目的、有计划、有组织地建立起来的一种社会机构。社会组织因社会分工不同而建立起来，执行一定的社会职能，完成特定的社会目标。不同类型社会组织的性质、特点和任务不同，其工作目标也就各不相同，它们所面临的公众也是有区别的，公共关系工作的内容、方法、方式也就各不相同。

社会组织的类型可以有不同的划分方法，根据组织性质的不同，可以划分为以下几类：

1. 公益型组织

公益型组织是为全社会服务、为整个社会公众谋求利益的组织，如政府部门、治安、保卫、交通安全、气象预测、环境、消防部门等公共事业管理机构。它的公众对象最广，包括社会各行各业、各界、各阶层的公众。这类组织在公共关系方面的一个重要问题，就是保证各类公众的利益都能得以实现。

2. 营利型组织

营利型组织是以生产、流通、咨询等营利为目标的组织。它通过向公众提供有形或无形的物质或精神的商品维持组织的生存。如工商企业、金融机构、艺术团体、电视节目、旅游服务等。这类组织在公共关系方面最重要的是与股东、供应者和消费者建立良好的关系。

3. 服务型组织

服务型组织的目标是为服务对象谋求利益，为公众创造良好的工作条件和生活环境。如医院、学校、社会福利事业等非营利性的组织。它的存在是以其特定服务对象的需要为目标，必须与其资助者、服务对象保持良好的关系。

4. 互益型组织

互益型组织是为组织成员谋求共同目标和共同利益的组织。如各种党派团体、宗教团体、群众社团等。这类组织在公共关系方面的关键在于本身的凝聚力和组织内部成员的归属感问题。

（二）公共关系的客体

社会公众是公共关系行为的对象。它是特指与组织存在和发展有着现实或潜在利益关系和影响力的个人、群体和社会组织的总称。社会组织面临的公众是多层次、多元化的，由于每个组织的性质不同，每个组织不同时期的公共关系目标不同，所面临的公众也就不同。

关于公众的具体内容我们将在有关章节做详细介绍。

（三）信息传播媒介

公共关系传播是指社会组织为了达到某个目标而运用现代化大众传播媒介和沟通方法，与公众进行信息、思想和观念的传递交流过程。传播是联系公共关系主体和客体之间的中介和桥梁。有关传播的内容我们将在有关章节做详细介绍。

社会组织、公众、传播这三个要素存在于同一个社会环境中，它们相互联系，相互作用，互有影响，构成公共关系的运行基础。如图 1－1 所示：

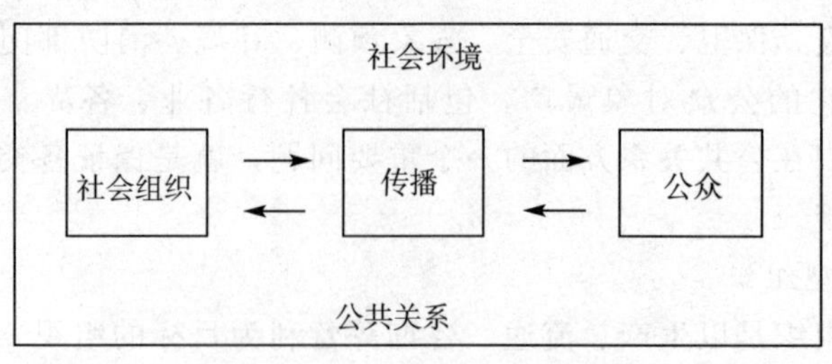

图 1-1　公共关系的运行基础

二、公共关系的基本特征

公共关系的基本特征可以概括为以下六点：

（一）以相关公众为公共关系的对象

公共关系是指一定的社会组织与其相关的社会公众之间的相互关系。公共关系是以组织为支点，建立组织与公众之间的良好关系。社会组织必须坚持着眼于自己的公众，发展与他们的良好关系，才能使组织得以顺利发展。

（二）以美誉为目标

塑造形象是公共关系的核心问题和公共关系活动追求的目标。但是美誉不是由组织主观认定，而是由公众来认可、评价。只有通过公共关系活动与公众建立良好的关系，赢得公众的理解和支持，才能达到以美誉为标志的组织形象的建立。

（三）以互惠为原则

公共关系是在商品经济的基础上产生的，它是以一定的利益关系为前提的。一个社会组织在发展过程中必须得到相关的组织和公众的支持。既要完成本组织的目标，又要让公众受惠。只有这样，才能够合作长久。

（四）以长远为方针

良好的公共关系的形成和企业形象的塑造，不是一朝一夕就能建立起来的。即使建立起来了，也还需要不断地加以维护、调整和发展。公共关系活动需要长期不懈地努力下去。如果急功近利，以为公共关系会像商品广告那样立竿见影，那就大错特错了。

（五）以传播沟通为手段

公共关系主要是通过各种信息传播媒介和沟通方法，去建立和维持组织与公众之间的交流，去了解和影响公众的意见、态度和行为。这是公共关系有别于其他工作的显著特点。

（六）以真诚为信

社会组织在与公众进行传播沟通时必须传播真实的消息，对公众的态度应当是真诚的，组织的各项活动也必须诚心诚意。只有真诚才能取信于公众，只有真诚才能够赢得合作。所以，真诚是公共关系活动的基本信条。

第三节 公共关系活动原则

公共关系在活动过程中需要遵循以下原则：

一、求实原则

求实原则要求公共关系在活动中必须实事求是地进行传播沟通活动。它主要包括以下几点：

（1）公共关系计划方案的制订是建立在实事求是的市场调查基础上的；

（2）向内外公众传播信息必须实事求是；

（3）评价事件必须客观公正；

（4）应当在公关活动中尊重民意。

如果对实事求是没有准确的把握，开展公共关系活动就失去了生存的基础和成功的条件；如不能真实地传递和公平地评价信息，就无法达到与公众的相互了解。公共关系是一项应用性、实践性很强的工作，不实则虚。如果采取回避的方法，就会使组织失去信誉，严重时甚至会影响到组织的生存。

二、创新原则

公共关系是一门经营管理艺术，只有不断创新，才能保持其旺盛的生命力。公共关系的促销策划、公共广告、传播策划等等，如果不能够做到别出心裁、与众不同，就不会给公众留下深刻、难忘的印象。如果公共关系活动不能够刻意求新，就会陷于人云亦云、依样画葫芦的境地，公共关系活动就会浪费人财物等资源。

公共关系活动提倡：“想人家没想过的，做人家没做过的。”

三、公众利益优先原则

公众利益优先原则既是公共关系活动的重要原则，也是公共关系人员应该遵循的职业道德。组织只有时时、处处为公众利益着想，坚持公众利益至上，才能得到公众的好评，才能使组织自身获得更大的、长远的利益。

当然，公众利益优先原则并非是要组织完全牺牲自身的利益，而是要求组织在考虑自身利益与公众利益关系时，始终坚持把公众利益放在首位。

坚持公众利益优先原则，企业可以从以下几个方面做起：

（一）努力做好自己的本职工作

组织做好自己的本职工作，就是为公众服务，满足公众的需要。一个亏损的企业、一个不能救死扶伤的医院、一个不能保一方平安的保安机构，如果自己的基本工作都做不好，当然就无法满足组织内、外公众的需求，公众的利益也就无法得到保障。

（二）关心由组织自身行为引起的损害公众利益的问题

组织在其生产经营活动过程中，由于产品质量问题、服务问题、环境保护问题等都可能会给公众带来损害，因此，组织应采取一系列措施，尽量预防这些问题的出现，以保证公众利益优先原则的实行。

（三）关心社会问题

如对社会慈善事业、公益事业、扶贫救灾、见义勇为、人口就业等予以关心，以树立关心社会、关心大众的组织形象。

四、互惠互利原则

公共关系是以一定利益关系为基础的。它主张关系的双方在交往或合作中应该共同获益，共同发展。凡是有损组织关系对象的事情，最终必将损害组织自身。因此，维护组织公共关系对象的利益，也就是维护自身的利益。互利互惠的原则，强调组织与公众之间利益的平衡协调，“和自己的公众对象一同发展”。

另一方面，只有互利互惠，才能建立最稳定、最可靠的关系。在商品经济社会里，没有互利互惠，就没有平等的基础，就不可能建立正常、平等、互利、互惠的社会关系。

五、全员公关原则

全员公关原则是指组织为了塑造形象，必须让形象的每一个要素加入到公共关系活动之中。因为组织形象是立体的、综合的，单靠某一个人或某些因素，是无法进行公共关系活动的。全员公关原则强调了组织内外行为一致对组织形象塑造的重要意义。

用投入—产出法表示，如图 1 - 2 所示：

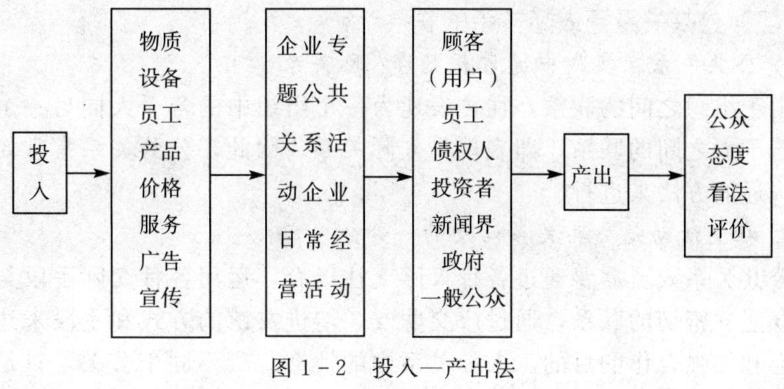

图 1－2　投入—产出法

第四节　公共关系的多维界定

公共关系的界定是指通过将公共关系与相近事物的比较，来明确其相互之间的联系与区别，以利于社会组织有效地开展公共关系工作。

一、公共关系与人际关系

（一）公共关系与人际关系的主要区别

1. 行为主体不同

公共关系的主体是组织，处理的是组织与公众的关系。人际关系的主体是个人（私人），处理的是个人与个人之间的关系。

2. 服务对象不同

公共关系服务的是组织，关系的融洽与冲突，其受益与受损的都是组织自身。人际关系服务于个人，关系的好坏，其受益或受损的则都是个人。

3. 公众对象的选择方式不同

社会组织所面临的公众是与组织有利益关系的个人、群体和组织，公众对象是由组织的性质和特点决定的。而人际交往中，个人可以根据自身的需要，为达到一定的目的，选择自己愿意结交的对象。

4. 交往的范围不同

公共关系主要借助于新闻传播媒介进行大范围、长距离的沟通活动。而人际交往主要通过个人之间的语言或非语言符号进行直接的接触，所以，交往的范围要小得多。

（二）公共关系与人际关系的联系

1. 公共关系在实践中通常表现为人际关系

由于组织之间的联系，往往表现为一个组织中的若干人同另一个组织中的若干人之间的联系，即表现为人际关系。因此，公共关系常常要借助人际沟通的方法来进行。

2. 社交活动是公共关系活动的一部分内容

公共关系人员需要通过各种人际交往场合，运用各种交际手段与周围的公众建立密切的联系，通过广交朋友、增进友谊的方式和手段来达到消除误会和加强合作的目的。人际关系中的社交应酬不同于公关，只是公关的一种手段，而且不是主要手段。

二、公共关系与商品广告

公共关系活动中经常要使用广告来扩大影响。但它与商品广告有着明显的区别。

（一）追求的目标不同

商品广告的目的是希望以最小的花费在最短的时间内打开市场或推销出更多的产品和劳务。公共关系的目的是树立组织的整体形象，增进组织内外公众的了解，使组织能够长期生存和发展。

（二）传播的原则不同

商品广告在传播过程中允许在真实性的基础上进行艺术性创造，以达到吸引消费者注意的目的。公共关系广告的传播过程，讲究真诚的原则。公共关系成功的秘诀不在于用什么文学及艺术的手法，制造哗众取宠、耸人听闻的广告内容，而在于善于把握传播时机，通过适当的方式向公众传播信息。

（三）传播的内容不同

商品广告传播的内容因商品或劳务的不同而不同，在某个时期集中宣传某一产品或劳务，它有着明显的季节性和阶段性。而公共关系广告的内容是塑造组织形象，是要经过长期的、有计划的和保持一贯的风格才能做到。

（四）在组织中所处的地位不同

公共关系协调社会组织与公众的关系，树立组织的良好形象，争取组织长期顺利发展，它是一项长期的、系统的、涉及组织各部门和各环节的工作，在组织经营管理中处于全局性的地位。而广告是针对某种产品或某项劳务的销售目标而制定的促销活动，它只对某种商品或劳务的销路产生直接的影响，而对其他产品或劳务不会发生影响。

（五）适应的范围不同

商品广告只适用于营利性组织。而公共关系广告可适用于社会上的所有社会组织。

（六）效果评估方法不同

商品广告效果是直接的、可测量的。一项商品广告的效益可用产品销量、利润等指标来衡量。但公共关系广告的效果是长远的、不易测量的，它是与组织的社会效益和经济效益结合在一起的，公共关系广告的效果测量只能看企业的知名度和美誉度两个指标。

但公共关系广告与商品广告又是有一定联系的。公共关系广告和商品广告运用的主要传播媒介相同，实施程序也相同。

三、公共关系与商品促销

公共关系作为市场营销中四大促销方式之一，已越来越受到工商界的普遍重视和运用。一般的促销，如广告、人员推销、营业推广等带有非常明显的产品推销色彩。而且广告、有奖销售、优惠券等使用次数多了，也就失去了刺激消费者购买的动力，从而大大降低了这些促销方式的推销效力。但是，将公共关系活动与促销活动有机结合起来，可以弥补上述促销方法存在的缺陷。公共关系促销与一般商业促销的最重要区别在于：公共关系追求的是组织的社会效益和长远利益。因此，在实践中，公共关系看重的是同消费者感情的沟通，让消费者对企业和产品有一个全面、正确的了解，以树立企业或商标的形象。只有公共关系工作取得成功，推销商品才能收到良好的效果。

四、公共关系与宣传

宣传是社会组织通过传播一定的观念来影响或控制他人的信仰、态度或行为的有系统的劝说活动。公共关系与宣传有着某些共同之处。

第一，宣传是一种劝说活动，公共关系也含有劝说活动的内容。传播信息也就是说服对方以获得公众的合作和支持。

第二，公共关系和宣传都经常使用各种传播媒介来开展社会活动。

但是，公共关系与宣传又有着一定的区别：

第一，两者的目的不同。公共关系的目的是争取社会各界的理解、支持和合作，而宣传是通过传播活动来影响和控制他人的思想。

第二，两者的方式不同。公共关系是社会组织与社会公众之间信息的传递和交流，它既强调及时、准确地向公众传播社会组织的有关信息，又注重社会公众的信息反馈。因此，公共关系注重的是双向沟通；宣传通常侧重于单向的、灌输式的传播。

五、公共关系与庸俗关系

庸俗关系是一种违反社会道德或国家法律的不良风气。它的表现形式各种各样，但究其实质只有一个：以权谋私，以钱谋私。这也是人们对此深恶痛绝的根本原因所在。

公共关系与庸俗关系有着本质的区别。

（一）两者产生的基础不同

公共关系是以商品经济的高度繁荣、民主政治的高度健全和大众传播媒介的高度发达为特征的开放型社会的产物。而庸俗关系则是以自然经济、集权政治和封闭落后为特征的封建社会的产物。

（二）两者活动的目的不同

公共关系追求社会组织与其公众利益的一致化和均衡化，强调社会组织与社会公众的互利互惠、共同发展。而庸俗关系常常是通过损害国家、集体、他人的利益，不惜违反社会道德、国家法律，以谋取个人或小团体的私利。

（三）两者活动方式和手段不同

公共关系活动是利用各种大众传播媒介，本着光明正大、真诚信用的原则，在符合社会道德和法律的前提下，发展创造良好的人事环境和社会舆论环境。而庸俗关系则是利用职权、人情、物质利益、金钱等不正当手段，以权谋私，以情谋私，以钱谋私，而且只能偷偷摸摸、躲躲闪闪地进行暗中交易。

（四）两者实际效果不同

公共关系活动为组织建立长期的信誉和友谊，不计眼前得失，追求组织的整体利益和长远利益。而庸俗关系则是人走茶凉，酒肉朋友，害人害己，破坏了社会风气和民风，损害了政府的威信和社会组织的信誉。

第五节　公共关系学

公共关系作为一种客观存在，历史比较悠久，但作为一门学科的公共关系学，则产生于20世纪20年代的美国。公共关系学一经产生，就显示出了强大的生命力，并以发展快、应用性强的特点而得以迅速普及。

一、公共关系学的研究对象和内容

（一）公共关系学的研究对象

公共关系学是研究一个组织机构如何通过有效的传播与沟通等公共关

系活动，去改善组织的公共关系状态，以达到顺利发展为目的的一门学科。

（二）公共关系学的主要研究内容

公共关系学的主要内容有两大部分：

第一部分是公共关系基础理论。主要研究公共关系的内涵、公共关系主体、公共关系的公众、公共关系传播、公共关系的职能及作用等。

第二部分是公共关系实务。由于公共关系是一门应用性较强的学科，培养教育的对象是社会应用型人才，因此，公共关系实务是公共关系学研究的重点部分。它包括公共关系的工作程序、具体活动的策划和组织、人际交往和谈判等能力型为主的教育内容。

二、公共关系学的学习方法

公共关系应用性较强，因此，公共关系学习的重点在于能力的培养。主要方法是技能训练和案例分析。此外，由于公共关系也是一种边缘性学科，它涉及社会学、心理学、逻辑学、新闻学、传播学、管理学、舆论学、广告学、市场学和经济学等具体学科，因此，公共关系的学习还需要掌握这些学科的知识，唯有如此，才能把具体的公共关系业务做得更好。

本章小结

本章主要介绍了公共关系的含义及公共关系的内涵，研究了公共关系的构成要素、公共关系的基本特征和公共关系活动原则；论述了公共关系与人际关系、商品广告、商品促销、宣传、庸俗关系等之间的联系和区别，最后介绍了公共关系学的研究对象和内容。

复习思考题

1. 公共关系的含义有哪些？
2. 公共关系主体和客体是什么？
3. 公共关系具有哪些基本特征？
4. 公共关系活动有哪些原则？试举例予以说明。
5. 公共关系与广告、人际关系等之间的相互关系是什么？
6. 论述“公共关系就是拉关系”。
7. 运用所学知识分析本章的“引导案例”。

第二章　公共关系的产生与发展

学习目标

公共关系是现代社会的产物。它已广泛应用于社会经济生活的各个领域。但是公共关系作为一种客观状态和所进行的活动，也有一个从低级到高级的发展演变过程。本章主要阐述公共关系的发展历史，公共关系发展的社会历史条件等内容。

引导案例

子产不毁乡校

春秋时期，郑国人喜欢聚集在乡间的学校里，七嘴八舌地议论国家主政的官员。大夫然明便对子产说："下道命令，不让他们聚集议论，以免是非，可不可以呢?"子产说："为什么要这样做？那些人早晚聚集在一起休息，谈笑，当然要议论我们把国家治理得好坏。他们肯定的，我们就努力去做；他们讨厌的，我们就马上改正；他们是我们的老师啊。为什么要打击他们呢？我只听说忠诚为善可以减少怨恨，没有听说以势作威就能防止怨恨。如果作威防怨而不能止住怨恨，就会像大河决口，我就无法救治了。所以，不如开个小决口，让人们的怨恨有发泄的渠道，我就能从容地听从并改正了。"然明被子产的话折服了。弱小的郑国也在子产的开明治理下，出现了政通景明的气象。

第一节　公共关系的产生

公共关系作为人类的一种文化现象，它的思想和活动可以追溯到人类早期文明的历史源头。翻开西方古代史和中国5 000年文明史，类似现代公共关系的思想或活动随处可见。由于现代公共关系首先产生于西方，因此，我们首先考察西方的古代公共关系，再来看看中国古代的公共关系。

一、古代西方公共关系

公元前5世纪中叶后，在古希腊，由于奴隶制政治、经济的发展，创造了丰富多彩的文化，尤其在文学、艺术、哲学、科学等领域取得的成就，对古罗马和后世的欧洲产生了很大的影响。在当时，社会重视和推崇沟通技术，对从事这门技术的人给予很高的评价和奖酬。古希腊人认为，较强的修辞能力是参与政治活动的基本条件之一，因为政治家与公众之间的桥梁是靠修辞来架设的。古希腊哲学家中最著名的是亚里士多德，他的经典著作《修辞学》详细阐述了修辞，即如何运用语言来影响听众的思想和行为，因此，西方公共关系学界认为，这部书堪称最早问世的公共关系学理论书籍。在公共关系活动方面，古雅典民主派领导人、政治家伯里克利，主张国家由拥有最高权力的公民大会管理，并通过一系列的宣传立法活动争取民众的了解，积极修建雅典城和比雷埃夫斯港的公共建筑。他广泛赢得了民心，连续15年当选为将军，实现了自己的政治抱负，史称“伯里克利时代”。

在古罗马，儒略·恺撒是一位精通沟通技术的人。他通过散发传单来开展大规模的活动，以获得民众的支持，赢得战争的胜利。他在被派往高卢统帅军队后，不断派手下人送回很有感染力和鼓动性的报告，使之广为罗马人所传诵；他所著的记载他的功绩的纪实性著作《高卢战记》有效地标榜和宣传了自己，使他胜利归来后得以登上独裁者的宝座。恺撒的《高卢战记》，因其在历史上的作用，被西方一些公关专家称为“第一流的公共关系著作”。

在古罗马的历史上，还有一位受到西方公关专家赞誉的人物，他就是古罗马的政治家、雄辩家和哲学家——西塞罗。他著述广博，大量的演说辞和论文因文体流畅生动，被誉为拉丁文的典范。他活跃在当时的政治活动和游说活动中，其思想和实践也体现了古代公共关系思想的萌芽。

在宗教方面，古代西方社会也可以发现类似的公共关系活动。公元前1世纪，教徒保罗和彼德，通过布道演讲、发送函件、策划事件等活动来宣传基督教教义。在耶稣死后40年写成的4部《福音书》，不仅论述了耶稣的生平事迹，更重要的是宣传了对基督教的信仰。

公元1095年，教皇乌尔班二世以异教徒（穆斯林）占据了耶路撒冷为由，通过礼拜、弥撒等方式在教徒中进行宣传，宣称教徒参加这一神圣的战争不仅可以为上帝效劳和赎罪，也可以朝拜圣地。因此，教徒们对这种鼓动和宣传作出了积极的响应，结果导致一场历时近200年的史称“十字军东征”的侵略战争。

二、中国古代公共关系

在中国古代，一些开明的统治者和思想家早已注意到民意和舆论在国家政治生活中的重要性。如在尧帝时代就出现了专管宣传君主旨令、传递百姓意见的“喉舌之官”。

到了奴隶社会的西周初期，辅佐成王的周公定贡赋法时就坚持“施恩惠要厚，用民力要平，收租税要轻”的原则，扩大了文王以来的裕民政治地区，从此深得民心。而到了西周末年，召公针对周厉王苛政而带来的怨声载道、民情鼎沸的情况，提出了“防民之口，甚于防川”的观点。他认为，社会舆论的好坏直接关系到政权的稳固与否，强调应重视民众的意见，调整施政措施。

春秋战国是社会变革时期，一些统治阶级的改革家、思想家，提倡顺民心、开言路的做法，顺应了当时社会的发展。如秦国国君秦孝公为了支持商鞅变法，张榜公告，允诺扛走城南门一根木头至北门者赏金50两，并立即予以兑现。由此增强了国民的信任感，使新法颁布后人们踊跃执行。

又如郑国政治家子产，为了搜集民众意见，反对毁掉乡人聚会议政的乡校，而且注意根据民众意见来改善政治。子产执政后，把刑书铸在鼎上公告于世，重视听取民众意见，致力于疏通、协调统治者和被统治者的关系，终于使郑国强盛起来。

在春秋战国时期的军事活动中，著名的纵横家苏秦、张仪可以说是古代最典型的游说家。东周洛阳人苏秦凭三寸不烂之舌，奔波于山东六国之间，宣传自己对付秦国吞并的对策，力主“合纵”抗秦，最后终于说服了赵、齐、楚、魏、燕、韩六国的国君结成同盟。而魏国人张仪则依靠自己的如簧之舌，四处交游，宣传自己“连横”的主张，离间六国，拆散了合纵关系，瓦解了六国联合的政治军事同盟，为秦统一天下提供了条件。

越国大夫范蠡在帮助越王勾践灭吴之后弃官从商发财致富。司马迁在《史记》中写道：“宋公（范蠡）为陶（地名），天下之中，诸侯四通，货物所交易也。”范蠡之成功就在于占尽地利（天下之中）和人和（诸侯四通）。

到了封建社会，类似的公共关系活动则更加典型和突出。

秦末刘邦率军攻入咸阳时，便与关中父老“约法三章”，制定“杀人者死，伤人及盗抵罪”。这样，刘邦既宣传了自己的政治主张，又赢得了民心。与此后西楚霸王项羽在关中的行径相比，刘邦的这一举动可谓是意义重大。

三国时的蜀汉政治家诸葛亮七擒七纵孟获，从而化敌为友，促进了西南少数民族社会经济的发展和各民族的融合。

明末李自成领导的农民起义军，为了争取人民的拥护，派人四处张贴宣扬有关政治主张的口号，如“开大门，迎闯王，闯王来了不纳粮”等。

还有唐代的李世民，以人为镜，纳谏如流；清朝的康熙和乾隆皇帝，微服私访，体察民情等等，都或多或少地体现了公共关系思想。

在对外经济文化交流方面，汉代张骞出使西域，历尽艰险，数次游说邻国抗击匈奴，为以后的西域各国使者与汉的频繁往来以及由此加强的经济文化交流，立下了汗马功劳。

明代的郑和，七次远航下西洋，历时 28 年，途经 30 余国，最南到达爪哇，最北到达波斯湾和红海的麦加，最西到达非洲东岸——今天的索马里摩加迪沙，比哥伦布的航行早半个世纪。他率领的商船，每到一地都以丝绸、瓷器等物品与当地的物产进行交换，扩大了中国在南洋各地的影响，促进了中国与亚非各国的经济文化交流。郑和下西洋具有古代典型的国际公共关系活动特征。

综上所述，在几千年的经济发展历程中，古代中国与西方已出现了大量包含在古代文明中的具有公共关系萌芽状态的思想和实践活动，一些典型意义的人物和史实，在公共关系产生的历史中留下了光辉的一页。但是从严格意义上而言，这些只能是类似于现代公共关系的某些思想和活动，尚不能称之为公共关系。

概括地说，人类这些早期的公共关系具有以下两个基本特点：

首先，从自觉程度看，当时人们所开展的各种沟通、协调活动带有明显的自发性和盲目性。

其次，它带有强烈的政治色彩。由于当时社会生产力较为低下，经济也相当落后，人与人之间的社会经济关系还比较简单。人类早期的公共关系活动主要发生在政治领域。这是因为在当时的社会历史条件下，社会政治组织以及人们的政治关系和人际关系的发展水平高于人与人之间的或组织之间的经济关系。此后，随着商品经济的发展，公共关系思想和活动才逐渐得以丰富和发展，公共关系所发挥的社会作用才愈益明显。

三、中国传统文化与公共关系

古代东西方文明古国，在历史上的公共关系活动和思想，由于社会形态、历史背景、人文等诸因素的影响，而带有各自民族和国家独特的文化色彩和历史印记。在这里我们重点研究作为中国传统文化核心，以孔子为代表的儒家思想对现代公共关系的重要意义。

（一）仁爱思想

孔子说："仁者，人也。"主张以"仁"为最高的道德标准，以"德"和"礼"治国，主张实行仁政、王道。孔子提倡的仁爱，要求庄重、宽厚、诚信、节俭、谦逊、和谐。"恭则不悔，宽则得众，信而人焉，敏则有功，惠则足以使民。"这种仁爱思想与现代公共关系中的沟通、协调、信用等特征有着一定的相似之处。

（二）民本思想

孔子提倡"修己以安百姓"，"因民之所利而利之"。孟子继承前人的思想，民本成为孟子学说的重要组成部分。在其对人文关系的论述中，最著名的是他提出的"君轻民重"的观点，明确表明了他对民众的重视。他认为："桀纣之失天下也，失其民也；失其民者，失其心也。"指出民心的向背直接关系到政权的安危。他提出"民为贵，社稷次之，君为轻"。认为"得天下者有道，得其民"，"得其民有道，得其心"。还认为"以力服人者，非心服也"，"以德服人，中心悦而诚也"。在孟子看来，政权的巩固、统治的稳定，取决于民。统治者要听取民众意见，体察民众心愿。这种重视民与官之间关系的开明政治主张，对后世影响很大。如唐朝魏征与李世民论及民众与帝王的关系时，指出"水可载舟，亦可覆舟"，便是"君轻民重"思想的进一步发挥。

民本思想对现代公共关系的意义，主要表现在政府公共关系和企业与市场上消费者的关系。通常所说的"得市场者得人心"，就源于孟子"得天下者得人心"的民本思想。

（三）中和

中和包括人和与适中两种思想。孟子提出了著名的"天时不如地利，地利不如人和"的思想。"人和"成为天、地、人中最重要的关系原则，它宣传的是人与人及组织与组织之间的和睦相处。追求的是一种和谐一致的境界。人和的思想对现代公共关系及人们行为的影响最大。如"和为贵"、"和气生财"、"人和万事兴"等。

"中"即"中庸"。孔子提倡中庸，并视其为最高美德。"中庸"的本质含义是："不偏之谓之中，不易之谓之庸。"这种与人相处的要求是：无过无极，掌握适度，不走极端，居安中和，做到恰如其分。表现在现代公共关系中，就是要兼顾人与人之间、组织之间的和睦相处，求同存异，实现谅解合作及开拓进取，采取稳健原则，预防矛盾由非对抗性走向对抗性，减少社会摩擦，在一些人和事上不偏不倚等等。

（四）信义

信义是中国的传统美德，孔子提出“言忠信，行笃敬”，即办事要言行一致，讲究信用。“人无信不立”，“人而无信，不知其可也”。并提出“君子喻于义，小人喻于利”，提倡重义轻利。这种信义思想还可在古代社会的一些经商格言中可窥一斑，如“君子爱财，取之有道”、“诚招天下客”、“买卖不成仁义在”等等。

信义对当代公共关系的意义在于：组织的活动应当遵守法律和社会公德，要言行一致，建立信誉，处理好利润、金钱与道德的关系，以及利润与民众利益的关系，强调信用是企业立足之本。

（五）礼仪

中国被誉为礼仪之邦，礼在中国人的言行中占有举足轻重的地位。“礼之用，和为贵”，“不知礼，无以立”。我国人民在大量的社会交往过程中形成和表现出的重道义、讲信用、重友谊、讲礼仪等传统美德，已经产生了巨大的影响和作用。一些具体的礼节，如用于祭祀的、殡葬的、会见宾客的、军队的等等礼节，代代相传，流传至今。

以儒家思想为代表的中国传统文化对现代公共关系的影响是一个值得探讨的问题。作为中华民族生存和发展的文化源泉，至今它还深刻影响着人们的思想和行为。作为一份极其宝贵的文化遗产，应当充分挖掘其精华部分、有价值的部分，把它注入现代公共关系之中，这对建立具有中国特色的公共关系具有极其重要的意义。

第二节　现代公共关系的兴起

一、公共关系在政治活动中的兴起

现代意义上的公共关系起源于美国。而美国的公共关系则源于美国的政治活动。

1787—1788 年，亚历山大·汉密尔顿、詹姆斯·麦迪逊和约翰·杰伊等人，为了争取宪法获得批准，曾发动了一场大规模的宣传活动。他们采取向报社写公开信和演讲的形式，向联邦制度的支持者和美国人民宣传这一宪法法案。大量的宣传工作对社会舆论起到很大的影响，最终使宪法获得国会的批准并被美国人民接受。美国的一些历史学家称这次宣传活动是“历史上最杰出的公共关系工作”，而汉密尔顿的工作则成为“良好公共关系的典范”。

随着美国政治民主化的发展，新闻界的作用也日益显著。能否取得公众和社会舆论的支持，已成为总统竞选成败的关键。1828 年，美国总统候选人安德鲁·杰克逊改变以前的政治选举方式，按照竞选纲领进行呼吁、宣传、辩论，最后他以个人的英雄形象和平等态度获得了各界尤其是普通百姓的支持从而成功当选。从此，全国规模的竞选活动出现，并促使了有组织的公共关系活动的出现。当时的艾莫斯·肯德尔是总统杰克逊正式顾问团的成员，为杰克逊总统担任竞选活动家、代笔者和公共关系专家。他非常熟练地运用了影响公众舆论的技术和方法。肯德尔通过自己创办的美国政府报刊《环球报》，发布新闻消息和组织报道，来宣传和解释美国政府的施政方针、政策以及采取的各项措施，从而使政府赢得了广大人民的支持，为杰克逊赢得了巨大的声誉。

在美国南北战争中，北方为了争取更多人民的支持，以及动摇南方控制区的民心，林肯总统在公众集会上通过和人们交谈、见面、演说的方式，并运用图书、报刊等传播手段进行宣传。林肯总统于 1862 年 9 月 22 日公开颁布《解放黑奴宣言》，并通过报刊、传单广为宣传，有效地争取了国内外广大公众，尤其是黑奴的积极支持，使内战形势迅速向有利于北方的方向转变，并最终获得胜利。

美国南北战争实际上就是一场争取人心的战争。因此，宣传活动和军事行动一样重要，以致美国的历史学家称这场战争为“公共关系战”。

在 1888 年的总统竞选中，共和党候选人哈里逊和民主党候选人克利夫兰，面对社会各界对垄断资本的强烈不满，都提出“反托拉斯”的口号，力求树立代表平民利益的形象去笼络选民、争取选票。为此，两党竞选班子不惜花费大量人力、物力和财力聘请公共关系顾问，大量使用报纸、小册子、传单，出动宣传车，组织候选人对选民发表演说，竭力争取选民的支持。在这次竞选中，还首次出现了官办的专为竞选服务的新闻机构。

1896 年，布莱恩和麦金利之间的总统竞选活动使用了现代的宣传和沟通技术。双方都专门在芝加哥设立了竞选总部，采取了出版宣传手册、张贴标语、召开新闻发布会等宣传方式，还广泛运用民意测验技术，培训专门人员为竞选活动服务。这些宣传活动方式时至今日仍然是总统竞选活动的重要手段。

二、公共关系在经济活动中的兴起

在 19 世纪 20 年代，由于蒸汽机广泛应用于印刷行业，报纸的成本大幅度降低，报业得到迅速发展。1833 年 9 月，本杰明·戴伊首先创办了第一张面向人民大众的通俗化报纸《纽约太阳报》，从而掀起了以普通百姓为读者对象的“便士报运动”。由于便士报价格低廉，普通平民买得起，报纸的发行量迅速增长，广告费也随即上涨。一些急欲宣传自己的企业或公司，为了达到不花广告费就能争取消费者的目的，便乘机雇人在报刊上制造能扩大自己影响的新闻。但其中不少新闻则是编造的谎言、怪诞的故事和神话，而报刊为了迎合下层读者心理，扩大发行量，也乐于采用。于是便出现了当时的报刊宣传代理活动。

菲尔斯·巴纳姆（1820—1891）是这个时期最有代表性的报刊代理人。他是一个马戏团的老板，因制造舆论宣传、推动马戏演出而闻名于世。他曾利用报刊的传播作用为自己的马戏团制造了许多神话。如他声称他的马戏团里有一位黑人女奴，曾在 100 年前养育过美国第一任总统乔治·华盛顿。又如马戏团里有一个矮小的汤姆将军，他当年曾率领一群侏儒，赶着矮种马拉车，去觐见维多利亚女皇等等。于是人们抱着好奇心纷纷到马戏团一探究竟，结果马戏团的票房收入猛增。巴纳姆每周从好奇的观众手中赚取1 500美元收入。当这种骗局被揭穿以后，报刊宣传代理活动受到人们的批评，报业以此为鉴，明确了公共关系宣传活动必须维护公众利益，奉行诚实、公正的原则。

但是这种报刊宣传活动对促进公共关系发展成为一种有组织的活动，具有极其重要的意义。而且，报刊宣传活动与组织或个人的经济利益结合在一起，对公共关系由政治领域发展到经济领域，促进公共关系的广泛应用起到极大的推动作用。

1882 年，美国律师、文官制度倡导者多尔曼·伊顿在耶鲁大学法学院发表了题为《公共关系与法律职业的责任》的演讲，并在演讲中首次使用了“公共关系”一词。

1883 年后，新闻代理在美国成为一种职业，不少有广告活动的企业，都开始设立专职新闻宣传人员。

1889 年，美国西屋电器公司老板乔治·威斯汀豪斯雇佣一名匹兹堡记者，专门为他发明的交流电技术广做宣传，是企业从事现代公共关系活动最早的一家。

三、公共关系职业化

现代公共关系作为一门现代科学和一种管理艺术，是从公共关系职业化开始的。

19 世纪末，美国由自由资本主义进入垄断资本主义时代。当时美国 1%的人占据了全部财富的 54%。由于他们不择手段地榨取剩余价值，采取欺诈、愚弄手段攫取高额利润，不仅使广大工人阶级受到残酷的压迫和剥削，也使数量可观的中小企业和资本家在垄断财团的疯狂兼并活动中惶惶不可终日。垄断带来了整个社会阶级矛盾的日益激化，社会充满了对工商寡头的敌意。于是美国新闻界乘机掀起了一场以揭露工商企业丑闻和阴暗面为主题的新闻揭丑运动，严厉谴责和抨击资本家丑行的文章、漫画和社论在报刊上大量发表。仅在1903～1912年间，这样的文章就达到2 000多篇，这使得一些大公司声名狼藉，极为难堪，同一时期还出现了专事揭丑的新闻记者。对此，垄断资本家试图用高额的广告费来收买新闻界，以平息社会舆论的批评，但却无济于事。于是又采用付给高额酬金的办法，聘请新闻代理人为他们辩解和宣传。但新闻代理人炮制的大吹大擂、搪塞应付的文章最终也只能是弄巧成拙，欲盖弥彰。结果，社会公众对垄断财团的敌意反而与日俱增。于是，一些开明的工商界人士终于认识到社会舆论的力量，他们纷纷向新闻界求救，希望帮助企业宣传形象，改善企业与公众之间的关系。于是以“说真话”、“讲实情”来获得公众信任的主张被提出来，并得到越来越多的工商界一些开明人士的赞同。艾维·李就是“说真话”的社会思潮的主要代表人物。

艾维·李（1867—1937）毕业于普林斯顿大学，曾受雇于《纽约日报》，后在《纽约时报》和《纽约世界报》当记者。他认为，一个企业、一个组织，要想获得良好的声誉，不能依靠向公众封锁消息或者以欺骗来愚弄公众，而必须把真实情况披露于世，把与公众利益相关的所有情况告诉公众，以此来争取公众对组织的信任。一旦披露真实情况确实对组织不利的话，那就应该调整公司或组织的行为，而不是竭力遮盖真实情况。艾维·李在处理公共关系时的指导思想是：“公众必须被告之”。

1903年，艾维·李创办的“新闻宣传事务所”是当时最有影响的公共关系公司。艾维·李本人也被称为是公共关系的第一个从业人员。1904年底，洛克菲勒财团由于没有妥善处理好科罗拉多燃料公司和钢铁公司的罢工运动，反而下令开枪残杀罢工工人，因此受到社会舆论的猛烈攻击，被社会公众称为“强盗大王”。为了改变这种恶化的公共关系，平息工人的罢工，洛克菲勒聘请艾维·李为私人顾问，处理劳资纠纷和与新闻界的关系。艾维·李采取的主要措施是：聘请社会上权威的劳资关系专家来调查导致这次事故的具体原因，并公之于众；聘请一位工人代表参与解决劳资纠纷。他还建议洛克菲勒向社会慈善事业捐款（如医院、博物馆、学校等），增加工资，救济贫困，为儿童度假提供方便，从而改变了洛克菲勒财团在社会公众中的不良形象。另外，艾维·李在处理宾夕法尼亚州铁路公司发生的人员伤亡事故时，果断采取了公布事实真相，向死难者家属提供赔偿，为受伤者支付治疗费，向社会各方诚恳道歉等措施，取得了良好效果。艾维·李的巨大成功，使他被许多著名的大公司聘请为公共关系代理人。

1906年，在解决美国无烟煤矿业罢工问题期间，艾维·李向新闻界发表了在公共关系发展史中具有里程碑性质的《原则宣言》。宣言中明确阐述了公共关系公司工作的基本目标："我们的计划是代表企业和公共事务机构，向新闻界和美国的公众提供需要了解的，有关公众利益和价值的资料，并保证其准确性、迅速性。"他认为，公众需要了解与他们利益有关的情况是合乎情理的，向报界提供有关情况以供发表，则是他的责任。在《原则宣言》中，他还呼吁企业不要唯利是图，应实现企业人格化，并倡导公共关系工作应进入企业最高管理层次。

艾维·李通过自己的实践活动，使公共关系工作在社会上产生了较大的影响并获得了承认。他提出的公共关系应真诚、开放的原则，以及有关公共关系的技巧和方法，推动了公共关系事业的发展。因此，艾维·李被后人誉为"现代公共关系之父"。

四、公共关系的科学化

第一次世界大战开始时，英国对美国进行了大量的宣传活动，使美国改变了中立的立场。在美国参战后一星期就专门组织了公共信息委员会，这个机构的任务是在战争爆发后组织公众舆论支持战争。于是公共信息委员会在战争期间开展了卓有成效的宣传活动。"战争能使世界顺利走向民主"这一思想的宣传，使政府能够调动社会各界的力量。如美国电话电报公司同意让政府控制公司，新闻界同意进行自我新闻检查，并免费刊登为战争服务的广告，学术界的学者和教授也纷纷发表支持战争的演说，人民积极响应粮食组织要求在战争期间节约粮食的呼吁。公共信息委员会还发动了一场"为自由而捐款"的运动，使美国政府成功地发行了战争债券，为战争筹集了资金。公共信息委员会为促进公共关系的发展创造了条件，它培养了一批公共关系人员。战后，这些人又用自己在战争期间所得到的公共关系经验和技巧为工商企业服务。这些人中最杰出的代表是爱德华·伯内斯。

爱德华·伯内斯（1891—1984），生于奥地利的维也纳，是著名的精神分析学家西格蒙特·弗洛伊德的侄子。他在1岁时随父母移居美国。1913年他被聘为福特汽车公司的公共关系部经理。在职期间，他推动了一系列员工福利和社会服务计划，开创了企业承担社会责任的先河。第一次世界大战期间，他是公共信息委员会的成员。他的任务是向国内外新闻媒体提供有关美国参战情况的背景和解释性材料。

战后，伯内斯深入研究了公共关系产生的原因和当时的状况。1919年，他和夫人在美国开办了一家公共关系公司后，于1923年出版了论述公共关系理论的著作《舆论明鉴》。在这本书里他首次提出了“公共关系咨询”的概念，并认为它的作用：“一是它能促使工商企业执行合乎社会要求的行为和政策；二是它能通过宣传这些政策和行为，为企业赢得社会公众的好感和支持。”1923年，美国纽约大学在教育界中首次开设公共关系课程，聘请伯内斯主讲，这标志着公共关系作为一门学科已经产生。1925年，他又撰写了《公共关系学》教科书。此后，1928年他出版了《舆论》一书。1952年，他编纂了教材《公共关系学》，从而使公共关系的原理和方法成为一个较为完整的体系。伯内斯公共关系思想的重要内容是：第一，公共关系的职责既是向社会做宣传，又要向组织提供符合社会利益的政策。为此，他提出了从计划到反馈，最后到重新评估等公共关系活动的八大程序。第二，他提出了“投公众所好”的主张。他认为，在一定科学理论指导下的劝说活动有着巨大的威力。伯内斯在注重理论研究的同时，也积极把理论成果运用于实践。他的公共关系咨询公司，为政界、工商界及法律机构的领导人提供了大量的建议，成功地帮助了好几位美国总统和众多企业家塑造了形象。伯内斯通过大量实践在理论上作出的贡献，使公共关系成为完整的学科。爱德华·伯内斯也成为公共关系历史上具有划时代意义的人物。

1924年，美国《芝加哥论坛报》的社论强调指出，公共关系已成为一种专门职业，它既是一种管理艺术，也是一门科学，社会各界都必须重视公共关系。

第三节　公共关系在现代社会的发展

一、公共关系在世界范围的发展

公共关系在美国兴起后，大约在20世纪30年代开始进入西欧，随后流入其他国家。但是直到第二次世界大战前，公共关系的开展还局限于英语国家。战后，随着美国在世界范围内影响的扩大，以及各国商品经济的发展，公共关系迅速突破英语国家而在世界范围内扩张，其影响也越来越大。

1946年，公共关系在法国迅速普及。法国人民在经济重建中认识到，企业离开封闭的“象牙之塔”，向公众敞开，走向社会，既能收到良好的经济效果，又能在社会中树立良好的形象。为了适应企业与社会之间的新变化，许多企业积极开展多方面的公共关系工作，不少大专院校开始设立公共关系专业，为企业培养高素质的人才。1955 年，法国公共关系协会成立。

与此同时，挪威、意大利、比利时、瑞典、芬兰和德国等国家也纷纷成立了公共关系协会。

在美国文化的直接影响下，1947 年，加拿大第一批公共关系协会在蒙特利尔和多伦多成立，至今已有 7 个地方协会。1959 年，墨西哥公共关系协会在墨西哥城主持召开了泛美公共关系大会，美国和大多数拉美国家都派代表出席了会议。

在南美洲，巴西、秘鲁的公共关系事业发展最为迅速。1966 年，南美洲国家各公共关系职业组织成立了泛美公共关系协会。近年来，巴西公共关系事业迅速发展，其服务水平已接近发达国家。一些大学也已开办了公共关系专业。

在亚洲，日本的公共关系发展较早且比其他亚洲国家发达。日本的公共关系是由美军进驻日本而传入的。为了把西方民主政治思想灌输给日本国民，1947 年 3 月，驻日本盟军总部的民间情报教育局，用行政命令的方式在日本各府县单位设立“公共关系办公室”，公共关系观念和技术开始在日本得到传播和发展。1949 年，日本全国各地方政府主持传播工作的 100 多名官员在东京参加了由盟军中负责教育的沙利旺先生主讲的历时 3 个月的公共关系讲习会。1950 年，日本电通社在每年夏天所举办的广告大学讲座中，开始介绍公共关系。日本电通广告公司首任公共关系部长田中宽次郎，是日本早期运用和推广公共关系的重要代表。他结合广告业务，积极地研究和推广公共关系，开创了日本“公共关系广告”这种新型广告形式。

随后，日本早稻田大学的北泽新次郎教授应用经济学的观点研究公共关系，发表了一系列论文，指出可以将公共关系应用于企业解决劳工问题。这一观点启发了许多企业界人士，公共关系在日本工商企业、证券公司等都得到卓有成效的运用。1957 年以后，公共关系公司作为一个独立的行业在日本得到迅速发展，至今已有近 40 家，其中许多大公司还在积极开拓海外业务。1964 年，日本公共关系协会成立。当今，日本已成为世界经济强国。许多专家认为，战后从美国导入日本的公共关系，是促使日本经济快速发展的一个重要因素。

在亚洲其他国家和地区，如印度、新加坡、我国的台湾和香港等地，公共关系也是在 50 年代后发展起来的。1967 年，亚洲的一些国家和我国的台湾、香港地区建立了泛亚公共关系协会。1968年，在伊朗首都德黑兰召开了国际公共关系协会第四届世界大会。1982年，在印度孟买召开了第九届世界公共关系大会。目前，澳大利亚也成立了近600家公共关系顾问公司。

1955年5月，国际公共关系协会（IPRA）在英国成立，总部设在瑞士日内瓦。截至1988年5月，共有62个国家823名会员，先后召开了31次世界公共关系大会。不定期出版《国际公共关系协会通讯》和《国际公共关系评论》两种刊物。国际公共关系协会为公共关系在世界范围内的迅速传播和发展，进一步促进公共关系理论和实践的国际性交流，不断发挥着重要的作用。

另外，欧洲、亚洲、非洲和拉丁美洲也都成立了公共关系联盟。由于各国政治、经济和社会的需要，公共关系事业自20世纪60年代以后在世界范围内方兴未艾，终使公共关系成为当今世界发展最快的行业之一。

二、公共关系在中国

在中国历史上，公共关系思想和实践十分丰富。但由于市场经济不发达，现代公共关系传入中国的历史并不长。20世纪60年代，我国台湾、香港地区的经济迅速发展，日本、美国一些跨国公司开始在此设立公司。这些子公司按照母公司所在国的模式设立了公共关系部。公共关系开始在经济活动中发挥较大的作用，并迅速在台湾、香港地区流行起来。到了80年代，香港的公共关系已经发展到较高水平，公共关系公司已达20多家，所有的大型餐饮业和新闻传播机构以及大中型工商企业几乎都设置了公共关系部。台湾、香港等地区公共关系的发展为其后及时传入中国大陆地区创造了良好的条件。

20世纪80年代初，随着我国的对外开放，一些落户在深圳、广州的中外合资企业，主要是一些宾馆、酒店，参照母公司模式设立了公共关系部，开展公共关系工作。如白天鹅宾馆、中国大酒店、花园酒店等都设立了公共关系部门，并从香港和海外聘请公共关系专业人员主持工作。公共关系在经营管理中大显身手，开始引起人们的兴趣和重视。

1984年11月，广州白云山制药厂率先在国营企业中成立公共关系部。随后许多国营、集体企业纷纷仿效。由此，公共关系在我国形成了由南向北、由东向西发展的地理格局，并呈现出由中外合资企业发展到国营、集体企业，由主要以餐饮业为主向多种行业扩展的态势。

由于我国对外开放政策的顺利实施，大批国外企业到中国投资经商，也引来了国外公共关系公司对中国业务的拓展。1984 年 10 月，世界上第二大公共关系公司——美国的希尔·诺顿公司在北京设立了办事处。1985 年 8 月，世界上最大的公共关系公司——博雅公司与中国新闻发展公司达成一项协议，共同为在中国从事外贸的外国机构提供公共关系服务。为此，中国新闻发展公司于 1986 年 7 月在北京成立了大陆第一家公共关系公司——中国环球公共关系公司。

1985 年 1 月，深圳市总工会举办了我国内地第一期公共关系培训班。同年 6 月，北京大学研究生院率先举办公共关系讲座。1986 年，深圳大学开设了公共关系专业。1989 年 12 月，在深圳召开了第一届全国高校公共关系教学研讨会。目前，几乎所有的文科院校都开设了公共关系课程，全国高校已形成了从本科、专科、成人教育到函授教育、短训班等多层次、多形式的公共关系教学体系。公共关系理论研究也方兴未艾。据统计，截止到 1997 年底，在我国正式出版的各种公共关系教材和专著已达到 100 多种。公共关系人才的培养以及公共关系理论研究和知识的普及，为推动我国公共关系事业发展奠定了雄厚的基础。

此外，随着我国公共关系研究、教学和实践工作的广泛开展，各种公共关系学术团体和行业组织也纷纷成立。1986 年 1 月，中山大学在广州成立了第一个公共关系研究会。1987 年 5 月，经国家有关部门批准，中国公共关系协会在北京成立。此后，各省、市及各大中城市也相继成立了公共关系学术团体。这些学术团体为社会提供公共关系咨询和服务，培养公共关系人才，开展公共关系理论研究以及介绍公共关系知识和发展动态，为促进我国公共关系事业的发展作出了突出的贡献。

目前，我国的公共关系事业正在迅猛发展，公共关系已成为一项引人注目的职业。随着我国公共关系理论研究的深入和公共关系从业人员素质的提高，公共关系在我国将会进入一个更快的发展阶段，并在社会生活中发挥越来越大的作用。

三、现代公共关系发展的基本趋势

近 20 多年来，公共关系事业在全世界范围内获得了突飞猛进的发展。在 21 世纪热门职业中，公共关系是最引人注目的职业之一，国际公共关系和广告业将成为全世界范围内发展最快的产业。这主要是由进一步发展的社会历史条件所决定的。

世界范围内新技术革命的兴起和政治、经济及文化生活的一体化进程的不断加快，使公共关系在未来的发展将呈现出以下趋势：

（一）职业化程度日益提高

公共关系作为一种全新而独特的社会职业已得到很大发展。由于它在社会各个行业和领域中发挥着越来越重要的作用，已逐渐从其他经营管理职能和行业中分化出来，成为一种越来越受人们尊重和向往的独立的社会职业。例如在美国，公共关系从业人员从1950年到1985年增长了6.5倍。另外，据一项调查报道，美国的公共关系从业人员认为自己的职业地位不低于物理学家、律师、工程师和大学教授。这表明，公共关系正在成为具有社会公认的实践技术、技巧和独立范围的领域，成为一种不可缺少的独立的职业，成为社会必不可少的重要职能部门。另一方面，世界新技术的发展使得全球经济结构出现大调整，第一产业、第二产业的就业人口不断减少，第三产业就业人数迅速增长。公共关系活动主要在第三产业，它已成为社会最重要的吸纳就业人口的部门。

（二）国际化进程日益加快

由于世界政治、经济和科学文化一体化的趋势日益加强，不同的国家和民族需要不断加强相互之间的政治、经济、文化等各领域中的沟通和联系，国际公共关系事业得到蓬勃发展。另外，由于世界经济的发展，国际贸易迅速扩大，跨国公司数目不断增加，业务遍及全球。美国的《公共关系手册》指出："打算进入外国市场的美国商人发现，他们的当务之急是公共关系问题。……对外关系的交恶，十有八九不是出于利益的冲突，而是语言、文化、传统等方面的隔阂。"跨国公司在世界市场开拓过程中所遇到的种种问题，如伦理道德、语言、文化传统、风俗习惯、社会制度等等，使国际性的公共关系活动的开展成为当务之急。

（三）技术手段日益现代化

随着现代科学技术的迅速发展，公共关系作为一种智能密集型的新职业，其工作手段也不断现代化。在一些发达国家和发展中国家，电子技术、通讯卫星等现代化大众传播媒介和信息传播手段，以及电脑对市场资料的贮存及分析整理等等先进技术在公共关系活动中的广泛运用，大大地提高了公共关系工作的科学性和有效性。

（四）公共关系活动主体多元化

最早的公共关系活动的主体是政府及从政人员，后来普及到工商企业界，在经济领域发挥其重要作用。随着公共关系自身的不断发展以及社会对公共关系客观需求的不断增长，公共关系已经渗透到社会生活中的各个领域。公共关系活动的主体不再仅仅局限于工商企业等各种形式的营利性社会组织，而是逐步扩大到政府机构、事业团体、军事单位、宗教部门、慈善组织等非营利性组织。公共关系主体的多元化，表明公共关系应用领域越来越广泛，社会功能越来越强大，在整个社会中所发挥的作用越来越普遍。目前，国际上已形成了公认的三大公共关系应用领域：一是政府、政界；二是经济实业界；三是非营利性的组织（包括教堂、博物馆、学术团体等）。他们成为公共关系活动的重要主体。

第四节　公共关系产生和发展的社会历史条件

公共关系的产生和其在现代社会的迅速发展与普及，是整个社会政治、经济、技术发展和进步的结果，是社会历史条件发展到一定阶段的产物。

一、商品经济的繁荣和发展是公共关系产生和发展的社会经济条件

（一）生产的社会化、专业化

自然经济是一种自给自足的封闭性经济。发达的商品经济是建立在广泛的社会分工基础上的，它在整个社会形成了一个极其活跃开放的关系网络，分工从地区走向全国、走向世界。今天发达国家的专业化工厂已占发达国家工厂总数的80%。世界上许多名牌产品，不是由某家工厂独立完成的，其分工带来生产的社会化，使得各企业、工厂之间的联系日益密切。企业因而不得不重视公共关系并运用公共关系来加强联系，增进了解，建立良好的协作关系。没有这种良好的协作关系，在生产社会化的条件下，任何企业都不可能获得成功。

（二）消费者的权益运动日益兴旺

市场经济的繁荣，使市场环境发生了重大变化，以生产者为中心的“卖方市场”转变为以消费者为主的“买方市场”。市场竞争日益激烈，公众的需求呈现出多样化、易变性的特点，消费者选择商品的权力越来越大，自我保护意识越来越强。消费者权益运动的发展，给企业以巨大的压力。如何去了解消费者，争取顾客的信任，对企业的生存和发展起着至关重要的作用。

（三）企业筹资社会化

在现代商品经济条件下，企业发展所需要的资金不能再仅仅依靠企业的自身积累。向社会大众发行债券或股票已成为当今企业资本积聚的最重要途径。如何树立自身形象，争取广大的投资者对企业的投资信心，是企业能否顺利筹集资金的关键。股东公共关系的好坏，直接影响到企业的“财源”。

（四）企业运行的社会环境日益复杂

第二次世界大战后，整个世界范围内保持了一个较长时期的和平环

境。在经济高速发展和新技术突飞猛进的同时，也出现了许多直接影响人类生存和生活质量的重大问题。如环境污染问题、生态平衡问题、水资源和矿物资源问题，以及贫富两极分化问题等，企业不可控制和预测的因素越来越多，社会关系和矛盾越来越复杂，这些均对企业的日常经营活动和发展产生重大影响。如何减少企业经营中的不确定因素，保持企业的平衡发展，特别需要借助公关来协调各方面的关系，减少摩擦和冲突。

（五）企业形象成为市场竞争的关键

企业在市场上通常所采用的竞争手段是价格竞争、质量竞争和服务竞争。价格竞争是最为常用的竞争手法，但它有许多弊端。质量竞争在现代技术普及速度较快的情况下，产品已进入均质时代。单纯的服务竞争也不能显示出自己的优势。而企业形象反映了企业的总体，综合了企业的方方面面，它的建立需要通过企业点点滴滴的日积月累。而企业形象的损害却是极其简单和容易。另外，现代社会是一个以信息为主体的社会，人们总是在认识企业后才具体认识商品。这种形象先入为主的情况，使企业形象成为市场竞争中成败的关键。公共关系的基本目标和工作核心就是树立企业形象。

二、现代通讯技术的发展是公共关系产生的物质技术条件

在自然经济条件下，人们处在一个封闭落后的状态中，由于自然经济本质上并不需要人与人之间进行广泛的相互沟通与联系，再加上当时落后的交通工具和信息传播手段的限制，人们没有也不可能发生更多的社会联系和交往。而在工业社会中，商品经济的发展不但促使人们之间发生更多的社会交往和经济交往，而且由于科学技术的飞速发展，如飞机、人造卫星、广播、电话、电视以及光导通讯的相继推广和应用，人们之间的密切交往成为现实。同时，也使人类社会进入一个全新的社会——信息社会。在信息社会中出现以下特点：

（1）信息全方位地渗透到社会生活中，导致舆论的力量对任何社会组织或个人的生存和发展起着决定性的作用。

（2）信息社会导致“地球村”的形成。无论是作为公众，还是作为消费者，他们与社会组织，尤其是工商企业间的那种信息的不完全对称性正在逐步改变。作为消费者，认识世界的范围越来越大，对新的事物、新的生活方式选择的自由度越来越大，工商企业形象的好坏成为选择过程中考虑的首要因素。

（3）现代通讯技术的进步及社会的信息化，使整个商品世界呈现出大范围、大流量、高密度的特点。只要企业生产的产品或服务为人们所需

要，它就能迅速、远距离地流通。现代通讯技术为企业进行远距离的沟通与传播提供了技术条件。

三、政治民主化是公共关系产生和发展的政治条件

在封建社会，皇权世袭，君主拥有至高无上的权力。在实行专制统治时，采取等级森严的社会制度来束缚平民百姓的言行自由。所以，封建社会不可能出现相互之间的平等关系和平等意识。资本主义社会尤其是美国，它的政治体制具有鲜明的民主色彩，比较民主的三权分立的政治体制至20世纪初已在美国得到了较为稳固的确立。资本主义民主强调“自由”、“平等”、“法制”等，是人类民主化进程中的一个重要里程碑。资本主义民主制度规定了议会和政府由选举产生，选民一般愿意选举能够代表自己利益的人，所以议员和政府官员只有获得选民的信任和支持才能当选。由于政治的合法性是建立在公民认可的基础上，所以政府的决策必须获得民意的赞同才能得到顺利实施。政府要经常进行民意调查，了解民情民意，并作为决策的重要依据。同时，政府还通过各种传播媒介和其他方式，向公众宣传解释政策，争取公众的理解，提高政府和各级官员的声誉。总之，政府的产生、政府方针政策的制定和实施等，都必须建立在与公众保持良好关系的基础之上，方能得到公众的信任和支持。

四、现代管理理论的发展是公共关系产生和发展的思想基础

到了20世纪初，随着工业化进程的推进，社会政治领域资本主义民主政治基本确立。在社会经济领域，科学技术的进步和生产力的高度发展，使得劳动开始从体力密集型向智能密集型转化，也迫使企业主不得不改变管理思想。在泰罗管理理论中，把组织内部公众看作是受金钱驱使的经济动物，最大限度地提高工人的工作效率，可以采用工作定额、计件工资、超额奖励的物质手段。在行为科学理论中，认为工人生产效率的高低，不完全取决于物质条件的优劣，还同人们的心理因素以及企业内部员工的人际关系有关。行为管理理论作为工商企业的主导经营思想，改变了企业内部的劳资关系以及社会组织与公众之间的关系。企业对利润追求的最大化，应当是建立在大众利益满足基础之上的。因此，人们经营管理思想和观念的这种深刻转变，为现代公共关系的产生和发展奠定了思想基础。

本章小结

本章主要介绍了中外公共关系产生和发展的社会历史条件，现代公共关系的兴起和发展趋势。着重要掌握我国古代公共关系思想在今天的发扬

光大。

复习思考题

1. 从我国古代历史中找出更多的类似现代公共关系活动的实例和思想表现。

2. 简述现代公共关系发展的过程。

3. 简述现代公共关系兴起的主要条件。

4. 简述公共关系在我国发展的特点。

5. 公共关系在我国的发展有哪些有利条件和不利条件?

6. 试着用最简洁的、与众不同的语言介绍自己，给人以良好、深刻的印象。

7. 案例分析:

某律师在消费当地一家颇有影响的食品企业所生产的食品时，发现产品存在严重的质量问题。于是，他与企业进行了交涉。企业接待人员同意研究后给其一个答复，但此后便没了下文。无奈，律师将有质量问题的食品拿到当地一家颇有影响力的报社，将情况反映给记者。该报社遂派记者到企业进行现场采访。记者们在企业拍摄到了许多违反国家食品生产规定的现场画面。企业领导发现后强行索要记者所拍资料，不成后，将记者扣留。在当地公安人员的解救下，记者们在被困 1 个多小时后得以安全返回。事后，该报以系列报道的形式将消费者反映的有关该企业的问题，以及记者在企业中所拍摄的资料、经历公之于众，企业经营一时陷入困境。

案例思考题:

该企业经营陷入困境的原因是什么？如果你是该企业的负责人，你如何处理此事?

第三章 公共关系的基本职能

学习目标

通过本章的学习，熟悉社会组织，掌握环境信息的主要方面及采集信息的主要渠道；理解传播在公共关系工作中的重要位置及传播的主要内容；掌握组织内、外部交往沟通的内容；掌握问题管理和危机处理的定义；处理危机的原则及程序。

引导案例

商场联合拒售“长虹”，“长虹”如何化险为夷？

1998年2月，春节的喜庆气氛还没消失，四川长虹彩电却在济南商场栽了跟斗——被七家商场联合“拒售”。这意味着长虹将在济南失去市场。在家电竞争日益激烈的今天，企业还有什么比失去市场更为可怕？再者，今天有济南“拒售”，明天再有别家效仿又该如何？为什么“拒售”？据商家一方理由是“售后服务”不好；而长虹方面说每天有四辆流动服务车在市内流动维修，而济南消费者协会也证实没有关于长虹的投诉。这究竟是怎么一回事？一时间公众议论纷纷，多家媒体也作了追踪报道。据报载，长虹老总在事发后立即率领一班人马前往济南与七大商家进行斡旋，双方均表示“有话好好说”，争取及早平息风波，取得圆满解决。

第一节 公共关系传播性职能

公共关系的职能是指公共关系在组织中应发挥的作用和应承担的职责。从根本上讲，公共关系的职能就是调动一切可以调动的力量，运用各种手段，塑造良好的组织形象，赢得良好的生存环境，促进组织的生存发展，使组织在激烈的竞争中取胜。因此围绕这一目标所展开的工作就形成了公共关系的职能范围。同时作为一门内求团结、外求发展的管理艺术，需要的是点点滴滴、日积月累的努力，这也意味着公共关系的职能是全方位的，公关的效果是难评估的，它是一种非量化服务，是一项创造性工作。公共关系对组织的经营管理或行政管理主要是通过其正确的行使职能得以实现的。其首要的职能是传播性职能，公共关系传播性职能是指公共关系通过传播工作实施与运作所能发挥出的有利于组织发展的效用。其主要内容包括：采集信息，监测环境；组织宣传，创造气氛；交往沟通，协调关系；教育引导，服务社会。

一、采集信息，监测环境

公共关系首先要履行采集信息，监测环境的任务。作为组织的预警警报系统，运用各种调查研究分析的方法，收集信息、监视环境、反馈舆论、预测趋势、评估效果，以帮助组织对复杂、多变的公众环境保持高度的敏感性，维持组织与整个社会环境之间的动态。通俗地说，也就是及时、全面、准确的将有关公众的信息传递给组织主体，同时把组织主体的政策和行为告知公众，这就是组织的“监察守望者”功能。从具体的活动内容来看，包括了：

（一）收集信息

公共关系首先应收集与组织形象有关的各种信息。这些信息包括：

（1）产品形象信息。产品形象是组织形象的基础，它可从产品的各方面体现出来，如产品的质量、价格、品种、性能、规格、包装等，产品形象与社会组织的生存命运密切相关，因此，公共关系必须优先注意这一方面信息的收集。

（2）组织的管理形象。公众和组织发生联系后，必然对组织的管理要进行一番评价，包括：①组织机构的评价，公众对组织机构的评价主要有：组织机构的设置是否合理；运转是否灵活；办事效率是否高，等等。②对组织管理水平的评价，主要有组织的经营方针是否正确；组织的发展目标是否合理；市场预测是否准确；用人是否得当等。公众对组织这些方面的评价反映出他们对组织的信心。

（3）组织的人员形象。公众对组织人员形象的评价主要包括人员的基本素质、工作能力、观念意识、人际关系、服务态度等。

（4）组织的服务形象。公众对组织服务素质的评价主要体现在：服务质量、服务内容、服务技术、服务形式、服务设施、服务范围、服务效率、服务时间、服务态度等等。其中比较重要的是对客户的服务承诺及承诺的兑现。

(5) 组织环境中其他社会信息。公共关系需要为组织监测社会变化趋势，注意社会的政治、经济、文化、科技、军事、时尚潮流、民俗民情、舆论热点等方面的情报动态，分析其对组织的各种直接或间接的影响，以充分利用环境中的有利因素，使组织与社会环境的变化保持动态平衡。

(二) 分析处理

收集信息是公关工作的首要任务，但分析处理信息是本阶段公关工作的重点。以何种标准对信息进行取舍与汇总，直接影响到决策层的决策行为，一旦信息处理错误，使信息失真，则所有的工作将前功尽弃。同时，对同一信息的不同处理也会得出截然不同的结果。如长虹公司在1996年的决策失误，就是因为对环境信息的错误估计所导致的。还有1999年，“打假英雄”王海到了广州，商家们的反应却完全相反，有的商场公开声明不欢迎王海的到来，有的甚至关门停业若干天，但也有商家主动邀请王海进场打假，并与其进行座谈交流，共商“打假”对策。

(三) 传播反馈

一方面组织的政策和方针的制定要取决于组织对社会环境信息的准确收集和把握；另一方面应将组织的政策和行为以合适的方式，通过合适的渠道向目标公众反馈传播，让公众理解、知晓。

二、组织宣传，创造气氛

组织公共关系工作的90%是做，但10%还要去说，去告知公众组织做了什么，尤其是为公众做了什么，这就是公共关系在组织经营管理中要履行的传播推广的职责。公关的传播推广即通过各种传播媒介，将组织的有关信息及时、准确、有效地传播出去，争取公众对组织的了解和理解，提高组织及其产品、人员的知名度和美誉度，为组织创造良好的社会舆论，树立良好的社会形象。

(一) 创造舆论，告知公众

公共关系的传播推广职责首先在于“告知公众”，即向公众说明和解释组织的有关政策、行为和产品，争取公众的了解和理解，促进公众的认同与接受，这是一种为组织创造和形成公众舆论的工作。当公众对组织缺乏认识和了解的时候，组织就需要主动地传播自己，介绍自己，促进公众的认识和了解。当组织的政策和行为与公众有关时，就需要满足公众的知情权、知晓权，主动作出说明和解释，消除公众疑虑，避免舆论的误解。让公众知道并正确地了解本组织，是建立良好公众形象的基本前提。所有关系都是从了解开始的，不了解就谈不上理解、好感、信任与合作。因此，“告知公众”，形成舆论，是公关传播最基本的功能。

所谓“酒香也怕巷子深”，如一个饭店无论它的设施多么豪华，服务多么热情周到，无人知道，无人光顾，饭店的生存和发展都会受到影响。因此，饭店发展的首要因素是让宾客了解饭店，知道饭店，从而光顾饭店，使用和享受饭店的设施与服务。毗邻上海锦江饭店的上海新锦江大酒店，开业头两年，由于受老锦江的影响，被公众误认为是老锦江的分支，针对这一情况，新锦江的公关人员利用各种机会，如举办中外食品节、承办大型国际研讨会等一系列公关活动，并通过新闻媒介介绍饭店，扩大饭店的影响，提高饭店的知名度，从而赢得了社会公众的关注，市场也被渐渐打开，使饭店效益出现了一个良好的势头。

（二）强化舆论，扩大影响

当一个组织及其产品有了基本的公众印象及良好的评价后，还需要注意坚持不懈地做宣传推广，不断维持、完善已经享有的知名度和美誉度，强化良好的舆论趋势，进而强化良好的社会公众形象。一个组织处于形象良好的状态时，传播投入的效益一般都能获得比较理想的结果；相反，如果忽略了传播则会受损。公关传播不能只造一时的舆论轰动，而应通过长期不断、潜移默化地传播渗透，不断巩固和强化公众对组织及其政策、产品、人员的良好印象。

（三）引导舆论，控制形象

公共关系传播推广的功能还在于调节组织的信息流量和流向，引导公众舆论向积极、有利的方向发展，并根据舆论反馈适当调整组织的行为，控制组织的形象。如当公众对组织的评价毁誉参半的时候，公关传播需要小心谨慎地发挥“观念向导”的作用，缩小不利舆论的影响，引导有利舆论的发展。当组织的信誉度不能与知名度同步发展时，或知名度过高而脱离组织实际需要的时候，公关传播要以低姿态介入舆论，适当降低组织的知名度和公众对组织的注意力。当组织形象不佳的时候，公关传播应根据具体原因，或者诚恳地向公众道歉和解释，争取公众的谅解；或者澄清事实真相，纠正舆论误解，扭转被动的局面，恢复组织的声誉。

三、交往沟通，协调关系

公共关系活动的过程，主要就是组织与公众之间进行信息传播与沟通的过程。公共关系就是组织与社会环境之间的一种协调机制，即运用各种协调、沟通的手段，为组织疏通渠道、发展关系、广交朋友，减少摩擦、化解敌意、调解冲突，成为组织运作的润滑剂、缓冲器，成为组织与各类公众交往的桥梁，为组织的生存、发展创造“人和”的环境。如公共关系在饭店管理中的协调作用主要表现在与公众沟通信息、建立感情，取得理解和支持等方面。与公众的信息沟通是饭店公共关系的基本职能，对内包括管理者与员工之间的沟通、各职能部门之间的沟通、饭店与股东之间的沟通；对外有饭店与客人之间、与社区之间、与新闻界之间、与政府之间的沟通等。

（一）加强内部的沟通协调，增进组织的内聚力

组织内部关系是组织生存和发展的基础。因此，公共关系要重视内部协调、沟通的任务，即通过建立和完善组织内部的各种沟通和协调机制，促进组织内部的信息交流，上情下达、下情上达，横向联络，分享信息。组织内部形成了一致的融洽关系，就能激发员工的士气和工作热情。一个“内耗”严重的组织，既不会有活力，也不会有出色的表现。古语曰：“上下同心，其利断金”，何况，公共关系本身就是一种内求团结、外求发展的经营管理艺术，内求团结是外求发展的前提和保证，公共关系首先要为组织创造良好的内部人事气氛而努力。如南京金陵饭店在这一方面就取得了许多成功的经验，他们通过“当一天总经理”等一系列活动，唤起员工对饭店的责任感和使命感，尽可能发挥员工的聪明才智，这样不仅使饭店管理出现了生机勃勃的局面，同时，也使饭店与员工在感情上贴得更近。

（二）开展外部社会沟通，建立和谐的社会环境

任何一个社会组织的发展都离不开社会各方面的配合与支持。组织从自身利益出发，应该多加强同外部的交往和联系。在对外交往方面，公共关系承担着组织的“外交部”的繁重任务，要运用各种交际手段和沟通方式，热情地迎来送往，积极地对外联络，为组织的生存和发展减少各种社会障碍，增加各种有利的机会，创造和谐的公众环境。首先，要处理好各类直接的业务来往关系，诸如顾客和用户关系，原材料和能源供应关系，产品的销售网络关系等，以保证组织日常人、财、物与技术的经营运转。其次，要妥善处理好组织与各种权力制约部门之间的关系，如政府各职能管理部门，还有目前体制下存在的各业务主管部门。再次，还要建立和发展各种非业务性的社会关系，如社区关系、新闻界关系、社会名流关系、社会团体关系等。尽可能扩大组织的公共关系网络，广结善缘。公共关系的一项重要任务就是努力和社会各个方面保持友好的交往，联络感情，发展友谊；有了矛盾时主动进行协调咨询，妥善处理，化解冲突。通过争取公众的好感和支持，为组织的生存和发展奠定“人和”的基础。

四、教育引导，服务社会

公共关系又是一种教育性、服务性的工作，在组织管理中发挥支持

性、辅助性的功能，即通过教育引导和中介性服务，一方面在组织内部培养良好的公众意识，另一方面在公众中培育对组织的关系与好感，促使组织和公众相互适应、相互需要、相互配合，在和谐的关系中共同发展。公共关系作为一门塑造组织良好形象的艺术，不是依靠一个公共关系部门或几名专业公关人员就能完成的，它需要组织全体员工的共同努力，即所谓的“全员公关”。同时，它也需要组织决策层真正树立良好的公关意识，将公关理念切实贯彻到决策及行动中，这意味着公共关系必须做好对决策层及全体员工的教育和引导工作。教育引导的对象有内部员工和社会公众。对内部员工的教育引导主要从经营理念和文化工程的角度入手。

另外，通过公共关系活动可以优化社会互动环境和社会心理环境。

（一）公共关系的教育引导

（1）对员工的文化素质、道德观念、业务技术的培训教育，以期提高员工的基本素质，有计划、有步骤地使组织内部员工具备良好的文化修养和业务技术，更出色地履行好本职工作，并能有意或无意地为组织形象“添彩”。

（2）对组织主体内干部和员工进行系统的公关知识教育，让全体员工了解公共关系基本原理与准则，从而树立正确的公共关系意识，事事处处以组织形象和公众利益为重，在内以主人翁态度，保证良好的服务质量和产品品质，在外能自觉地宣传本组织的成就，维护组织的正面形象。

（3）有针对性地对决策层及各部门主管进行公关技能培训，提高他们在传播、沟通、社会交往中的能力。如进行接待、礼仪、习俗、演讲技巧、谈话技巧、接受电视采访等方面的训练，规范公共关系基本层面的工作要求。

（4）企业对顾客教育引导的基本途径有：通过广告传播、通过新闻传播、通过传单传播、通过赠送样品、通过人际传播。

（二）公共关系的服务社会方面

（1）优化社会互动环境。通过沟通社会信息、协调社会行为、净化社会风气等来达到整个社会互动环境的优化。

（2）优化社会心理环境。任何人都有合群的需要、情感的需要、交往的需要，如果这些需要得不到满足，就会导致个人心理失调。公共关系恰好可以提供这样一种良好的关系氛围，它用真诚、广泛的社会交往帮助人们摆脱孤独和隔阂，帮助人们获得一种心理自控能力和心理释放能力，从而使社会心理环境得到优化。

第二节　公共关系决策职能

公共关系决策性职能是指公共关系通过对重大活动的策划、管理、决策等工作所能发挥出的促进组织发展的效用。其主要内容包括：咨询建议，决策参谋；发现问题，加强管理；防患未然，危机处理；创造效益，寻求发展。

一、咨询建议，决策参谋

现代组织的决策不能局限于组织本身的利益取舍，它须从全局的、长期的和社会的角度来考虑其可能导致的社会后果，而公共关系在组织经营决策过程中，发挥着咨询、建议、参谋的作用，协助决策者考虑复杂的社会因素，平衡复杂的社会关系，从社会公众和整体环境的角度评价决策的社会影响和社会后果，依据公众利益和社会价值标准来修正可能造成不良后果的决策，使决策目标能够反映公众的利益，同时也能反映本组织发展的要求，使决策方案具备一定的社会适应力和社会应变力，使决策实施的效果有利于树立组织的良好形象。咨询建议的主要内容有：

（一）对本组织的方针、政策和行动提供咨询

社会组织的计划部门和组织决策层制定的方针、政策、计划、方案，有时往往只是出于完成生产任务和达到某项指标的单方面考虑，而对公共关系方面的综合利害可能考虑不周。如果实施这样的方针、政策、计划、方案，就会损害公众的利益，进而破坏自己的声誉、信誉和美好形象，导致决策和计划的失败。这时，公共关系人员就应承担起职责，去分析评议组织和计划部门的方针、政策、计划、方案的整体效果和效益，并指出其中哪些对社会进步有积极作用，哪些有消极作用，哪些可能得到公众的拥护和支持，哪些会造成危害，受到公众的反对和谴责。在这些分析评议的基础上，公关人员应采取灵活变通的决策思维，作出新的决策，提出改进建议，使企业和计划部门实施的方针、政策、计划、方案与社会公众的利益达到一致，提高经济和社会效益，以恢复并树立社会组织的美好形象和信誉。因此，公共关系部门是一个组织的“智囊机构”，它在组织管理中起着“参谋”的作用。

1. 为确立决策目标提供咨询建议

决策的第一步是确立决策的目标。公共关系的咨询作用首先表现在为制定目标提供咨询建议。这种咨询建议是从一种相对超脱、相对客观的角

度，即从社会公众的角度去评价决策目标的社会制约因素和社会影响效果，努力使组织的决策目标与公众利益和环境因素相融。特别是现代组织的决策日益专门化，整体的决策目标体系需要分解为各个职能部门的专门决策目标，各职能部门的专家或管理人员将决策焦点高度凝集于本部门的专业目标，往往容易忽视从全局和社会的角度去进行决策。这就需要公共关系部门站在公众和社会的立场上，综合评价各职能部门的决策目标可能引起的社会问题，敦促有关部门或决策当局，依据公众需求和社会价值及时修正可能导致不良社会后果的决策目标，使组织决策目标既反映组织发展的要求，也反映社会公众的需求，使公共关系本身成为整体决策目标体系中的组成部分。

2. 为决策提供信息服务

公共关系的决策咨询作用还体现在为决策建立有效的信息网络，提供各种社会信息，完善各种公众咨询渠道，开辟各种信息来源，包括广泛的外源信息和及时的内源信息，并根据决策目标将各种信息整理、归类、分析、概括，提供给最高管理层或各个专业部门作为决策的客观依据。

3. 协助拟订和选择决策方案

决策方案是实现决策目标的各种方法、措施的总和。公共关系的咨询作用又表现在运用公关手段为决策者评价、选择和实施有关的决策方案，特别关注方案在经济效益和社会效益方面的统一和协调，敦促决策者重视决策行动的社会影响和社会效果。同时，调动公关手段，广泛征询各类公众对象的意见，促进决策过程的民主化和科学化。

4. 从公众关系角度评价决策效果

公共关系的咨询作用也表现在分析、评价决策的实施对公众的影响及其带来的社会后果，以及这种后果对决策目标的制约作用。运用公众网络和公关渠道，对付诸实施的决策方案进行追踪和反馈，使组织能够及时了解情况，并根据反馈的情况来调整决策目标，完善决策方案。

公共关系参与咨询决策的主要意义是让公众利益贯穿于组织决策过程的始终，以避免组织决策只顾自身利益的片面性。

（二）提出有关本组织知名度和信誉度方面的咨询

同一个组织在不同公众心目中的形象往往是不同的，组织自己心目中的形象也与公众心目中的形象存在着很大的差异。为此，对本组织知名度和美誉度的评估、鉴定，不能依据少数人的意见，不能凭借主观想象，而应当本着实事求是的态度，用科学的方法，对各方面的意见进行全面的分析、认真的比较和综合的评价，得出真实的组织形象，供领导层和管理部门参考。

1. 组织自我形象分析

组织自我形象即一个组织自己所期望建立的社会形象，这是一个组织公共关系工作的内在动力、方向、目的和标准。组织自我形象的设计要注意将主观愿望和实际可能相结合。作为动力和方向，组织自我形象的要求越高，组织自觉作出公共关系努力的可能性就越大；但作为目的和标准，组织自我形象的要求越高，实际成功率也可能越低。公共关系工作首先需要通过组织内部的调查分析，了解组织的自我评价，揭示组织对公关工作的期望值。组织自我形象分析包括以下几个方面：

（1）组织实态的调查分析。组织实态即组织客观的实际状态和基本条件。组织自我形象的设计不能脱离组织的客观实际状态和基本条件。因此需要首先确定：组织正在做什么，能够做什么，做得怎么样，具备哪些有利条件和不利条件。比如一个企业，它生产什么产品，提供什么服务，其生产状况、技术状况、财务状况、产值和利润、市场销售状况和组织人事状况等等，都需要进行客观、准确的分析，才能为公共关系目标定位和策划提供客观依据。

（2）员工阶层的调查分析。即了解本组织广大基层和一线人员对自己组织的看法和评价。一个组织的目标和政策只有得到其广大成员的认同和支持，才可能有效地转化为该组织的实际行动。因此需要通过内部调查（如员工座谈会及员工问卷调查），了解员工对组织的凝聚力、满足感、权利要求及各种批评建议，了解他们对领导层提出的总目标的信心和支持程度，发动全体员工寻找组织公共关系的薄弱环节及改善措施，鼓励大家积极参与公关目标和计划的拟订。

（3）管理阶层的调查分析。一个组织的行政和技术业务管理阶层是一个组织的核心力量，他们对组织的看法和评价既对基层员工产生影响，也对决策上层产生影响。因此需要重点了解和分析管理阶层的观点、意见和态度，从中分析本组织的优势和劣势。

（4）决策阶层的调查分析。一个组织的形象蓝图最终来源于决策阶层。决策阶层决定着组织的总体目标，从而决定着组织形象的基本定位，决定着公共关系的总政策。决策阶层的价值观和行为方式，也影响着组织形象的个性和风格。在进行组织形象设计之前，必须尽可能领会和熟悉决策阶层的观点、意见、态度，以此作为组织自我形象规划的重要依据。

2. 组织实际形象分析

组织实际形象即组织的实际状态和行为在公众舆论中的投影、反映，亦即社会公众和社会舆论对组织的实际状态和行为的认知和评价。这种认知和评价体现为组织在社会公众中的知名度和美誉度。组织实际形象分析就是通过舆论调查和民意测验，了解组织在社会公众中的知名度和美誉度，测定和分析组织在社会上的实际形象状况。组织实际形象分析包括以下三个步骤：

(1) 公众的辨认与分析。公众是反映组织形象的镜子，要分析组织的公众形象首先需要找到这面镜子。谁是本组织的公众对象？他们在哪里？通过辨认和甄别公众对象，确定形象调查的对象和范围。如果关系对象不清楚，就无法实施形象调查与分析，就不可能获得正确的调查结果，相反只会增加不必要的调查成本。

(2) 组织形象地位测量。在综合分析公众评价意见的基础上，可以根据知名度和美誉度两项最基本的形象指标，测定组织的实际形象地位。知名度指一个组织被公众知晓、了解的程度，是评价组织名气大小的客观尺度，侧重于“量”的评价，即组织对社会公众影响的广度和深度。

美誉度是指一个组织获得公众信任、好感、接纳和欢迎的程度，是评价组织声誉好坏的社会指标，侧重于“质”的评价，即组织的社会影响的好坏。测量组织的形象地位，不仅可以确定公共关系的实际状态，初步诊断公共关系的问题，而且为制定公共关系的方针、政策提供了依据，是公关决策的必要步骤。

具体的组织形象地位测量内容、方法，在第六章公共关系工作程序中有详细论述。

(3) 组织形象要素分析。组织实际形象调查还要具体分析构成某一种组织形象状态的实际因素，解释形成某种形象地位的具体原因，说明组织形象的要点。这就需要将组织形象分解为公众对组织的各类具体评价，通过统计分析各种具体评价，确定组织形象的要点和特征，勾画出组织形象的细节。

3. 组织形象差距分析

即将组织的实际形象与组织的自我形象作比较分析，揭示二者之间的现实差距，指明公共关系工作的目标和任务。

(三) 提供有关顾客公众心理方面的咨询

公共关系人员要搞好公共关系工作，一个重要的前提就是熟悉、了解自己的工作对象——公众。所谓熟悉了解公众，也就是要熟悉了解、分析、研究公众的心理活动，把握公众的各种态度、心理状态和兴趣动向。但是，由于环境、客观条件的迅速变化，人们的心理状态也会随之发生变化。在这种情况下，公共关系人员应当对公众心理进行分析预测，通过在长期的观察和积累的基础上形成的对公众心理变化趋势的分析意见，结合社会组织的目标，向决策层作出通报。

由于公众有多种多样的类型，公共关系人员还应当认真细致地分析和研究不同类型公众的心理活动，这里仅以企业面对的最重要的公众——消费者为例，说明公共关系人员在这方面应做的工作。首先，公共关系人员应当提供关于消费者的心理需要的情况咨询，因为需要制约着消费者的购买行为。消费者在购买活动中通常受到各种不同心理需要的影响。具体讲，一般受到习俗心理、时尚心理、求廉心理、求实心理、求美心理、偏爱心理等的影响，这些心理需要错综复杂地交织在一起，共同构成了消费者的不同购买动机，而购买动机往往决定着消费者的购买行为。其次，公共关系人员还应当分析和预测不同性别和不同年龄层次的消费者的消费心理特征，并据此了解社会消费现象，预测消费变化趋势，以便本企业的决策者和其他部门人员能因此而进行细致周到的商品设计，提供热情耐心的销售服务，制订产品研发计划和市场营销战略。

（四）提出本组织开展公关活动的建议

公共关系人员必须时刻意识到自己的工作是为社会组织在公众心目中树立美好的形象和创造有利组织的社会舆论而开展的，因此必须具有自身职业的主动性、敏感性，在咨询的基础上积极地提出一些卓有成效的可行性建议。建议的目的就在于弥补社会组织在决策方面存在的缺陷，提出如何才能使本组织的方针、政策、计划、方案等与公众利益达成一致的措施，从而制订出创造良好组织形象的整体性方案，一般来讲，这方面的建议主要有三类：

（1）建设性建议。即在社会组织的各项重大活动之前以及社会舆论或外界条件变化之时，从社会组织的整体角度向决策者提供具有一定指导意义的建议。

（2）防御性建议。即在分析预测可能出现的有利或不利情况的同时，拟定建议，帮助决策者审时度势，使社会组织能够始终处于良好的社会环境和生产环境中。

（3）应急性建议。即对社会组织、企业单位突然出现的事故或重大失误，做及时的、有效的挽救工作。这在平时要有应急的准备，一旦出现严重事故，能最大限度地消除不利影响，为决策者排忧解难。

二、发现问题，加强管理

（一）问题的界定

问题管理是在组织的运作中，根据环境发展的需要，就正常工作中可能发生的问题进行及早地预测与分析，并主动适应环境、采取行动，以保证组织的各项工作顺畅地进行。问题管理是组织对社会环境变化的一种主动积极的反应。问题管理是现代西方公共关系发展所产生的新职能，它力求尽早确认可能影响企业的各种潜在问题，然后动员并协调该企业的一切资源，采取必要的行动，从战略上来影响这些问题的发展，因此，问题管理代表了一种超前行动的战略。

问题管理还是一种行动型的管理职能，它主要表现为组织对社会环境变化的一种主动和积极的反应，要求组织在有关问题进入法规制定、公共政策形成之前就采取措施进行管理。这需要企业能够找到现存问题，并解决这些问题，同时还要预见到将要发生的问题，事先投入，及早防范，而不至于在问题突然出现时措手不及。由此可见，问题管理要求组织通过调查，预测政治、经济和社会环境的发展可能给组织或企业带来的新问题、新挑战，并作好相应的对策，消除由于环境变化所产生的问题给组织或企业及其公众关系带来的潜在影响，促成有利于该组织或该企业的公共政策的实现，使组织或企业在未来的机遇、威胁和竞争中增强自身的适应能力。

任何成功的企业都会通过制订计划来实现其整体目标。制订整体计划的目的是保证企业的资源和力量用在刀刃上，以对付未来的机遇或威胁。对这些机遇或威胁的界定本身就是问题管理的实质。企业越早认识到存在的威胁或机遇，越早采取适当的行动，就越有可能控制住问题，从而避免问题扩大并转化为危机。

（二）问题管理的对象

问题管理作为一种行动型的管理职能，有其特定的管理对象。问题管理的对象显而易见是与组织或企业有关的问题，美国公关实务委员会把问题界定为一个企业内部或外部的条件和压力，如果这种条件和压力持续下去，就会对这个企业的运作及其将来的利益产生重大的影响。每一个问题都可能给企业带来威胁或机遇，如何评价问题是威胁还是机遇，有两个标准点：一是威胁的标准点，即损失限度，超过这一限度，就会危及企业或某一产品的生存；二是机遇的标准点，即行动收益和成本的限度，企业采取行动控制问题的成本不能超过行动收益，假如超过这一限度，行动收益将不能弥补行动成本。

三、问题管理的程序和方法

作为企业管理或公共关系的一项新职能，问题管理需要按照一定的程序，并运用科学的理论和最有效的方法进行。

（一）发现与确定问题

对于一个企业来说，有效的问题管理可以防止问题出现或改变问题发生的过程，越早认识到存在的威胁或机遇，就越可能控制住问题。因此，进行问题管理首先要发现问题，确定问题，这就需要通过收集信息、调查预测来发现企业存在的问题，包括现有的问题、潜在的问题以及社会趋势问题。企业通过调查，可能会遇到数量极大的对其影响的问题，对此，有必要进行识别、检查和筛选，以缩小问题范围，集中注意实际的和有现实可能的问题。这一过程既有助于企业制定行动纲领，也有助于指明如何设计问题管理方案。企业可以利用许多方法来发现和识别现时的问题，如民意测验、媒介内容分析和文献研究等，也可以通过一些方法来预测较长时期内可能出现的问题或趋势，如历史分析法、直觉判断法、矩阵分析法、德尔菲法等。

（二）分析与评价问题

只有当问题已确定并且得以分析，企业才能完全理解它的后果。因而问题找到后，就应该对问题进行认真分析，一是需要根据问题的性质对问题进行整理分类，确定这些问题是产品质量方面的问题，还是服务方面的问题；是市场萧条的问题，还是竞争对手利用优势占领市场的问题；是企业整体形象的问题，还是偶然失误的问题。二是需要对造成问题的原因进行分析，究竟哪些因素促成了这些问题，是个别人员的素质问题，还是根本的指导方针出了毛病；是企业自身的方针跟不上环境的变化，还是公众的意愿和需要不合理；是技术力量太薄弱，还是管理水平跟不上。三是需要对问题的影响进行评价。分析每一个实际问题对企业生存发展会产生什么影响，分析问题究竟影响和危及哪类公众以及问题的迫切程度，决定哪些问题需要制订适当的行动计划，哪些问题需要继续跟踪。四是需要对问题排列次序。一个企业可能面临着一系列不同的现实或潜在的问题，而一个企业不可能对所有的问题立即作出反应。问题分析必须将所有问题的次序按一定标准加以排列，这样才能使企业将其各种资源集中于应立即解决的问题上。在分析与评价问题时要注意两点：一是对公众的意见不能盲目接受，不能完全受舆论的左右。不同公众的意见往往很不一致，因此，既不能根据少数人的意见确定问题，也不能忽视少数人的意见，而应对各方面的意见进行综合评判作出结论。二是对问题不能就事论事。一个微不足道的问题也许是一系列严重问题的先兆，一次惨重的损失也许仅仅是偶然事故，因此必须把握问题的实质。

（三）影响与解决问题

确定问题，分析问题，都是为了“对症下药”，解决问题。但是，适合各种问题的一般对策和方法显然是不存在的。有多少问题，就有多少解决问题的不同对策和方法。故而，制订一项计划方案对于整个管理程序是必不可少的。因此，问题管理的最后一步应该是制订解决问题的计划方案，采取相应的措施消除问题，或防患于未然。企业在制订计划方案时必须考虑以下七个方面的情况：①检查所有可能对企业有影响的问题或趋势；②确定需要考虑的具体问题；③估计这些问题对企业的生存和利益的潜在影响；④确定企业对各种问题的应对态度；⑤决定对一些需要解决的问题采取的行动方针；⑥实施具体的解决问题的行动计划；⑦不断监控行动的结果，根据需要修正具体方案。

在这里，成本是一个重要因素，在制订处理某一问题的方案时，必须权衡这个方案实施的效果是否得不偿失，以免在实施时受到责难。另外，提出问题对策时应注意广泛收集各个管理部门及广大员工的意见，通过开座谈会、出黑板报等形式集思广益，并与员工商讨解决问题的措施，以此提高员工参与解决问题的积极性，增强企业的危机预防能力。

总之，问题管理是公共关系工作实践中新出现的一项职能，它着重对企业面临的问题和危机进行预防，并化危机为机会。由于危机对企业生存和发展具有极大的危害性，因而国外十分重视问题管理工作。鉴于我国市场经济体制的建立，市场竞争日趋激烈，社会环境日益复杂，企业面临的危机风险大大提高，因此，研究和参考国外问题管理的理论和经验，对增强我国各类企业的危机防范能力，提高企业管理和公共关系工作水平，具有重要的现实意义。

四、防患未然，危机处理

一般而言，是由于组织或企业的变化或是社会上特殊事件引发的，对于一个企业或组织产生的不良影响，并且在很短时间内涉及很广的社会层面，这种不良影响对于企业或组织来讲就是一种危机。在这个时候，如何消除不良影响，恢复公众信任，重塑企业或组织的形象，就是我们常说的危机公关。充分认识公关危机产生的原因和应对策略，可以帮助企业或组织更好地适应市场、适应环境，稳健发展。

（一）危机的含义

所谓危机，是指那些突然发生的、危及生命财产的重大事件。比如飞机失事、火车脱轨、地震、台风、水灾、火灾、爆炸等恶性事故，还包括罢工、骚乱、舆论危机等。这些危机不仅给组织造成人、财、物的损失，而且会严重损坏组织形象，使组织陷入困境。关于危机的定义，美国学者罗森豪尔特认为，危机是指“对一个社会系统的基本价值和行为准则架构产生严重威胁，并且在时间压力和不确定性极高的情况下必须对其做出关键决策的事件”。因此组织处理突发事件、处理危机的能力如何，是关系到组织生死存亡的大事。现在，危机管理比以前的公关危机处理范围要广泛，“三株”倒台，“安然事件”这类并非仅仅由于形象造成的危害都被当作危机来监测与预防。危机具有突发性、难以预测性、严重的危害性、舆论的关注性等几个主要特征。

（二）公关危机产生的成因

公关危机的产生可分为内部因素和外部因素。

（1）内部因素又分为偶然事件和制造危机两种。偶然事件是公司事先难以预料、不可控制的。制造危机是指组织内部人员因行为不当与顾客或其他社会团体、个人之间产生矛盾，或使矛盾扩大化、引起广泛的传播，影响了组织的形象。如1984年美国联合碳化合物公司的印度博帕尔邦毒气渗漏事件，同年的前苏联切尔诺贝尔核电站反应堆泄漏事件，及近年我国一些地方化工厂、造纸厂违规排污，造成周边区域水污染等事件。

（2）产生公关危机的外部因素也有两种。一种是竞争对手之间出于攻击的目的，故意捏造散布不利于对方的言论，以达到破坏对方形象的目的。另一种是因为组织受到天灾人祸等原因造成了一定损失，由于处理不当或被外界夸大传播，造成了信任危机。如1976年的唐山大地震，1990年厦航飞机在广州白云机场发生的撞机事故，杭州著名购物中心天工艺苑火灾事故等。在导致公关危机产生的各种因素中，最应该引起组织或企业的高度注意和警惕的是内部因素的制造危机。这种危机本是可以避免的，却因为人们公关意识的淡薄而屡有发生，无谓地给组织造成难以挽回的损失。要知道，一旦组织形象、公司品牌遭到破坏，要想重树品牌、重塑形象，需要付出更大的代价，花费更长的时间。每个企业或组织都要高度重视公关工作，从领导到员工，都有必要学习公关知识，都应当具有高度的公关意识。只有这样，每个员工在处理每一件事的时候，才能时时处处从维护企业或组织声誉、树立企业或组织良好形象、品牌的角度出发，搞好主动公关，从而避免内部制造危机事件的发生，才能提高危机公关的能力，妥善处理危机事件，减少和降低公关危机对企业或组织造成的危害。

（三）危机的类型

纵向考察，危机主要有：潜在的危机、初现苗头的危机、正在爆发的危机、被控制处理的危机、以后遗症状态存在的危机。

横向考察，危机包括以下类型：

（1）组织自身问题造成的危机，如埃克森原油泄漏事件。

（2）意外事故造成的危机，如亚星一号发射意外。

（3）不利报道引起的危机，如康泰克PPA危机。

（4）外界谣言引起的危机，如M&M巧克力“有毒”事件。

(5) 恶意破坏造成的危机，如泰莱诺尔被投毒事件。

(6) 法律纠纷引起的危机，如三株口服液风波。

(7) 社会抵制活动引起的危机，如大亚湾核电站风波。

(8) 自然灾害引起的危机，如墨西哥地震。

(9) 恐怖主义活动引起的危机，如“9·11”事件。

(10) 军事对抗引起的危机，如巴以冲突。

(11) 公共议题引起的危机，如阿斯巴甜的议题。

(四) 危机的管理与预防

由于组织在生存与发展中面对着复杂的内外公众和不断变化着的内外环境，因此，不同的组织或企业在面对危机时，有的束手无策，有的化险为夷，这主要是由于组织公关部门解决危机的方法和手段不同所致。能够用公关手段，对危机进行处理，就是危机公关的管理。

危机管理是指通过科学预测与决策，修订合理的危机应急计划，并在危机发生过程中充分运用科学手段，减少危机给组织与公众带来的影响，进而寻求公众对组织的谅解，以重新树立和维持组织形象的一种管理职能。

如何处理公关危机呢？处理的原则有：①对危机应该持一种正确积极的态度，使组织或企业的行为与公众的期望保持一致；②临危不乱、反应敏捷、处理及时；③主动性是危机公关的总原则，即要主动慰问受害者，查明事故，向公众公开事实真相；④坚持“以诚相待”的信条，败中取胜。

1. 树立强烈的“防火”意识

危机的管理与预防是日益被人们重视的新课题，是组织主动出击、战胜危机的有效手段。要做好危机的管理与预防，首先要树立三个意识，并将其灌输到全体员工中去。

(1) 要居安思危，具有危机意识

日本有关统计证明，大的危机事故发生前往往会有300个苗头，关键是能否事先发现并处理好。

(2) 要有自律意识

组织对自身行为应该有自我审查、自我评判的能力，同时还要有自我约束的能力。这样才能自觉主动地发现本组织是否有违反政策、违反制度、规章和有损于公众的行为，发现后应及时纠正。

(3) 要有法律意识

目前，我国法律体系日益完善，法律条文数量增多，如果不加强学习，又没有极强的法律意识，往往在工作中会无意识地违反法律规定，一旦受到惩处，后悔莫及。

2. 事先预测分析危机

要建立科学的报警系统，事先对可能发生的危机做出预测、分析，包括可能发生哪些危机、危机的性质及规模、可能受到危机影响的公众、可能带来的影响。

科学的报警系统需利用各种信息采集手法，以便及时采集到各种潜在危机的信息。要建立起一套制度化的机制，如消防、疫防、税检、信访、公众来访接待制度、网络监控等，对各类新出现的问题及时发现、及时纠正。

除外部预警之外，还要具备组织自查制度，定期进行自律性检查。

3. 制订危机管理计划

在危机发生之前做好准备——制订完善的危机管理计划，以便一旦出现危机能即刻做出反应，这是减少危害的有效措施。北京的一家外资商店遇到危机，按照1号预案，几分钟就把顾客全部疏散完毕，没有任何伤亡。

危机管理计划主要包括以下内容：①导言或公司总裁函件；②部门主管对危机管理方案的确认；③危机管理小组（CMT）成员；④危机应变的其他成员及顾问资料；⑤对外联络的名单及资料；⑥关于信息所有权的提示；⑦危机风险及潜在损害的评估；⑧行动步骤；⑨媒介关系；⑩财务及法律事宜、危机中心、危机事件记录簿、危机后的检讨。

4. 成立危机管理委员会

大中型组织应当设立危机管理委员会，这是顺利处理危机的组织保证，也可避免各个部门间在危机出现后的推诿、扯皮现象。危机管理委员会的人员包括组织领导、人事经理、工程管理人员、保安人员、公关经理、后勤部门领导以及危机处理专家等。如果组织有分支机构，每个分支机构都应向委员会派一名代表，以便问题发生时能迅速在各地协调行动。

委员会成员不是专职的，他们只在出现危机时才投入运转。委员会平时的任务是保持定期的联系，借助会议、电话、电传、互联网不断沟通信息，定时检查危机问题管理计划，预测局势变化趋势，以调整应急措施。

5. 印制危机管理手册

将危机预测、危机情况和相应的措施以通俗易懂的语言编印成小册子，可以配一些示意图，然后将这些小册子发给全体员工。还可以通过多种形式，如录像、卡通片、幻灯片等，向员工全面介绍应对危机的方法，让全体员工对危机出现的可能性及应对措施有足够的了解。

6. 确定组织发言人

发言人在组织面临危机时，代表组织向内外公众介绍事实真相。危机一旦突然发生，会带来一定程度的混乱，引起人们心理上的紧张恐慌，此时各种谣言最易流传。发言人可以及时地以恰当的方式公布各种信息，阻止谣言传播，使人们了解事实，以便理智地做出分析、判断，采取适当的应付措施，以维护组织的形象。对发言人要进行培训，确保他们能全面了解组织各方面的情况，并掌握恰当准确的表达方法。发言人要对组织忠诚，发言时能切实传达领导集团的意见，态度诚恳，还应具备口才好、应变能力强等才能。

7. 事先同传播媒介建立关系

危机出现后应准备两套材料，一套用通俗易懂的语言，深入浅出地向大众作介绍，这份材料可供媒介参考使用，另一套材料为技术性、专业性较强的情况介绍，以准确的数据向上级和有关专家、同行提供详情。两种材料都是必要的。

8. 建立处理危机关系网

根据预测的组织可能发生的危机，与处理危机的有关单位联系，建立合作网络，以便危机到来时能很好地合作。这些单位如医院、消防队、公安部门、邻近的驻军、相关的科研单位、同行业兄弟单位、保险公司、银行等。在平时就要经常沟通，使他们了解组织的基本情况以及在危机中组织会向他们寻求哪些帮助等。

9. 搞好内部培训

由于危机并不经常发生，所以大多数工作人员对处理危机都缺乏经验。可组织培训班对员工进行轮训，内容包括：模拟危机，让学员做出迅速反应，以锻炼他们面对危机处理问题的能力；向他们提供各种处理危机的案例，让他们从各类事件中吸取经验和教训，帮助他们在心理上做好处理各种危机的准备。

10. 防患未然的方法

（1）在组织内部实施有效的管理手段，建立系统、完备的管理思路，形成严谨、有序的管理模式。

（2）做好与社会各界的沟通、协调工作，创造一个良好的外部环境。

对于社会组织面对危机处理的具体方法，将在第七章公关日常和专题活动中详细论述。

五、创造效益，寻求发展

社会组织必须重视社会整体效益。公共关系在一个社会组织中发挥着重要的效益功能。这里的效益不仅仅指组织本身的经济效益，更重要的是指注重组织的各种活动给自然环境、人际关系、社会经济效益和社会精神文明带来的影响。任何一个社会组织都必须注重社会整体效益。现代社会处在一个全面开放的社会关系之中，每个组织的各种活动不仅与组织自身关系重大，而且与社会各界都有必然的联系。一个组织不能只顾自己的发展而忽视整个社会的整体效益，否则，组织自身也必然得不到发展。

（1）组织应注重社会经济效益。即要求组织的经济效益应服从于社会的宏观经济指导、服务于社会的整体效益目标，这就要求组织的公共关系活动在维持投资环境、适应产业结构调整、促进消费结构的变化、为社会公众提供其急需的产品和服务等方面发挥积极的作用。同时在改善组织的国际市场环境、增加外汇创收能力、吸收外资等方面开拓广阔的天地，推动国内的社会组织冲出国门，走向世界。此外，组织向政府有关部门提供的公共关系服务，也将对政府的宏观决策产生有利的影响，为其科学地制定和调整提供可供参考的信息依据。

（2）组织应注重社会生态效益。随着社会的进步，生态环境问题日益受到重视。组织若想在公众心目中塑造良好的形象，就必须自觉保护生态环境，主动想办法治理环境污染、美化社区，搞好组织同社区的关系。公关的一项重要内容，就是加强同各级环保部门的联系，随时通报环保方面的情况，向领导和有关部门提供有关的法规文件，不断增强人们的环保意识。在防止和治理环境污染工作中，需要公共关系工作来协调。因为一个河水的污染或一个地区的公害，是由许多互不统属的组织共同造成的，在其治理过程中，需要做大量的调查、联络、协商和说服工作。因而，公共关系人员需要搞好与执法部门、环保部门、有关组织和社区的沟通联络工作，否则就难以完成防治环境污染的重任。

（3）组织应注重精神文明效益。公共关系在促成良好的社会风气方面具有独特作用。促成良好的社会风气指公共关系活动能将组织的社会观、价值观等传播给公众，影响社会，以形成良好的社会风气。公关的作用主要体现在：①公共关系活动坚持公正、客观、信誉第一的原则，提倡在“公众舆论市场”上自由而又符合道德规范的竞争，对弄虚作假、营私舞弊等不良行为进行监督和抵制。②公共关系活动增进组织与公众、公众与公众间的交流、理解和信任，促进人际交往文明程度的提高，增强人们的社会责任感，有利于消除人际交往中的冷漠、疑虑以及互不信任、缺乏社会责任等问题。③公共关系的沟通和协调作用，能促使组织或公众以准确、科学的信息，取代谣传或流言，用融洽亲密的关系取代貌合神离的状况。还可以向公众释疑解忧，澄清事实真相，避免或化解各种纠纷和矛盾。④公共关系活动可以倡导许多有利于社会和公众的良好风气。如为教育事业筹措经费，为环境保护和社会福利事业呐喊助力，为发展生产力和精神文明建设宣传、普及科学知识，倡导科学、文明的工作方式和生活方式，等等。以上种种活动，均有利于促成良好社会风气的形成和发展，促进社会精神文明的建设。

本章小结

公共关系的职能是公共关系在组织中应发挥的作用和应承担的职责。公共关系职能有公共关系传播性职能：采集信息，监测环境；组织宣传，创造气氛；交往沟通，协调关系；教育引导，服务社会和公共关系决策性职能：咨询建议，决策参谋；发现问题，加强管理；防患未然，危机处理；创造效益，寻求发展。

复习思考题

1. 公共关系的基本职能有哪些？
2. 危机管理的原则是什么？
3. 试述危机管理对社会组织的重要性。
4. 公共关系传播职能的内容是什么？
5. 案例分析：

"陈年馅料做新饼"

2001年9月3日，中央电视台名牌节目"新闻30分"以"南京冠生园：年年出炉新月饼，周而复始陈馅料"为题，将冠生园"陈年馅料做新饼"的恶行公之于世。新闻一出，世人哗然，想不到有近百年的老字号却会采用如此卑劣的手段来欺骗、蒙蔽消费者，据此推想下去，中国市场上信得过的月饼又有几个呢？于是，消费者犹豫了，月饼市场萧条了，但是受到伤害最严重的似乎还是事故的始作俑者。食品厂面对突如其来的危机，他们慌张失措，招架不及，等待他们的除了官司之外，似乎只有关门大吉的命运了。

冠生园遭遇的这场危机从根本上说，是其产品质量确实存在严重问题，欺骗了消费者。从危机公关角度看，在事件突发时刻，南京冠生园还是存在着把握自己命运的最后机会的。遗憾的是，企业的管理者缺乏起码的公关危机意识，企业中找不到一份像样的公关危机计划，这使得他们错过了最后的机会。为什么这样说呢？因为危机发生之后，企业的管理者在处理危机或者说对待危机的过程中，犯了几个基本的公关错误。

一、公关沟通失败

在危机发生之后，企业的管理者无一例外地选择了沉默。据《北京青年报》报道，从9月3日，即新闻曝光的当天下午1点开始，记者就与南京冠生园食品有限公司联系，要求进行采访，但是公司的电话一直占线，记者最先打通的是该公司业务部的电话，但接电话的人在得知记者采访意图之后，以业务忙为由，拒绝了记者的请求。从这样一段小小的报道中我们可以看出，冠生园没能在危机发生的第一时间站出来表明态度，而且这种“信息真空”的状况持续了一周之久，直到9月10日，才有一份“致广大消费者的公开信”。由此不难得出这样的结论：是企业管理者的沉默和逃避加剧了危机。

但“反应迟钝”还不是南京冠生园公关沟通失败的全部。除此之外，他们还忽略了与媒体和内部公众的沟通。在旧馅月饼被曝光之后，南京冠生园一直处于一个与媒体对立的位置。他们似乎将媒体视为“仇敌”，叫嚣着要将其中一些送上法庭，而没有主动与媒体联系，争取媒体的支持和同情，以至于全国的媒体上清一色地充斥着对南京冠生园不利的消息。而媒体最主要的作用就在于引导舆论，所以，站在媒体对立面的南京冠生园，也就站在公众的对立面了。在“公开信”中，南京冠生园一直在呼唤公众的支持和理解，但是得不到媒体的支持，找不到将正面信息向外传播的渠道，这一切就只能是空话。

同样，南京冠生园对其员工也采取了不闻不问的态度，没有人出来向他们说明公司的处境，将来的打算，以及面对危机他们应该做些什么，怎样做。员工们等来的只有放假到10月底的停工通知，以及不知是否属实的公司即将解散的消息。公司的这种做法在每个员工心中都投下了“大难临头各自飞”的阴影。正是这种对未来的恐惧，使得员工丧失了要与公司共渡难关的决心，以至于报纸上不断出现南京冠生园员工自报家丑的新闻。这最终导致了“南京冠生园丑闻”一波未平，一波又起，没有丝毫喘息的机会。

二、公关角度的错误

2001年9月10日发表的“致广大消费者的公开信”是南京冠生园针对此次危机公开发表的第一份书面材料。但就这样的一封公开信，却被他们写成了“诉苦书”、“陈冤信”。在信中，南京冠生园矢口否认自己曾经使用去年的旧馅生产月饼，但是又拿不出任何证据来证明这一点，于是在信中大多数地方，对旧馅的概念进行了偷换，将其辩驳的重点放在“霉变”上，并拿出南京卫生部门的检测报告来证明他们的月饼绝大多数是合格的。然而这种偷梁换柱的做法，却让消费者更加坚信南京冠生园使用了陈年旧馅这一事实，聪明的消费者不禁要反问“难道旧馅没有霉变就可以做新的月饼吗”？除此之外，“公开信”还不断强调“旧馅月饼”在月饼行业是一个人所共知的事实，那么消费者不禁要问“难道别人犯的错误，你就可以跟着犯吗”？由此可见，南京冠生园的公关活动找错了角度，一味地想为自己开脱罪责，这使他们整封信读起来都缺少“诚信”的感觉，再加上信中多处提及企业的功绩和历史，却丝毫不谈抱歉和懊悔，这让人不由自主地感觉到是老字号在倚老卖老，以至于更加怀疑南京冠生园的诚意了。

其实，对消费者而言，只要南京冠生园拿不出强有力的证据证明它是无辜的话，它的辩解就是苍白无力的，也是没有必要的。消费者真正想要看到的是他们坦率承认错误，富有诚意的道歉，积极的挽救行动，以及对未来的郑重承诺。南京冠生园如果能站在消费者的角度考虑这封“公开信”的创作的话，也许能在一定程度上缓解与公众对立的局面。

三、公关措施不力

确切地说，南京冠生园并没有采取什么目标明确、计划完备的公关措施来应对危机。后来，当冠生园月饼重上柜台时，它的旁边也只是多了一份卫生部门的检测报告而已。这是显然不够的，一份检测报告并不足以让消费者对产品重新建立信心。消费者希望看到更加富有诚意的行动，如全面回收旧月饼，请权威人士和机构发表讲话等等。

案例思考题：

(1) 从公共关系职能和原则的角度，分析南京冠生园的公关失误具体表现在哪些方面？

(2) 根据公共关系沟通协调的职能，南京冠生园在遭遇公关危机后，应该做哪些方面的沟通？怎么做？

(3) 南京冠生园在整个公关危机中违背了哪些公共关系原则？

(4) 根据所学知识，你认为在公共关系危机发生后，南京冠生园应该怎样挽救组织的形象？

(5) 结合本案例，谈谈你对诚信在公共关系中的作用。

第四章　公共关系的组织机构与从业人员

学习目标

了解公共关系组织机构的类型及其作用；熟悉公共关系的类型及优势；熟悉公共关系部门的类型及职能；掌握设置公共关系部门的原则及公共关系部门的日常工作；理解公共关系咨询公司的工作内容；理解公共关系的基本素质、知识结构和能力结构、工作内容、选拔公共关系工作人员的原则。

引导案例

某公司的王小姐是一位出色的公共关系人员，她恪守"顾客永远是对的"信条，处处为顾客着想。有一天，来了一位顾客买东西，凑巧他想要买的东西卖完了，王小姐在接待时发现此种情况，就过去歉意地说："先生，对不起！你想要的东西刚刚卖完，请您过几天再来看看。"顾客听了以后，不是太高兴，就开始嚷道："怎么搞的，这么大的公司这点小东西都没有，你们应该将一天要卖的东西都准备好，怎么一点都不懂得顾客的心理？"当她正要开口向他解释时，旁边一位营业员抢先说："先生，你说话怎么这样难听。"那位顾客听了火气大了，并继续与营业员对峙着，眼看旁边看热闹的顾客越来越多了。

公共关系活动是由公共关系的主体、客体和手段三大基本要素所构成。公共关系的主体是执行公共关系任务，实现公共关系功能的载体和行为者，即各类社会组织。社会组织为了不断适应环境的变化产生了公共关系行为；现代组织的公共关系行为职能化、专业化的结果便形成了公共关系的专职机构和专业人员。因此，广义的公共关系主体指的是任何有目的、有系统地组织起来，具有特定功能和任务，具有社会行为能力的社会组织。而狭义的公共关系主体主要指专门执行公共关系职能的公共关系机构及人员。本章主要介绍狭义的公共关系主体，即公共关系的组织机构和公共关系人员。

第一节　公共关系的组织机构

随着社会的发展，公共关系的职能化、职业化、专业化的特点越来越明显，现代社会需要专门的组织机构来从事公共关系工作。准确地把握公共关系组织机构的设置原则，认识公共关系组织机构的地位和作用，了解公共关系组织机构的类型和分工，是我们建立和健全公共关系组织机构，成功开展公共关系工作的保证。公共关系组织机构是专门执行公关任务、实现公关功能的行为主体，是公共关系工作的专业职能机构。公共关系组织机构从总体上说，可分为两大类：一类是在社会上为各种类型的组织提供咨询与技术服务的公共关系咨询公司；再一类就是组织内部专门从事公共关系工作的公共关系部门。

一、公共关系咨询公司的类型

公共关系咨询公司又称公共关系顾问公司，它由各具专长的公共关系专家和各种专业人员组成，专门从事各种公共关系技术、咨询业务，或受客户委托为其开展专门性的公共关系活动的营利性组织。公共关系咨询公司种类繁多，根据不同的分类标准，可分为：①按照预备技巧和服务对象的不同，公共关系咨询公司有三大类：专门为客户提供某种公共关系技术服务的公司，专门为特定行业提供咨询服务的公关公司、兼有以上两类职能的公关咨询公司；②按照经营方式的不同，公共关系咨询公司可以分为三类：公关与广告合营的公司；单独经营、开展综合性公关业务的公司；单独经营、开展专项公关业务的公司。

二、公共关系部门的类型

公共关系部是社会组织为达成自身目标而设置的专门从事公共关系工作的内部职能机构。关于组织内部公共关系机构的名称，国际上尚无统一规定，公共关系部是运用最广泛的名称，此外有公共事务部、公共信息部、公关广告部等。根据组织对公共关系工作的重视程度不同，公共关系部在组织中所处的地位主要有三种形式：①部门隶属型。公共关系部隶属于组织中的某一部门，如办公室、经营部、广告部、接待室等，并由所在部门负责人兼任公共关系部负责人。具体隶属于哪一部门取决于对公共关系职能的侧重程度。②部门并列型。将公共关系部视为与其他部门并列的独立职能部门，公共关系部与其他部门地位相当，各司其责。③总经理直接领导型。公共关系部与组织最高决策层直接建立联系，其负责人由组织的最高决策人兼任。此种类型的公共关系部可参与组织的最高决策，具有一定的权威性。

随着公共关系的重要性逐渐为人们所认识，公共关系部在组织中的地位大大提高，设置总经理直接领导型的公共关系部的组织越来越多。

第二节　公共关系部门

一、公共关系部门的存在与优势

公共关系部在组织中处于“中介”和“边缘”位置，是一个重要的职能部门。对内，它要向各子系统提供信息，协调职工之间，部门之间，职工、部门与领导之间的关系。对外，介于组织与外部公众之间，代表组织发布信息，分析、预测环境的发展变化趋势，协调组织与外部公众之间的关系。公共关系部在组织中执行公共关系职能，充当组织的信息情报部、决策参谋部、宣传外事部的角色。公共关系部门同公共关系咨询公司相比，其优势表现在：①同位性。作为组织的内部职能机构，公共关系部可随时为组织提供各方面的公共关系服务，及时处理组织面临的公共关系问题。②知深性。公共关系部成员熟悉组织情况，工作针对性较强，结合组织客观实际制订的公共关系计划更加切实可行。③经济性。公共关系部与组织存在直接利益关系，在不影响公共关系活动效果、能达成预期目标的前提下，能自觉地为组织节约开支。④实用性。组织内设公共关系部，从人力、物力、财力上保证了公共关系活动的连续性、稳定性。

二、公共关系部门的基本职能与作用

公共关系部门作为经营管理中的一个重要部门，发挥着以下职能作用：

（1）决策参谋职能。就组织中有关公共关系的政策和行为提出建设性的意见，在必要的时候，借助公共关系的科学方法，为最高领导层提供公共关系方面的服务。

（2）信息情报职能。它是组织的资料储存中心，它集中收集、储存和处理同组织密切相关的社会信息；它是组织的信息发布中心，是组织的"喉舌"，组织的对外信息由它来发布。

（3）社会外交职能。它负责组织与社会各方面的协调，树立组织的良好形象。任何一个组织，都是社会系统中的一分子，它必然与社会各方面保持着广泛的密切联系，而社会外界认识一个组织，往往首先从组织的公共关系部门的各种公共关系活动开始。因此，合理设置组织内部的公共关系部门，配备较高素质的公共关系人员，对组织树立良好的形象具有重要的作用。

（4）趋势预报职能。它是组织的环境监测中心，通过报纸剪辑、市场调查、民意测验等手段，集中观测社会环境的变化，预测未来趋势，提出科学合理的公共关系建议和计划。

（5）内部协调职能。公共关系部还要协调组织内部各部门的关系，正确处理好各种公众关系，增强组织的凝聚力，使组织成员的个人利益、目标与组织追求的利益、目标相一致。

三、公共关系部门的设置原则和日常工作

（一）公共关系部设置的主要原则

（1）精简效能原则。首先，要求公共关系组织必须有助于组织目标的实现。一切组织机构的建立、调整、取消合并，都必须以是否对实现的目标有利为衡量标准。其次，为了有效地实现组织目标，在机构设置上必须保持精简，即某一类机构的设置要与所担负的任务相适应，做到"因事设职"。力求减少管理层次，精简机构和人员，充分发挥人的主观能动性。再次，各类岗位都应当尽量按专业原则设置，以便使工作精益求精，使各类岗位人员向专业化方向发展。但对于规模较小的组织来讲，过分专业化则会增加管理成本，所以，可能时要提倡一专多能型人才，实施兼职管理方式。

（2）协同性原则。协调是管理的主要职能之一。设置公共关系部应遵循的这项原则，其含义有三点：一是所设置的公共关系部，要对组织外部环境的协调起积极作用，这是基本目的。二是设置公共关系部，要与组织内部的各个部门、环节相互协调，这也是公共关系部的一项基本任务。三是公共关系部内部的人员及层次的设置也要相互协调。

（3）适度的原则。适度是指坚持有效的管理幅度和适当的管理层次。管理组织之所以要分为多个层次，其根本原因是在于管理幅度的限制。所谓管理幅度，是指一个上级管理人员能够直接管理下级人员的数量，每一

个管理者受知识、能力、经验和精力等条件的限制，能够有效地领导的下级人数是有限的，这是一个“横”的概念；所谓管理的层次是指领导下属不同等级的数目，即从最高层领导到基层工作人员分几级管理，这是一个“纵”的概念。管理者与管理层次是成反比例的，一般讲，有效的管理幅度应当考虑：管理者自身的管理能力和下层的独立能力、管理活动的性质、下层的分散程度、管理人员的授权状况以及组织中新问题发生的频率等因素。

公共关系部作为组织的一个内部管理部门而言，其设置也必须讲究合理的管理幅度和管理层次，在实际操作中必须根据具体情况。

(4) 专业性原则。组织内部的公共关系部门是组织的一个重要的职能部门，其工作好坏，直接影响到组织的形象和声誉，甚至影响组织的兴衰。因此，必须从组织上和工作内容上保证它的专业性，把它纳入组织的正式编制，使它有正式的财务预算。专业性原则要求组织在开展公共关系工作时集中精力，必须有一个专职、精干的工作班子，决不能凑合一个临时班子，有事就干，无事就散，把公共关系工作看成是可有可无或随便什么人都可以做的“万金油”式的工作。

(5) 针对性原则。它是指在组建公共关系部时，要根据不同的工作性质和所面对的不同公众来设置机构、安排人员，不一定采用某一固定的模式。不同类型的社会组织，面对的社会公众不同。如经济组织类型中的商店，它要考虑的是顾客；文化组织类型中的艺术团体，它要考虑的是观众；即使是相同类型的两个社会组织，尽管有一部分的公众是共同的，也要进一步考虑到自己所面向的社会公众的特殊性。

(6) 独立性原则。社会组织内部的公共关系机构在组织公众的整体中处于“中介”地位。因此，社会组织在设立公共关系机构时应坚持相对独立性原则。公共关系机构无权指挥本组织的任何其他部门，其他部门也无权对公共关系机构下达命令，干扰其工作。同时，公共关系机构又要和组织中的各层次、各部门保持密切接触，及时了解内外意见，并将各种意见及时反馈到最高领导和其他部门去。这样，才能更好地发挥公共关系机构对组织内部各部门、组织与外界环境的协调沟通作用。

（二）公共关系部的日常工作内容

(1) 调查研究。调查研究在公共关系工作中具有重要的意义，它是一切公共关系工作的立足点，公共关系部经常地对公众进行调查，了解公众的态度、舆论、需求等，同时也要对市场、竞争对手以及员工的心理和思想进行调查，只有在全面的调查基础上，才能使公共关系工作发挥出更大的效力。

(2) 协调关系。公共关系的工作就是要处理组织与环境（公众）之间的关系，为组织广结良缘、沟通信息、联络感情、扩大社会联系、解决与公众间的矛盾或冲突，这些都是公共关系部义不容辞的工作。当然，这也是公共关系部存在和发展的重要价值之所在。

(3) 参与管理。公共关系是一种软性管理手段，决定了公共关系部参与管理的职责。由于公共关系部掌握了组织与环境的许多信息，而这些信息都是组织进行决策的重要依据。所以，公共关系部要经常向组织的领导层汇报，提供有关信息，在重大问题决策时，向领导层提供该决策可能引起的公共关系效应，并提出更趋合理的方案。

(4) 公关文书写作。与公共关系文书写作有关的有：撰写新闻稿件，写作演讲稿，编写年报，编辑内部的刊物、客户服务指南以及其他宣传与沟通的材料等。从广义上讲，一个组织所有与公众之间沟通、传阅的文字、音像、图片材料等都将对公众产生一定的影响，都应赋予公共关系的意义。另外，企业所颁布的规章制度，既是对员工行为约束的法规，也应看作是沟通与员工关系的一个纽带，同时也应赋予公共关系的色彩。

(5) 策划举办公共关系专项活动。公共关系的存在不应是简单的迎来送往、接发信函。除组织常规的会议与活动外，还应审时度势地策划并推出具有轰动效应的公共关系专题活动，借此完成塑造和宣传组织形象的使命。

(6) 接待投诉和来访。公共关系部是组织与公众间的桥梁，是联系二者的纽带。公众对组织有意见、有要求，这对组织是件好事，接待投诉和来访的过程本身就是一项难得的沟通和建立感情的良好机会。因为在这个过程中，既可以获得一些来自公众的信息，又可以将组织的一些信息传递给公众，在交流信息的同时，增进了解，加深感情，既能及时发现问题，又可以在信息直接反馈的情况下使问题得到解决。

(7) 专项技术制作。公共关系工作技术性较强。如摄影、制作电影、录像和录音，设计公共关系广告、组织的标志、商品的商标、广告宣传画等，都需要专项技术制作，也是公共关系日常工作的重要内容。

(8) 树立全员公关意识。公共关系之间群体意识的核心是人。人是任何一个组织中最重要的资源。西方管理学中的人本管理思想基点就在于此。因此，组织必须营造一种良好和谐、奋发向上的氛围，只有这样，才能使职工将组织当成自己的家，进而使组织成员的个人利益、目标与组织追求的利益、目标相一致。

第三节 公共关系咨询公司

一、公共关系咨询公司的存在

公共关系咨询公司是随着公共关系作为一种职业的出现而产生和发展起来的，它在20世纪初诞生于美国。最初，一些组织热衷于在公司与企业之间进行协调工作，产生了公共关系公司的雏形。“现代公共关系之父”艾维·李于1903年首创了具有公共关系公司性质的事务所；1920年，美国人N. W. 艾尔正式开办了公共关系公司。由于公共关系公司在克服美国20世纪30年代经济危机中所发挥的巨大作用，它在社会上的地位便被确立。到20世纪40年代，美国的公共关系公司已经有相当的发展。第二次世界大战后，公共关系公司逐渐从美国扩展到全世界。现在，美国大约有各种类型的公共关系公司2 000家，仅纽约市就有400余家，职业公关人员近15万人，每年投入到公共关系事业中的费用高达数十亿美元。在英国有600多家公共关系咨询公司。目前我国有各类公共关系公司近50多家。

公共关系公司的出现绝非偶然，它是商品经济高度发达和社会经济快速发展的结果。无论什么样的组织，客观上都需要开展公共关系工作，但不同类型、不同规模的社会组织并不都有成立公共关系机构的条件。一些规模较小的组织无力也没有必要建立专门的公共关系部门，即便是在组织内部设有公共关系部门，它们也往往需要在某个专门问题上求助于同行专家，这就为公共关系公司的出现提供了可能。社会上需要有专门人员、专门的机构从事专门的公共关系服务，而公共关系公司正好适应并能满足这种需要。

二、公共关系咨询公司的优势

客户愿意委托公共关系咨询公司代理公共关系业务，是因为公共关系公司有公共关系部所不具备的优势，具体表现为：

（1）信息情报灵通全面

公共关系公司长期从事公共关系工作，已经建立了多种信息来源渠道，能够更广泛、更全面地收集各种信息。同时，公共关系公司在工作过程中与社会各类公众建立了密切联系，形成了分布较广的社会关系网络。这些有利的条件，都能为客户快速、准确地提供信息，为其开展公共关系活动提供良好的服务。

（2）经营业务广泛灵活，经济实力雄厚

公共关系公司可以凭借其强大实力，根据委托人的具体情况和要求，灵活组织相应的人力、物力和财力开展公共关系活动。同时，还可以在委托人遇到突发事件或有紧急公共关系任务时，临时抽调有关专业人员，组织专门的工作班子，集中力量解决问题，具有很强的灵活性。

（3）专业知识、职业水平略高一筹

公共关系公司通常是由受过专业训练的公共关系人员和专家组成，实践经验更丰富，其整体专业水平是一般的组织内部公共关系部无法比拟的。这样的优势一方面使公共关系公司能够胜任任何类型的公共关系工作，可以全方位地为客户提供公共关系服务；另一方面，公共关系公司提出的方案和建议更具有权威性，更具有说服力和影响力，容易引起委托者决策层的高度重视而被采纳和实施。

（4）处理问题公正客观

组织内部的公共关系部与组织有直接的利益关系，会有意无意地站在组织的立场上观察分析问题，其结论带有主观色彩，可能会有失公平，同时，组织内部错综复杂的人际关系也有可能影响公共关系部对具体问题的看法。公共关系公司与委托其办理业务的客户组织没有直接的利益关系，也不受客户单位内部人事关系的影响，因而可以以“局外人”的态度，冷静、客观地观察问题，实事求是地分析问题，得出的结论更公正。

三、公共关系咨询公司的工作

（一）公共关系公司的业务程序

（1）接受客户委托并签订协议书。协议书的签订表明委托关系的正式形成。这种委托既可以由客户主动提出，也可以由公共关系公司主动联系。

（2）调查研究与分析。针对客户的公共关系目标，对影响公共关系实现的相关因素进行调查分析。

（3）撰写委托报告书。根据调查研究的结果，向客户提交开展委托公共关系事务的详细方案的报告。

（4）进行项目可行性论证。主要是对委托报告书中的方案是否能够达到公共关系目标，以及是否具备实施的条件进行论证。可行性论证要有客户代表参加，若被通过，可进行下一步骤，若未能通过，则要重新进行调查研究与分析。

（5）实施公共关系计划。在这个过程中，公共关系公司应接受客户的检验和监督，发现问题及时采取措施解决。

(6) 效果检测评估。评估的结果将作为公共关系公司此次业务业绩优劣的衡量标准。

(二) 开展公共关系的工作方式

(1) 单项咨询工作。为组织专门提供某一方面或某一类的公共关系服务。

(2) 短期专项工作。短期内为组织提供某一方面的公共关系服务。

(3) 长期综合工作。利用其全面的技能为组织提供各种公共关系业务服务。

(三) 公共关系公司的具体工作内容

(1) 调查研究、确定目标

根据客户所需要实现的公共关系目标，通过市场调查、民意测验等手段，研究影响公共关系目标实现的因素，分析公共关系现状，提出解决问题的办法。

(2) 策划和实施计划

目标确定后，在调查研究的基础上，有针对性地帮助客户制订出有效的公共关系计划，经过可行性研究，运用自己的所长协助客户实施这些计划。

(3) 提出咨询服务

作为决策参考的根据，针对客户要求，有针对性地提供咨询服务。通过对所收集的情报资料的研究分析，为客户提出解决问题的具体方案。

(4) 代理公共关系业务

为客户进行公共关系策划，代理专门的公共关系业务，帮助客户树立信誉，塑造形象。

(5) 专业培训

公共关系公司可以利用其专业技术优势和丰富的实践经验，帮助需要建立公共关系部门的组织建立公共关系部门，并为之培训公共关系人员。

第四节　公共关系从业人员

一、公共关系从业人员的基本素质

素质是人的心理发展的生理条件。它是人的心智和能力发展的基本条件，但不是唯一条件。这里既有先天因素，也有后天因素，且两者是互为因果。从这个意义上说，素质的培训应该在考虑先天因素的基础上，予以有选择、有目标、有阶段性的强化训练，长期诱导。

所谓公共关系从业人员的素质，首先，应该是一种现代人的全面发展的素质，如具有现代人的思维方式、现代人的知识和能力结构、现代人的观念等。其次，是以公共关系意识为核心，以自信、热情、开放的职业心理为基础，配之以公共关系专业知识结构和能力结构的一种整体职业素质。

（一）公共关系人员的公共关系意识

公共关系意识是对公共关系的本质属性、特征、作用及活动规律、方法等，经过思维得到理论认识，并形成概括性的见解。

1. 塑造形象的意识

塑造形象的意识是公共关系意识的核心。公共关系思想中最重要的是珍惜信誉、重视形象的思想。现代企业都十分重视自己的形象。良好的企业形象是企业的无形资产和无价之宝。国内外公共关系学者给公共关系下的绝大多数定义都强调公共关系工作的一个重要目的，即塑造组织的良好形象。

2. 服务公众的意识

形象是为组织的特定对象所塑造的，这些特定对象必然与组织有着某种联系，他们是组织的公众。离开了公众，孤立的组织形象是毫无意义的；忽视了公众，组织的生存就会受到威胁，自然就更谈不上组织的进一步发展了。

3. 真诚互惠的意识

真诚互惠的意识是公共关系的功利意识。否认公共关系工作的功利意识，是自欺欺人的。一个处在竞争社会中的组织，需要有一种竞争态势，但这种竞争不应该是“你死我活”或“大鱼吃小鱼”，而应是既竞争又合作，共同发展，共同前进。

4. 立足长远的意识

塑造组织的良好形象，不是立竿见影的事，而是需要通过长期努力，不断积累，才能取得成功。公共关系活动与广告或推销不同，如果说后者更多地着眼于眼前，注重较为直接的效益，那么，前者从根本上来说，立足于长远，追求长期的效益。任何急功近利，只关注短期效益的做法，都是与公共关系思想不相符的。

5. 创新审美的意识

塑造组织的良好形象是一个创新审美的过程。组织的良好形象一旦塑造起来，就需要相对稳定。但相对稳定并不等于一成不变。它应是一种积极的稳定，即在稳定中孕育发展，包含发展。只有在发展的基础上才能实现真正的稳定，同样，也只有在稳定的前提下才会有真正的发展。既然组织的良好形象需要发展，那么，就必须有创新、有突破、有超越，既超越自己，又超越其他组织。

（二）公共关系人员的心理素质

1. 自信的心理

自信，这是对公共关系人员职业心理的最基本要求。一个人有了自信，才会产生自信力，进而激发出极大的勇气和毅力，最终创造出奇迹。

自信的公共关系人员塑造的组织形象必然是良好的形象，自认卑微、缺乏自信的公共关系人员，其塑造的组织形象，只能是卑微、平庸的形象。

2. 热情的心理

从事公共关系工作的人员应有一种热情的心理。公共关系不是一种整天吃吃喝喝、玩玩乐乐的轻松工作，而是一种需要付出大量的智力和体力劳动的艰辛工作。很多公共关系人员脑中几乎都没有八小时工作制的概念，他们有的只是加班加点超负荷工作的习惯。没有极大的热情，没有全身心的投入，是干不好公共关系工作的。

3. 开放的心理

公共关系工作是一项创造性很强的工作，它要求人们以开放的心理，不断接受新的事物、新的知识、新的观念，在工作中敢于大胆创新，做出突出的贡献。

具有开放心理的人，能宽容、接受各种与自己性格不同、风格不同的人，并能“异中求同”，与各种类型的人建立良好的关系，这是公共关系工作十分需要的。

（三）公共关系人员的知识结构和能力结构

公共关系人员是否具备良好的专业知识结构和能力结构，直接关系到他们心理素质的发挥和整体职业素质的提高。

1. 公共关系从业人员的知识结构

知识结构是知识体系在求知者头脑中的内化，也就是客观知识世界经过求知者有选择地输入、储存、加工，在头脑中形成的由智力联系起来的多元素、多系列、多层次的动态综合体。

(1) 公共关系基本理论知识。从事公共关系实践活动需要理论的指导。公共关系的基本理论知识包括：公共关系的基本概念；公共关系的由来和历史沿革；公共关系的职能；公共关系活动的基本原则；公共关系的三大要素，即社会组织、公众和传播的观念和类型；不同类型公共关系机构的构建原则和工作内容；公共关系工作的基本程序；等等。

(2) 公共关系的基本实务知识。公共关系的一大特点是实务性强。公共关系人员除了需要精通公共关系的基本理论知识，还需要熟悉公共关系的基本实务知识。公共关系的基本实务知识包括：公共关系调研的知识，公共关系策划的知识，公共关系活动实施和评估的知识，公众分析的知识，与各类公众打交道的知识，社交礼仪知识，等等。

2. 公共关系从业人员的能力结构

公共关系人员的能力结构与公共关系人员的知识结构一样，它是一个系统，由一系列彼此关联的能力构成。公共关系人员的能力主要指工作能力。

公共关系人员基本能力有以下几个方面：

(1) 较强的口头文字表达能力。能写会说是对公共关系人员的最基本要求。公共关系人员与新闻媒体联络，要写新闻稿；公共关系人员组织演讲活动，要写演讲稿；公共关系人员进行特殊活动的组织与筹备，要写活动计划方案；公共关系人员参与组织管理，要写年度报告和工作总结；等等。大部分公共关系工作都要求公共关系人员具备扎实的文字功底、较强的语言表达能力。

公共关系人员开展任何一项公共关系工作，都要与人交往，因而口头表达能力，对他们十分重要。公共关系人员有较强的口头表达能力，可以清晰、简洁、明了地表达思想，发布信息，而且更易打动人、说服人，从而收到良好的效果。

(2) 良好的组织能力。公共关系人员开展任何一项公共关系活动，都要有章法、有条理，公共关系计划、方案的实施，工作千头万绪、具体复杂，没有良好的组织能力是很难顺利做好工作的。

(3) 健全的思维和谋划能力。当公共关系人员发现了组织中存在的公共关系问题，或者预见到了组织将会发生的公共关系问题，为了解决这些问题或者防患于未然，他们需要在创新意识的引导下，发挥自己的想象力，来进行公共关系活动的全面策划和设计。古人云："人可以谋人，可以谋事，亦可以谋天。谋则变，不谋则不变。谋则成，不谋则不成"。可见，事成于谋。公共关系人员必须具备健全的谋划能力。

(4) 敏锐的观察能力。公共关系的工作是深入实际的工作，公共关系人员要经常对组织的情况进行调查研究，以把握组织和公众各方面的变化，这就要求公共关系人员具备敏锐的观察能力。具备这种能力的人，往往善于从普通的资料、数据和新闻报道中看出问题，从平静的表象中发现潜在的变化。

(5) 很好的自制自控能力和灵活的应变能力。人们常说，公共关系人员在与他人打交道的时候，要有一种忍让的精神。但这绝对不意味着放弃原则。要想做到既忍让又不失原则，就必须要有一种灵活应变的能力。缺乏这种能力的公共关系的人员，在处理一些错综复杂的情况时，往往会以思想和行动上的不知所措而告终。

（6）善于与他人交往的能力。衡量一个公共关系人员能否适应现代社会需求的标准之一，就是看他是否具备善于与他人交往的能力。一个缺乏这种能力的人，往往会在自己与社会、与周围环境、与他人之间设置一道心理障碍。这种公共关系人员，不可能有效地完成自己所承担的公共关系工作。从某种意义上说，公共关系人员是社会活动家，他们无疑应该具备与各种各样的人交往的能力。

（7）掌握政策、理论的能力。公共关系人员做公共关系工作不是凭感情、直觉行事，而是需要在掌握政策和理论的前提下，从事自己的一切业务活动。在当今瞬息万变的信息时代，一个人不善于掌握政策，不勤奋学习理论，没有较高的政策和理论水平，其工作水平也就会停留在一般层次，而不会有所提高。

二、公共关系从业人员的工作内容

在一个组织中，从事公共关系实践工作的职业人员可以分为两大类：一类是通才式的公共关系人员，他们知识面广，头脑灵活，思路开阔，考虑问题周全，具有较全面的智力结构、能力结构和完整的性格结构，在工作中能够独当一面，一般从事公共关系管理工作或组织工作；另一类是专才式的公共关系人员，这样的人精通某一方面的公共关系技术，如新闻写作、广告设计、市场调查、美工摄影、编辑制作、绘画书法等等，一般从事公共关系业务工作或专门性的工作。

三、使用公共关系工作人员的原则

公共关系人员的合理使用是公共关系人才开发和管理的重要内容，在公共关系人员选拔过程中，应该坚持以下原则：

（1）专才专用原则。在公关人员的使用上，要充分考虑他们所学的专业知识和专业特长，注意解决学非所用、用非所学的问题，以免造成人才浪费。

（2）知人善用原则。在安排公共关系人员工作时，要因事、因人而异，善于用其所长和优势，做到人尽其才。

（3）能级使用原则。根据公共关系人员的能级使之处于相应的职务岗位，做到各尽所能，按劳取酬，以保证在其位、谋其政、行其权、尽其责、取其值、获其荣、惩其误；若不分能级，一律对待，势必搞平均主义，其结果只会扼杀人的积极性，造成人才的浪费。

（4）责任制原则。即确定工作责任制，有明确的分工。要使每个公共关系人员有明确而又不互相矛盾的责任。在分工的基础上，明确每一位公关人员的具体工作责任、权利和利益，并根据工作绩效进行奖惩。

（5）用人不疑原则。用人不疑，疑人不用，要敢于授权，把权授予敢于负责的公关人员，才能人尽其才。不仅如此还要保护人才。

本章小结

现代社会需要专门的公关组织机构从事公关工作，根据公共关系历史和现状，可将公关组织机构分为两大类：即组织内部的公共关系部和公共关系公司。公共关系部是设置在组织内部的、专门负责处理公共关系工作的职能部门。组织设置公共关系部应该遵循：精简原则；协同性原则；专业性原则；适度性原则；针对性原则和独立性原则。公关部的工作机构有部门隶属型、部门并列型和领导直属型。公共关系公司，也称公共关系顾问公司，或公共关系咨询公司，它由各具专长的公共关系专家和各种专业人员组成，专门从事各种公共关系技术、咨询业务，或受客户委托为其开展专门性的公共关系活动提供服务工作的营利性组织。

公关人员也称公共关系从业人员，是指以从事公共关系为职业的人员，他们是组织开展公共关系活动的最基本的主体。一个优秀的公共关系人员应该具备现代人全面发展的素质。结合公共关系的职业特性，这种素质专指以公共关系意识为核心的，以自信、热情、开放的职业心理为基础，配置以公共关系专业知识结构和能力结构的一种整体职业素质。

复习思考题

1. 公共关系组织机构的类型？
2. 简述组织公共关系部门存在的优势。
3. 简述公共关系从业人员的能力、知识和素质要求。
4. 案例分析：

顾客争座时，肯德基怎么办？

2000 年 8 月，江西第一家肯德基餐厅落户南昌，开张数周，一直人如蜂拥，非常火爆。不想一月未到，即有顾客因争座被殴打而向报社投诉，造成一场不小的风波。

事件经过大致如下：一位女顾客用所携带物品占座后去排队购买套餐

时，座位被一位男顾客抢先坐下，两人发生争执。先是两位顾客因为争座位发生口角，尽管已经引起其他顾客的注意，但都未在意，此时餐厅的员工未能及时平息两人的争端。接着两人大声争吵，店内所有的顾客开始关注事态，邻座的顾客则停止用餐，离座回避，带小孩的家长担心事态危险和小孩受到粗话影响，开始领着小孩离店。最后两人争吵上升到斗殴，男顾客大打出手，殴伤女顾客后离开店，别的顾客也纷纷离座外逃或远远看热闹。女顾客气愤，当即要求肯德基餐厅对此事负责，并加以赔偿。到此时，其影响面还局限于人际范围，如果餐厅经理能满足顾客的要求，女顾客就不至于向报社投诉。但餐厅经理表示“这是顾客之间的事情，肯德基不应该负责”，拒绝了女顾客的要求。女顾客马上打电话向《南昌晚报》和《江西都市报》两报投诉。两报立即派出记者到场采访。女顾客陈述了事件的经过并坚持自己的要求，而餐厅经理在接受采访时对女顾客被殴表示同情和遗憾，但是认为餐厅没有责任，不能做出道歉和赔偿。两报很快对此事做了报道，结果引起众多市民的议论和有关法律专家的关注。事后，根据消费者权益保护法，肯德基被认为对此事负有部分责任，向女顾客公开道歉，并赔偿了部分医药费，两报对此也都做了后续报道。

案例思考题：

（1）从公共关系角度来看，顾客争座，肯德基到底该不该管？

（2）通过这一事件，我们应该吸取哪些教训？

第五章　公共关系工作对象和工作类型

学习目标

掌握公众的概念、特点与分类；掌握内部公众和外部公众的概念和特征；了解内部公众和外部公众的类型；掌握社会组织的内部及外部公共关系的处理方法；掌握社会组织的内部及外部公共关系的活动方式；了解公共关系工作类型。

引导案例

IBM公司的“金环庆典”

美国国际商用机器公司IBM每年都要举行一次规模隆重的庆功会，对那些在一年中做出过突出贡献的销售人员进行表彰。这种活动常常在风光旖旎的地方如马霍卡岛等地进行。对3%做出突出贡献的人所进行的表彰，被称作“金环庆典”。在庆典中，IBM公司的最高层管理人员始终在场，并主持盛大、庄重的颁奖酒会，然后放映由公司自己制作的表现那些做出突出贡献的销售人员的工作情况、家庭生活乃至业余爱好的影片。在被邀请参加庆典的人当中，不仅有股东代表、工人代表、社会名流，还有那些做出了突出贡献的销售人员的家属和亲友。整个庆典活动，自始至终都被录制成电视（或电影）片，然后被拿到IBM公司的每一个单位去放映。

IBM公司每年一度的“金环庆典”活动，一方面是为了表彰有功人员，另一方面也是同企业员工联络感情、增进友情的一种手段。在这种庆典活动中，公司的主管同那些常年忙碌、难得见面的销售人员聚集在一起，彼此毫无拘束地交流。这种交流无形中加深了心灵的沟通，尤其是公司主管关心的话语，常常能使那些在第一线工作的销售人员“受宠若惊”。正是在这个过程中，销售人员更增强了对企业的亲密感和责任感。

第一节 公众的概念与特点

“公众”是公共关系的对象，一个组织只有正确地认识和分析自己的公众对象，才能“有的放矢”地制定公共关系的目标、策略和方法，使组织的公共关系工作建立在科学的基础上。

一、公众的基本概念

公众作为公共关系的基本构成要素，是公共关系学中一个相当重要的概念。它最初由英文 Public 一词翻译而来，有泛指公众、民众的含义，也有特指某一方面公众、群众的含义。在公共关系学中，一般把公众理解为因面临共同的问题而与特定的公共关系主体相互联系及相互作用的个人、群体或组织的总和。

日常生活中，人们往往会把公众与“群众”、“人民”、“人民大众”、“人民群众”等词相互代替或混用。的确，从一般意义上讲，这些词的含义都基本相似，都可以指社会上的大多数人。但是作为公共关系学中的一个基本概念，公众与它们在内涵和外延上存在着一定的差异。人民是一个政治概念，量的方面泛指居民中的大多数，质的方面指一切推动社会历史前进的人，既包括劳动群众，也包括具有剥削性但又促进社会历史发展的其他阶级、阶层或集团。群众包含于人民之中，通常指从事物质资料和精神资料生产的劳动者。人群是社会学用语，量上指居民中的某一部分，质上是一个松散结构，不一定需要合群的整体意识，也不一定要因共同的问题而与特定组织发生联系，凡是人聚在一起均可称之为群。

那么，公共关系学中“公众”的含义究竟是什么？以往公共关系论著对此有多种解释，现举几例。

美国公共关系学研究权威斯科特、柯普利特等人在《有效公共关系》一书中下的定义是：“所谓公共关系中的公众，就是这样的一些集团：他们的共同利益受到某一组织政策或行动的影响，或者他们的行为与观点影响这些组织。”

西方著名的社会学家布卢默和实用主义哲学家杜威都曾经给“公众”下过定义，他们都把“面临相同的问题”作为定义中最重要的部分。

居延安在《公共关系学导论》中给公众下的定义是：“任何因某种共同性或面临共同问题而联结起来的社会群体。”

中国社会科学院新闻研究所公共关系课题组编写的《公共关系概论》

对公众的定义是："公共关系中的公众，指的是这样一些群体，这些群体的共同利益为某一机构的行动和政策所影响；反过来，这些群体的行动和意见也影响着这个机构。"

张念宏主编的《公共关系辞典》下的定义是：公众是"由某一特定组织机构的行为引起的任何因此面临共同问题而形成的社会群体"。

类似的定义还有很多，这里不一一列举。以上定义，尽管表述不一，但我们可以看出，公众是一个具有某种集合体性质的概念，它代表由于共同利益而互相联系在一起，具有共同意志的无数个体的总和，它可能是一个大的团体，也可能是一个小的团体；可能是多数团体，也可能是少数团体。我们谈论的"企业公众"、"社会公众"和"校园公众"等等都是指这些团体。

二、公众的基本特点

在辨析了"公众"与"人民"、"群众"、"人群"的区别之后，我们将"公众"概念蕴含的特殊规定和意义归纳为公众具有的特征，主要包括以下内容：

（一）相关性

公众的形成是由一个企业或组织的性质来确定的。一群人之所以成为某一组织的公众对象，是因为他们与该组织具有一定的相关性、互动性。组织的公众对象对组织的目标和发展具有实际或潜在的影响力、制约力，甚至可以决定组织的成败。同样，组织的决策和行为对它的公众群体也具有实际或潜在的影响力、作用力，制约着公众所面临问题的解决或需求的满足。通常来说，具有相似目标和性质的组织，往往拥有相似的公众，如工厂都要向消费者销售产品，因此所有工厂都有消费者公众；所有工厂都要有工人从事生产，因此所有的工厂都有工人公众。一个企业或组织的性质和目标变了，它面临的公众也会发生相应的变化。

（二）同质性

众多的个人、群体和组织为什么能成为一个特定组织的公众？主要原因就在于他们都面临着某个共同的问题，比如共同的兴趣、共同的需求、共同的目的、共同的背景、共同的意向等，他们因此极易形成相似的态度、看法，并采取较一致的行为，这就构成了组织面临的一类公众。比如，几个素不相识的患者，当他们都去某家医院就诊时，就会因为面临着获得及时治疗、早日康复这一共同问题而成为这家医院的公众。

（三）多样性

公众的多样性首先体现在它具有多层次的立体结构。公众由个人、群体和社会组织三个部分构成，因此具体的公众形式可以是个人，可以是群体，也可以是某些社会团体，或者是某些社会单位、部门。这种公众的多层次和多元化，决定了公共关系是一种多样的社会关系。

其次，多样性还表现在不同的公众具有不同的需求和目的。虽然作为特定组织的公众，他们都面临着一个共同的问题，但在解决这一问题的过程中，他们所表现出来的利益追求和价值取向存在一定的差异。

再次，公众的多样性还表现在公众与公共关系主体之间的利益关系上。它们之间利益一致，就易形成和谐关系；或利益互为补充，则关系紧密；或利益彼此背离，则关系紧张、相互排斥。

最后，公众的多样性还表现为它有多种类型，有的公众与组织发生直接关系，如员工；有的公众与组织发生间接关系，如员工家属。即使是同一类公众，也可以有不同的存在形式。比如消费者公众，可以是松散的个体，也可以是特殊的利益团体（如消费者协会），还可以是一个严密的组织（如使用产品的某家公司乃至政府）等。了解公众形式的多维性，才能按照每一公众的特殊性进行分析，制定相应的公共关系措施。

（四）可变性

公众不是封闭僵化、一成不变的对象，而是一个开放的系统，处于不断发展变化的过程之中。首先，公众的形成取决于共同问题的出现，一旦这个问题解决了，那么作为公共关系意义上特定问题的公众就不存在了。其次，随着主体条件、客体环境的变化，组织面临的公众在性质、形式、数量、范围等方面都会发生相应的变化。

第二节 公众的分类

公众是组织赖以生存的基础，是公共关系活动唯一的对象。在现实生活中，公众不是一个简单的整体，而是一个极其复杂的网络系统。每个组织在开展公共关系活动之前，都必须根据不同的需要，从不同角度、按不同方法对复杂而且广泛的公众进行分类，这样才能做到有的放矢地确定公关目标，制订公关计划。因此，一般来讲，对公众进行必要的分类，把握其内在规律性，是公关人员必须掌握的基本功。这里介绍几种常见的分类方法及其特点。

一、把公众作为一个过程来分类

公众的发展一般有这样一个过程：当组织做出某种行为时，其行为会引起公众态度、行为的发展变化。公众与组织的关系可能由疏变密，公众对组织的影响力也由弱变强。美国公共关系学研究人员格罗尼格和亨特按照公众的一般发展过程，把公众分为非公众、潜在公众、知晓公众和行动公众四类。

（一）非公众

在组织所处的环境中，一部分个人、群体和社会团体在一定的时空条件下，不受这个组织的行为影响，他们也对这个组织不产生影响力，他们在组织的视野中，就成了非公众。例如，一般条件下，棉布店可以被看做是轴承厂的非公众，丝绸店可以被看做是飞机制造厂的非公众，婴幼儿可以被看做是成人用品商店的非公众。一个组织只有正确找出非公众，将其排除在公共关系的工作范围之外，才能减少公共关系工作的盲目性，增强针对性，减少人力、物力和财力的浪费。但要注意，非公众也有可能发展成为潜在公众。

（二）潜在公众

在组织所处的环境中，当一个组织的行为与一定的个人、群体和社会团体发生了利益关系，使他们将面临由这个组织的行为引起的共同问题，但他们本身暂时未意识到这种问题的存在时，他们就成了该组织的潜在公众。潜在公众在一定时间内，至少在意识到他们面临的问题之前，不会采取行动，不会对组织构成威胁，他们对组织的影响力只是潜在的。

（三）知晓公众

当公众面临着由一个组织的行为引起的共同问题，而他们本身已经意识到这种问题的存在时，他们就成了知晓公众。知晓公众一般是由潜在公众发展而来。知晓公众一旦形成，他们就急切想了解问题的真相、原因和解决的办法。

（四）行动公众

当公众不仅意识到由组织行为引起的问题，而且准备采取或已经采取行动以求问题的解决时，他们在组织的视野中就成了行动公众。行动公众是由知晓公众发展而来的，他们的形成可以对组织的生存发展构成直接威胁。

总之，从非公众到行动公众是由组织行为引起的公众态度、行为连续发展的过程，这个发展过程可以用图 4-1 表示。

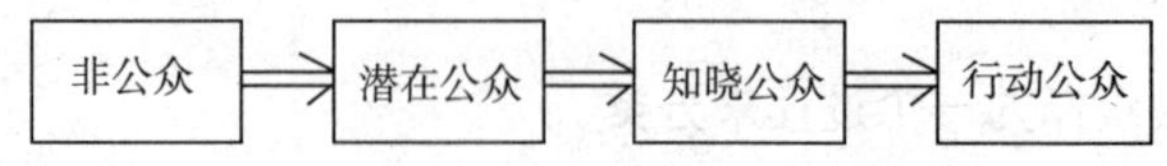

图 4-1　公众态度和行为的发展过程

二、根据组织的内外对象来分类

根据公众与组织的关系可以将公众分为内部公众与外部公众。

（一）内部公众

这类公众主要是指组织机构中的成员，如本单位的干部、职工。这类公众与组织有着最直接最密切的关系，因而是一个组织公共关系最重要的环节。内部公众又可以根据他们的工作任务和面对的问题，分成好几类。例如，一家纺织厂的青年女工面临着许多相同问题，是该厂公共关系部必须处理的一类公众；该厂的知识分子大多是纺织大学的毕业生，他们有着别的共同的问题，因此又形成另一类公众；该厂历史较为悠久，老年职工比例不小，他们面临即将退休的共同问题，也使他们成了公共关系部关心的一类公众。有人认为，内部公众只有一种，即所谓组织内部所有职工的相加，这是一种误解。

（二）外部公众

是指除了内部公众之外与组织有着这样或那样联系的公众。如政府部门、舆论传播界、社会团体、协作者、竞争者等等。组织与这类公众的关系虽不像与内部公众那样密切，但这类公众对组织机构的目标、生存和发展具有实际或潜在的利益关系及影响力。并且他们的数量比内部公众要大得多。

三、根据公众对组织的不同态度来分类

一个组织面临的公众，由于他们所处的地位、环境，扮演的社会角色，主观认识水平，以及利益追求等不同，而形成对组织的不同态度。在公共关系中，根据公众对组织的不同态度，可以分为顺意公众、逆意公众和中间公众。

（一）顺意公众

与组织关系良好，对组织奉行的政策、采取的行为持赞赏、支持、合作的态度，在较大程度上与组织保持一致，是组织生存和发展的积极社会环境因素。

（二）逆意公众

对组织奉行的政策、采取的行为持反感、反对、不合作态度。逆意公众的形成通常有两种原因：一是组织的政策、行为不当危害了公众利益，或者组织和公众之间价值取向有差异，致使组织和公众存在利益上的冲突；二是由于沟通不畅，致使公众对组织的政策行为产生了误解。

（三）中间公众

是对组织奉行的政策、采取的行为持中立态度或尚未表态、态度还不

明朗的公众。

将公众分为顺意公众、逆意公众、中间公众的分类法在政界尤为重要。例如，在抗日战争时期，中国共产党制定抗日民族统一战线的策略方针是：发展进步势力，争取中间势力，孤立顽固势力。从公共关系学的角度进行分析，这里的“进步势力”是中国共产党的顺意公众，“中间势力”是中间公众，“顽固势力”是逆意公众。再比如，在美国的总统选举中，投民主党候选人票的是共和党的逆意公众，投共和党候选人票的则是民主党的逆意公众，放弃选举投弃权票的则是中间公众。

对于组织的公共关系工作来讲，首先是要保持顺意公众的队伍，经常与他们沟通联系，不使他们的态度发生逆转，不让他们被竞争对手争取过去。其次要努力争取中间公众。中间公众的态度具有极强的可塑性，组织多花精力与其交流沟通，就有可能赢得他们对组织的了解和好感，即便一时间不能把中间公众改变成为顺意公众，至少可以防止他们向反对方面转化。最后是要尽力减少逆意公众。在公共关系中，如何争取逆意公众态度的转变是一个难题。但对于组织而言，不能因为困难就放弃，因为处理不好，会对组织产生很大的消极作用。一般来讲，组织应诚挚地与他们交流，不计较眼前的得失，始终保持较高的姿态与他们协调关系，争取对方的理解，促进逆意的转化。

四、根据公众对组织的重要性程度来分类

不同的公众对组织的生存发展的影响力不同。根据公众对组织的重要性程度不同，可以把公众划分为首要公众、次要公众和边缘公众。

（一）首要公众

首要公众是与组织关系密切，对一个组织的生存发展具有重要影响力和决定性作用，而且还影响和制约其他公众的公众。一般而言，所有组织的员工和股东、商店的顾客、宾馆的旅客、工厂的用户等都是首要公众。首要公众是组织生存发展的“生命线”，是公共关系对象中最关键的公众。因此，组织的公关部门应该投入最多的人力、财力和物力，来维持和改善同这类公众的关系。

（二）次要公众

次要公众是对一个组织的生存发展有一定影响，但这种影响尚不具有决定作用的公众，如社区公众、新闻界公众。由于组织的人力、财力、物力资源总是有限的，因此开展对此类公众的公共关系工作应放在次要地位，以突出公共关系工作的重点，提高效益。但应该注意的是，次要公众虽然不是组织公共关系的重点对象，但如果完全忽视了他们的存在，仍然

会造成组织公共关系的恶化。

（三）边缘公众

边缘公众是与组织有一定的联系，但不影响组织生存发展的公众。如学校、宗教团体、非同类企业等。

以一家工厂为例，它的公众如表 4－1 所示。就一个组织来说，它的首要公众、次要公众和边缘公众的区分有着较大的相对性，它们在不同的时期可以互相转化，今天的首要公众可以变成明天的次要公众或边缘公众，今天的次要公众或边缘公众可以变成明天的首要公众。

表 **4－1**　某家工厂的公众结构

首要公众	员工、股东、商品消费者、供应商
次要公众	政府机构、社区、新闻媒介
边缘公众	学校、科研机构、非同类企业

这种变化主要由组织的目标决定，同时也取决于组织的环境条件。把握这一点，就要求组织的公关部门应根据组织的需要和形势的变化来确定公共关系的主要对象——首要公众，并努力处理好与他们的关系。

五、根据组织对公众的态度来分类

组织根据自己的需要，对不同公众也会形成不同的态度。按照组织对公众的好恶程度来分类，可以把公众分为组织欢迎的公众、组织追求的公众和组织不欢迎的公众。

（一）组织欢迎的公众

那些完全迎合组织的需要，主动接近组织、支持组织，组织对他们也十分感兴趣、重视的公众，是组织欢迎的公众，如股东、自愿投资者、慕名前来的顾客、赞助捐赠者等。组织和这类公众之间存在着两厢情愿的合作关系。公共关系的任务就是要维系和加强这种相互重视、联系密切的合作关系。

（二）组织追求的公众

那些令组织十分感兴趣并努力接近，但其本身对组织并不一定感兴趣的公众，是组织追求的公众，如新闻媒介、社会名流等。组织赢得这类公众的好感，非常有利于组织的长远发展，因此组织要采取积极的公共关系活动去争取，但在做工作时须讲求艺术，注意方式方法，避免弄巧成拙。

（三）不受欢迎的公众

那些违背组织的利益和意愿来接近组织，向组织表示友好，却被组织力图回避的公众，是不受组织欢迎的公众。如某些反复纠缠索取赞助费的团体或个人，一味给组织提出各种无理要求的团体和个人等，都是令组织较为烦恼的公众。对于不受欢迎的公众，也应开展公共关系，向他们阐明组织的观点，与他们保持适当距离，尽量减少他们对组织构成的威胁。

六、根据公众的稳定性程度来分类

受客观环境、外在条件发展变化的影响，公众的稳定性和组织性在程度上也有很大的差异。依据这一标准，可将公众划分为流散性公众、临时性公众、周期性公众、稳定性公众、权力性公众。

（一）流散性公众

这类公众流动性大、分散性强，如列车上的乘客、观光游览某一景点的旅客。对此类公众开展公共关系活动，能取得更快、更好、更广泛的传播效果，有利于扩大组织的知名度。

（二）临时性公众

指因某一临时事件、活动或某一共同问题临时聚集在一起的公众，如舞会的来宾，剧院、展览会、运动会的观众，因飞机航班误点而滞留机场的乘客，上街游行示威的队伍等。

（三）周期性公众

指按一定规律和周期出现的公众，如逢节假日出现的游客、购买节日货物的顾客、西方竞选时的选民、招生时节的考生和家长、定期到某学校上课的函授班学员等。周期公众的出现具有规律性，可以预测，这有利于组织做好必要的准备，有计划地开展公共关系活动。

（四）稳定性公众

这类公众由于兴趣、爱好、习惯的影响，比较集中地与某些组织发生稳定的联系，是组织的基本公众，甚至对组织而言具有“准自家人”的性质。定期去某医院体检的老年人，经常光顾某娱乐城的顾客，只使用飘柔洗发水的消费者，最爱抽红塔山香烟的烟民，稳定的协作厂家，组织的内部公众、社区的居民、熟客、常客等均属此类。

（五）权力性公众

这是组织最为严密、拥有某种行政权力的公众，主要指政府及各级行政管理机构、上级主管部门。

七、根据组织的生存、发展机制来分类

（一）生存性公众系统

这个系统包括组织赖以生存的各种组织及社会团体，如国家的立法机关、政府管理部门、组织的董事会、社会领导人等等。这些公众是政府关

系、社会公共事务、股票持有人关系及社区关系等公共项目的对象。组织的公共关系部门应加强对这个系统的调查，及时掌握、分析、研究来自这个系统的信息，及时策动对这个系统的公共关系项目，努力使组织得以在社会上生存。

（二）功能性公众系统

这个系统包括输入子系统（如组织的员工、原材料供应单位等）和输出子系统（如企业产品的经销者、消费者）。一个组织的公共关系部策划的员工学习项目、劳资关系项目及原材料供应者关系就是针对输入子系统中的公众项目，消费者关系则是输出子系统方面最重要的公众项目。

（三）横向同业公众系统

这个系统包括与组织生产同类产品，面临同类问题，具有同类需要的其他组织或社会团体、各种行业联合会等。同业组织之间的相互关系通常是由各种同业协会协调和处理，一般组织不设以同业组织为公关对象的公关项目。

（四）扩散性公众系统

这个系统包括不属于某个正式组织的全部公众。如青年、学生、妇女、社区居民、新闻传播界等等。

八、根据公众的组织构成来分类

（一）个体公众

相互间没有紧密联系，处于无组织状态的公众群体，如分散的消费者、来访的新闻记者等。

（二）组织公众

以一定的组织形式出现的公众对象集团，如消费者委员会、记者协会或报社编辑部。

此外，我们还可以根据人口统计学来进行分类，如年龄、性别、种族等；可以根据心理学进行分类，如价值观、态度、生活方式等；可以根据社会学进行分类，如社会和阶层等。

了解和掌握公共关系对象分类的方法，有利于组织正确把握自己的公众对象，有的放矢地开展公共关系工作。

第三节　组织内部公共关系

公共关系由内部公共关系和外部公共关系两部分组成。内部公共关系是组织与内部公众的关系，是各种内部公众关系的总称。处理好内部公共关系，能培养内部公众对组织的认同感、归属感，增强组织的向心力和凝聚力；能创造和谐融洽的人际环境，有利于组织目标的实现；组织内部的团结一致，会更容易取得外部公众的支持与合作。所以，处理好内部公共关系也是组织“内求团结、外求发展”的基础。内部公共关系的好坏，直接关系到组织事业的成败。

社会组织的公共关系是从内部做起，向外辐射。一个社会组织必须首先取得内部员工的理解、信任和支持，其员工才能共同为实现总体目标而努力。因此，领导必须重视组织内部的公共关系。组织内部的公共关系包括员工关系和股东关系。

一、员工关系

员工关系是指社会组织与其内部员工的关系。内部员工包括社会组织中的职员、干部、工人、管理人员、技术人员、业务人员和勤杂人员等。员工在社会组织中占绝大多数，社会组织的工作都是由员工来完成的。因此，员工关系是组织中最重要的内部公众关系。处理好员工关系，是社会组织存在和发展的基础，也是建立内部良好公共关系的关键。

要处理好员工关系，进而实现公共关系的既定目标，就必须在满足员工物质需求的基础上，满足他们的精神需求。

（一）重视员工的物质利益

满足员工的物质利益，是员工维持生存、继续工作的基本保证。目前员工的物质利益大致可分为两大类：一类是工资收入，社会组织要在保证员工现有工资的前提下，不断提高其工资水平；另一类就是员工的福利待遇，如员工的住宿、养老、医疗、孩子入托、上学等等。福利待遇涉及的范围非常广泛，做好这方面的工作，可以免除职工的后顾之忧，还可以培养员工对组织的归属感和忠诚心，并使之转化为持久的劳动热情。如果这些问题解决不好，就会严重影响员工的积极性，影响工作效果。此外，改善工作条件和工作环境，也是满足员工物质利益的重要内容。在安全、整洁、舒适安静的环境中工作，不仅可以减轻员工的疲劳感，也是保证工作高效率的必要条件。

保证员工的物质利益，是员工生存和发展的前提，不同企业满足员工物质利益的方法也不同。惠普公司在经济不景气时保证员工的工作，起到了稳定人心的作用。早在 20 世纪 40 年代，惠普公司的创始人休利特和帕卡德就决定这个公司不能办成“要用人时就雇，不用人时就辞”的企业。后来，惠普集团的这种勇气在 1970 年经济衰退时受到严峻的考验。当其他企业纷纷裁员的时候，他们一个人也没减，而是公司全体人员包括休利特和帕卡德本人在内一律减薪20%，每人工作时数也减少了20%，结果，惠普公司保持了全员就业，顺利熬过了衰退期。

（二）重视员工的精神需求

员工的物质利益获得基本保证之后，精神上的需求就成为其主要的需要。因此，公关部门除了重视员工的物质需求之外，还应重视员工的精神需求。

1. 要尊重和承认员工的个人价值

管理心理学家贝克发现，每个人的人性中都有两种矛盾欲望，既希望自己成为优势团体中的一员，又希望有自我表现的机会。事实上，只有员工的个人价值受到肯定和尊重，使他觉得自己在团体中受到重视，他才可能自觉地将自己的利益与社会组织的利益融为一体，才能自觉地与社会组织同呼吸共患难。美国IBM公司用员工庆功会的方式对有突出业绩的员工进行表彰，并邀请他们的家属和来宾为他们祝贺，这种激励员工积极性的方式至今仍被很多企业界人士效仿。

2. 让员工分享信息、参与决策

这是对员工价值的一种肯定。在信息分享过程中，员工会自然而然地参与到组织的各类活动中来，对组织的工作发表意见，他们会因此与组织同喜同忧。如有一家公司因原材料涨价致使资金发生困难，当时该公司将财务情况如实地向全体员工进行了通报，员工在了解情况后，不但谅解了公司领导的难处，而且积极地提出合理化建议，自觉节约材料消耗，帮助公司渡过了难关。

1927年3月间，通用汽车公司的LORD－STOWN工厂员工进行了为期三周的罢工。这一罢工事件，使得通用汽车公司的LORD－STOWN工厂完全关闭。虽然罢工事件没给公司造成多大的损失，但是却给公司以重要启示，他们开始意识到之所以出现罢工事件，是由于长期缺乏内部沟通，以致高层领导与下层员工之间存在严重隔阂。

3. 建立良好和谐的人际环境

理顺内部关系，是使员工安心工作、乐于工作的重要保证。组织内部要分工明确、各尽其职。平时公关人员要注意各方面的协调沟通工作，特别是人际关系的协调，因为只有消除内耗，组织内部才能团结协作，各项工作才能顺利进行。松下公司就注意协调企业内部员工的关系。闹矛盾的员工被要求进入五个房间，在经过这五个房间的过程中，他们懂得了相互冲突给别人也给自己带来的伤害，也了解了公司领导对他们的期待，最后双方都主动承认错误，很好地解决了矛盾。

日本麦当劳快餐店每年都在大饭店举行一次联欢会，所有已婚的职工都必须带着太太出席。席间店老板藤田先生的一番讲话感人肺腑，他说："各位太太们，你们的先生对公司有很大的贡献，对于这一点我没什么好说的，只是有件事想请大家帮忙，那就是要关心他们的健康，我希望把他们培养成一流的人才，可是无法兼顾他们的健康，因此把这个责任交给你们了。"听了老板的话，职工们内心充满感激；太太们听了，相信只要公司发达家庭就会富裕，自然愿意好好照顾丈夫，让他们为公司多出力。通过这种活动，既密切了老板和员工的关系，也使员工家属理解和支持员工的工作，效果良好。

4. 对员工进行多种能力培养，提高员工的综合素质

日本松下电器公司的创始人松下幸之助经常教诲公司的各级管理人员："松下公司是培养人才的公司"，他还说："经营始于人，也终于人，……人才培养成功，事业才会成功；人才培养失败，事业也随之失败。"社会组织应该通过各种形式，培养员工的多种能力和综合素质，使员工能更好地完成现在和将来可能面临的工作任务。

二、股东关系

股东是股份制企业的投资者。股东关系即是企业与这些投资者的关系，是企业重要的内部公众关系。维护企业与股东的良好关系，对企业的经营成败具有较大的影响。

（一）股东的重要性

首先，与股东的关系好坏直接影响到企业的"财源"，进而影响到企业的"权源"，这对于企业的生存和发展是至关重要的。一个公司能否依靠股票的发行顺利地筹集资金，完全取决于是否有人愿意认购该公司的股票，认购后又是否愿意持有股票。当他们对企业有信心时就购进股票；反之，对企业缺乏信心时就抛出股票。而且股东的更换也会导致董事会的改组和经理的重新聘任。股东还可以通过股东大会和企业董事会来干预企业的重要决策，影响企业的行为。

其次，股东又是企业最知己、最强大的顾客群。股东和企业的利益是联系在一起的，企业越发展，赢利越多，股东的利益也就相应的越有保证。公司可以利用股东广泛的社会关系，扩大产品的销售网络。美国通用食品公司，每逢圣诞节便送给每位股东一套本公司的罐头样品，股东们得到礼品后十分高兴，还把这些产品推荐给自己的亲朋好友。他们一般在圣诞节前就准备好一份亲朋好友名单寄给公司，由公司按名单把罐头寄出作为圣诞礼物。因此，每到圣诞节前，通用食品公司都要额外收到一大批订

单，股东们享受到了优惠价格，公司方面也赚到了一大笔钱。可见，良好的股东关系，不仅可以稳定公司的财源，而且可以向外扩大新的市场。

（二）从不同角度处理好股东关系

1. 要尊重股东的特权意识

股东是买了股票，以投资的方式进入企业的，他们自然而然产生一种“主人意识”，认为自己有权知晓企业的发展方向和经营状况，对企业各方面的信息也特别关注。因此，在处理股东关系时，就必须充分尊重股东的这种特权意识，国外的很多公司在印发向股东报告公司新消息的文件上，总是客气地写道：“首先我要把这令人兴奋的消息，告诉各位老板们。”股东们收到这样的文件后，会为自己是主人而感到满足与骄傲，并积极向别人夸耀公司的成就，劝别人购买该公司的股票和产品。在与股东联系的全过程，始终要保持谦恭的态度。如称谓上要满足“主人”的需要；在给股东的信函和会议上，都要十分注意用一种对老板的语气说话；接待礼遇也要满足“主人”的需要；对于大股东和小股东，都要一视同仁地予以尊重。

2. 随时做好与股东的信息沟通工作

首先，要提供股东感兴趣的公司信息，以便于赢取和建立公司的信誉。对公司情况最了解的股东往往是最愿意保存股票并追加投资的股东，要及时、准确、全面地向股东汇报有关企业的各种信息，如企业的目标、方针、政策计划；资金的流动状况；公司的业务拓展情况；公司产品或服务项目；分红政策；赢利预测；重大人事变动；重大成果等等。做到企业有什么最新消息首先应该让股东知道；企业有什么新产品，如果可能也应让股东最先使用。另外需要注意的是，企业与股东的信息交流应该自始至终，国外有些公司的做法值得我们借鉴：股东购入第一张股票时，立即发出总经理签名的“欢迎信”；逢年过节，发出“感谢信”；而当股东抛出最后一张股票时，则发出“遗憾信”。

其次，要及时收集来自股东方面的各种信息，报告给有关领导和部门。股东生活在社会的各个层面，消息灵通，各有所长，因此公关部门要经常与他们保持联络，从他们那儿了解各种相关信息，从而使工作更有针对性，更容易取得好的效果。

第四节　组织外部公共关系

社会组织的外部公共关系是组织与外部公众的关系。外部公众是指除了内部公众之外的一切与组织有直接或间接关系的个人、群体和组织。不同的组织有不同的外部公众。外部公共关系包括顾客关系、经销关系、资源关系、金融关系、社区关系、媒介关系、政府关系、教育科研关系、名流关系和竞争者关系等。处理好外部公共关系是组织公共关系工作的重点。通过建立良好的外部公共关系，能够争取外部公众的理解、信任、支持和合作，克服组织发展中的各种困难，更快更好地完成组织的根本任务。

一、顾客关系

顾客指接受社会组织的产品或服务的公众。社会组织的产品不仅包括生产资料和生活资料，还包括文化组织生产的精神产品，如思想、艺术和科研成果等。因此，顾客可以是某产品的消费者、某火车的乘客、某剧院的观众或某图书的购买者，等等。这些接受社会组织的物质产品或精神产品及服务的公众，都是我们公共关系所研究的顾客。

顾客关系是组织最重要的外部公共关系，顾客关系处理得好坏直接关系到组织的生存和发展。

（一）顾客关系的主要影响因素

首先是产品。社会组织是否能为顾客提供质优价廉、适销对路的产品，是良好的顾客关系的基础。其次是服务。完善的售前和售后服务是处理好顾客关系的基本保证。再次是对投诉的处理情况。组织在对待顾客投诉时，要及时处理，以缓解顾客的不满情绪，尽快调整好顾客关系。“霞飞”在青岛的受挫就说明了这个问题。

1991年2月，“霞飞奥利斯”新型乌发膏因没有标明“特殊化妆品”而被青岛市防疫站作为一般化妆品进行检验，结果因含金量过高被宣布为不合格产品。青岛市防疫站有关人员立即通知了该产品在青岛的经销部门，并希望该厂销售人员转告有关部门重视这件事。对于这样一件潜含重大危机的事件，“霞飞”厂竟作为一般技术性问题处理，在事发一个月后才派出一个由技术科科长带队的技术组处理此事。青岛新闻界一片哗然，“霞飞”几乎要丧失年销售额350万元的青岛市场。对此，“霞飞”竟草率决定要在中央电视台发表声明，指责新闻界报道不实。若真是这样，一场波及全国的更大危机就要发生，“霞飞”将会丧失与新闻界的良好关系，使其千辛万苦树立的良好形象毁于一旦。所幸的是，“霞飞”在公关专家的劝阻下，没有这样做，而是与新闻媒介坦诚相待，与公众重新建立起良好的关系，使事件出现了转机。

（二）顾客关系的主要内容

（1）必须树立“顾客至上”的观念。把顾客的利益放在第一位，即组织的一切工作都要以顾客需要为出发点，以满足顾客需要为最高目标。在组织与公众发生矛盾和纠纷时，要认真听取公众意见，多从组织本身找原因。美国通用汽车公司曾因汽车轮胎的质量问题，召回有关汽车，为使用者免费更换轮胎，保证了使用者的安全。这一事件虽然使企业在经济上损失很大，但是也因此得到了社会的高度赞誉，为企业树立了良好的形象。

（2）要为顾客提供品质优良的产品，满足顾客的需要。在旧中国有一位民族资本家叫丁子青的，他经营的北京东来顺羊肉馆很出名。为了满足顾客在口味上的不同爱好，他把作料分装在七个小碟子里，由顾客自己搭配，从而解决了“一人难调百人口”的难题，使自己的小粥摊发展成为北京最大最有名的回民高级饭店。

（3）要做好中间环节的工作。产品从生产者到消费者手中，要经过批发、运输、零售等一系列中间环节，如果中间环节出了问题，顾客就会把责任推到社会组织方面，影响社会组织的形象。如“万宝牌冰箱质量风波”就是因为铁路运输部门的野蛮装卸造成的，给社会组织带来了重大的损失。

（4）提供始终如一的完善服务。美国有一家叫“西尔斯”的百年老店，店里生意非常兴隆。“西尔斯”提出了“货物出门，负责到底，保证满意，否则退款”的经营原则，得到了顾客的高度信赖，使他们的生意获得了长久的发展。

（5）要尽量处理好顾客纠纷。组织即使工作做得再好，也不可能保证不出现差错和纠纷，一旦出现差错和纠纷，就必须迅速答复和处理，及时解决实际问题。有些社会组织经常出现因顾客产品使用不当而造成的问题，最好的办法就是了解实际情况，帮助解决实际问题，避免类似情况的发生，以减少顾客被竞争者拉去的机会。

（6）要做好对顾客的引导工作。处理好顾客关系，既要满足顾客的要求和愿望，又要在更高层次上对顾客加以引导和教育。在日常生活中，人们常常由于商品知识的缺乏，而使消费具有极大的盲目性，面对市场上越来越多的同类产品，他们不知如何选择。因此，公关部门应积极主动地对消费者进行引导，将原先多少带有盲目性的顾客群，引入稳定的消费行列，使之由盲目消费变为自觉消费，为组织创造稳定的顾客队伍。美国生产日用化妆品的克莱罗公司，就通过永久性的训练中心，坚持消费者教育活动。他们聘请200多个专业美容师深入学校、美容院、产品陈列室、集会和展览会，免费辅导美容院的工作人员使用多种新化妆品，传授和示范化妆品的使用方法。这些免费的指导教育，使克莱罗的产品在激烈的竞争中，不断吸引众多的顾客，并受到消费者的好评。

杭州的“九百碗老汤面”馆，在处理顾客关系上堪称典范。

近几年，杭州迅速崛起了一家全新的快餐店——九百碗，其全称为九百碗老汤面。在短短的几年间，九百碗老汤面就由一家门面不大的面店发展为有六家连锁店的快餐店。每到吃饭时间，尤其是用餐高峰时，许多顾客要等很久才能吃到面。尽管如此，这里依然生意兴隆。他们在竞争激烈的杭州饮食业能如此受欢迎，靠的是质量、服务和卫生。

九百碗老汤面在质量上严格把关。汤面有特定的烹调程序，每碗面都要炖到一定的火候、一定的时间才能上桌，因此口味与众不同；面的配料也很讲究，对其量的多少和质的好坏也有严格规定，并有专人进行监督。九百碗始终信守它的承诺，所有食物都是点菜后现烧、现烤（除一些饮料外），因而保证了其味道鲜美。

在服务方面，九百碗的特点是便捷、舒适而又具有人情味。九百碗点餐采用的是顾客排队的方式，这既节省了人力又方便收款。顾客点完餐只需找个位置坐下来，把小票交给服务员就行了，服务员会陆续把你要的东西端过来。九百碗的服务员都是经过专业培训的，端起盘子平稳又轻巧。每次服务员为你端来食物时会说“请慢用”；顾客吃完出门时，会说“请慢走，欢迎下次光临”；下雨天你走进这里，服务员会递上一个塑料袋，帮你把雨伞放进去，等等。面馆点菜处的设计非常细致，所有食物被分成四类，写在四块黑板上，食物标价清晰，后面都标有计量单位。服务员的态度也是相当好的，他们会不厌其烦地回答你的各种问题。

在卫生方面，九百碗老汤面的店堂几乎一尘不染，餐具要经过高温消毒。这里的就餐环境简洁古朴，室内设计大方而又不失传统韵味，力求使顾客坐的舒心，吃的放心。九百碗在自身形象宣传上也是下足了功夫。古色古香的九百碗标志在餐具和餐厅的显眼处到处可见。

放心的质量、周到的服务、幽雅的环境、无处不在的宣传等等，顾客在就餐的同时，给顾客留下了深刻的印象。领略到了这家餐馆对顾客的真诚，体验到了他们全心全意为顾客服务的热情。

二、经销关系

经销商是经销或代销社会组织产品（或服务）的社会组织或个人。社会组织和经销商的关系就是经销关系，又称销售渠道关系。良好的经销关系能使社会组织的产品（或服务）市场通畅，资金周转快，回笼迅速。所以处理好经销关系，对社会组织来说，也是十分重要的。要处理好经销关系，就要做到以下几点：

(1) 要重视经销关系。经销商是社会组织的一种特殊顾客，社会组织要把他们当作“上帝”一样对待，要经常了解他们对社会组织产品（或服务）的看法，不断满足他们的需要。

(2) 要加强和经销商的沟通。社会组织的产品（或服务）是否受欢迎，除了和产品（或服务）本身的因素有关系外，也和经销商的市场运作水平有关。所以社会组织要和经销商，特别是市场运作能力比较强的经销商经常沟通、互相了解，建立长期的信任关系，以促进双方的共同发展。

(3) 要做好售后服务工作。现代社会组织的竞争不仅仅反映在产品本身的竞争上，而且也包括售后服务等附加因素的综合竞争。海尔公司就把售后服务作为企业提高竞争力的一个重要内容，提出“向服务要市场”的口号，获得了社会各方面的肯定，也赢得了经销商的信任，使产品供不应求。

三、资源关系

资源关系即社会组织与资源供应者之间的关系。资源供应者是指向社会组织提供原材料、零部件、能源、燃料、水电等生产资料的社会组织或个人。

社会组织的生产活动离不开各种各样的资源。因此，社会组织必须与资源供应者建立良好的关系，使他们愿意向社会组织提供源源不断的优质资源，以保证生产和经营的顺利进行。

要处理好资源关系，就要做到：

(1) 要对社会组织内外各种现有的资源有一个清楚的了解，很好地利用这些资源。

(2) 要对资源的现状和将来可能的变化有正确的估计，以便及时掌握和发现新的资源，以保证社会组织的资源供应，保证其正常的生产和经营。

四、金融关系

社会组织要搞好与金融界的关系，就要注意如下两方面问题：

(1) 要想办法让金融界公众了解社会组织的实力和发展远景，对其未来充满信心；

(2) 必须在平时和金融界建立一定的借贷关系，培养社会组织的金融信用，以便在必要时能获得所需的资金。国外的有些企业就是这样做的。他们在企业不需要借贷资金时，就向银行少量贷款，到期就还，取得了银行的信任；到企业出现资金危机的时候，向银行借款，则容易获得银行的资助，使企业转危为安。

五、社区关系

社区是人们生活的一定区域。某一社会组织周围与其同处于这一区域的其他组织与个人称为该组织的社区公众，包括地方政府、社会团体以及当地居民等。该组织与社区公众的关系称为社区关系。

一个社会组织与社区有千丝万缕的联系。组织的员工大多是当地社区的居民，社区关系的好坏直接影响员工的来源；社区公众是社会组织的较为固定的经常的消费者，社区关系影响组织的声誉和经济效益；社区同时还给组织提供邮政、治安保卫等服务。社区关系是组织面临的各种关系中的重要关系之一，处理好社区关系，就能为组织创造一个良好的近邻环境，有利于组织的生存和发展。处理社区关系要注意以下几个方面的内容：

（1）树立居民意识。从社区公众的角度来看，社区的每一个组织都是一位居民。因此，组织要处理好社区关系，就必须首先牢固地树立起自己是一个社区居民的意识，关心社区其他公众的利益，自觉遵守社区的各种规定，服从社区公约和规范，支持社区的各种活动，繁荣社区居民的生活等等，为社区的发展尽自己的力量。

（2）增进与社区各方面的相互了解。组织生存在社区之中，要搞好与社区其他公众之间的关系，就必须与社区公众保持良好的信息沟通。因为只有相互了解，才有可能相互理解和信任。组织与社区其他公众之间的信息沟通是双向的沟通过程：一方面组织应采取各种方式，主动向社区公众介绍本组织各方面的情况，并表示愿意为社区的发展做出贡献；另一方面组织应及时收集社区公众对组织的意见和建议。对于来自社区的赞许意见，组织可用来激励内部员工的士气；对于社区的批评，组织要及时反省，积极整改；对于社区的误解，组织要认真做好解释工作，以消除误解。

（3）要积极参与社区活动，做一个热心居民。良好的社区关系的建立，需要组织强烈的“居民意识”，更需要组织实实在在的行动，做一个热心居民，积极参与社区的各种庆祝活动和文体活动，赞助社区的各项公益事业，为社区多做好事。

英特尔电脑小博士工作室就是在为中国计算机教育做出贡献的同时，提升了企业的形象和地位，建立了良好的社区关系。

六、媒介关系

媒介关系也称新闻界关系，既指社会组织与报社、杂志社、广播电台、电视台等大众传播媒介机构的关系，又指其与编辑、记者、节目主持人以及专栏作家等的关系，二者常常合在一起。媒介是组织外部的重要公众之一，是公共关系活动经常的、主要的工作对象。

（一）新闻媒介对于组织具有特殊的作用

一方面，新闻媒介是开展公共关系活动不可缺少的手段，可以帮助组织实现公共关系的目标；另一方面，新闻媒介是组织的重要公众，是组织必须争取的公共关系对象。只有与新闻媒介建立了良好的关系，才能发挥组织在公共关系活动中的作用。

（二）如何处理好媒介关系

（1）要了解和熟悉各种媒体的性质、特点和特殊需要，了解他们的编辑方针、发刊周期、截稿时间、印刷方法、行销范围以及他们的受众特点。当组织需要做这方面的公共关系工作时，就能够抓住报道时机，找到适当的媒体，使宣传报道更有针对性，更容易达到预期的目标。

（2）要了解和熟悉新闻工作人员的职业尊严、工作特点、工作性质以及所处的地位和环境，比如新闻记者所写的文章必须符合宣传报道的思想性要求，必须考虑受众的要求和兴趣等等。社会组织向这些新闻工作者提供的信息，一定要客观公正，特别是在组织出现一些问题时，一定要向他们提供组织的真实信息，帮助他们客观地做出报道，才能取得新闻界的信任，和他们建立起长期信任关系。

（3）要了解和熟悉基本的新闻写作知识和技巧，公关人员只有提高自身的知识素养和社会交际能力，才能更好地完成社会组织交给的任务。

（4）在处理媒介关系时，必须要一视同仁。不论对大的新闻单位还是小的新闻单位，也不论对哪一位记者，都应主动热情、平等相待，才能取得新闻媒介的信任和支持，把公共关系工作做好。

在 24 届夏季奥运会上，主办国韩国就利用媒介，树立了良好的国际形象。在这次奥运会上，记者得到空前的优待：市长接见，奥委会主任亲自迎送；从比赛前期一直到比赛后期，天天组织记者参观，每到一处必有纪念品馈赠；大会对记者的接待在观看席位、用餐、住宿、服务等方面都胜过参赛选手。这是奥运会历史上从来没有过的，记者们也如实报道了他们的所见所闻，这就等于向全世界做了一次全面介绍该国情况的活生生的广告，大大提高了韩国的国际地位。

七、政府关系

政府是国家权力执行机关，承担着管理国家和社会事务的责任。政府关系是指社会组织与作为其公众对象的政府之间的关系。社会组织作为整个社会的一个细胞，处于政府的宏观管辖之内，社会组织与政府的各个具体执行部门必然发生形式多样的联系，因而任何社会组织都存在与政府的关系问题。

政府部门对社会组织的印象如何，直接关系到组织的命运。社会组织如能得到有关政府部门的支持、援助和赞赏，往往就能获得优越的竞争条件和有利的发展环境。任何社会组织都必须高度重视并努力改善政府关系。

思科公司通过与中国政府的沟通，获得了中国政府的支持，为在中国发展计算机市场和网络教育打下了基础。

随着全球经济一体化进程的加快，网络在中国社会的各个领域正在得到广泛的应用，成为推动新经济发展的核心力量。中国政府非常重视信息化建设，面对这样的机会，国际性的网络技术公司纷纷进军中国，在中国市场上开始了新的竞争。

思科公司不仅非常重视中国市场，而且同样非常重视与中国政府的关系。作为全球互联网工业和应用方案的领导者，思科公司从1994年进入中国以来，一直和中国政府保持着非常良好的关系。1998年9月18日，思科公司总裁兼首席执行官约翰·钱伯斯先生首次受到中国国家主席江泽民的接见。2000年6月，在互联网的热潮中钱伯斯再次访华。2001年1月，钱伯斯又来到了中国。这时春节即将来到，九届人大会议也即将召开，选择这样一个时机来访问中国，是思科公司加强政府关系的巧妙选择。

约翰·钱伯斯此次访华只有两天的时间，但两天之中他拜会了从国家主席到各部委的各级领导，还约见了中国企业的高层，接受媒体专访，参加与公司员工的沟通会，行程安排紧凑有效。

思科公司与中国政府进行了卓有成效的沟通，钱伯斯将思科公司在中国的长期战略传递给中国政府，阐述了与中国政府长期合作、与中国企业共同成长的愿望。思科与中国企业、中国客户实现了良好的沟通，思科与客户的关系因此又拉近了一层，这为思科在中国的发展打下了良好的基础。

思科对中国的网络教育表示了极大的关注，这一点通过这次活动表露无遗，其中思科的网络技术学院建设只是思科网络教育计划中的一小部分，思科的最终目的是把中国推向网络教育的新起点。通过此次访华，思科在中国掀起了网络教育的新热点。

约翰·钱伯斯访华回国之后，中国九届人大会议召开。在九届人大四次会议上，朱镕基总理表示在第十个五年计划中将明确未来发展的一个重要战略，即通过信息化带动工业化，用信息技术改造传统企业。政府将积极推动信息技术的广泛应用，大力支持信息产品和服务的发展。约翰·钱伯斯此次访华将思科的理念与中国的发展紧密地结合在一起，成为思科在中国发展的里程碑。

处理好政府关系对组织的生存和发展至关重要。作为一个社会组织，必须重视和处理好政府关系，这需要从以下几方面着手：

（1）要熟悉和掌握国家和政府的法律、法令、条例和政策。任何社会组织的行为，都无条件地受到国家和政府的法律、法令、条例和政策的约束。组织要想求得生存和发展，必须树立一个遵纪守法的形象，而要做到遵纪守法，就必须熟悉有关的法律、法令、条例和政策。因此，组织必须详尽地了解、分析、研究政府所颁布的各种政策和法令，及时修正组织的实际工作与有关方针、政策、法令、条例的偏差，从而使社会组织得到更快更好的发展。

（2）了解和熟悉政府职能。公关人员应充分了解和熟悉政府机构的设置、职能、结构、工作范围和工作程序，并与主管部门的工作人员保持应有的联系，这样才能减少“踢皮球”等现象的发生，提高办事效率。

（3）主动、及时地向政府有关部门传递各种信息。社会组织要使政府对自己有所了解，并获得支持，就需要与政府有关部门保持密切的联系，主动、及时地向政府部门传递各种信息，为其制定各种方针政策提供依据；组织要争取有利于自身发展的立法和政策，就必须主动、及时地将各种情况和信息传递给有关的政府部门。

（4）积极配合政府各职能部门的具体工作。上级部门颁布的各项方针、政策、法规，社会组织要认真学习、深入贯彻落实。上级组织的检查、指导工作，也要认真配合。

八、教育、科研关系

教育、科研关系也是社会组织的外部公共关系。社会组织与教育、科研单位的合作，对于它的生存和发展也是很重要的。现代社会组织的发展需要不断地采用新技术、新工艺、新材料，开发新产品，这都需要教育、科研单位的支持和帮助；教育、科研单位和社会组织的合作也有利于理论与实际的结合。

珠海市注重科技方面的工作，重奖科学家，在社会上引起了很大反响。

珠海市，南与澳门陆路相连，东与香港隔海相望，是我国首批对外开放的四个经济特区之一。1991 年，全市工业年增产速度达 67%，其中依靠科技进步占 34%。为进一步推动作为第一生产力的科学技术的发展，珠海市决定重奖“有突出贡献的科技人员”。这年，珠海市的有关部门对此创意做了大量的方案化及法规化的工作。1992 年初，梁广大市长向来珠海考察的邓小平同志汇报了该项计划，得到了小平同志赞同。3 月 8 日，珠海市委、市政府召开隆重的首届科技进步奖励大会。会上，“凝血”的首席获奖者返斌之、“BH—0111 型 80—480 门系列控制用户交换机”的首席获奖者沈定兴、“丽珠得乐冲剂”的获奖者徐庆中，分别获得重奖——一辆奥迪小汽车、一套住宅、一笔 30 万元的奖金。许多记者迅速对此进行报道传播。一时间，“珠海重奖科学家”的新闻传遍大江南北，海外传媒也作了大量的报道。

“重奖”产生了多方效应，不仅珠海市尊重知识、尊重人才蔚然成风，而且使得人才、成果、资金源源不断地涌入珠海市。同时，珠海市经济发展速度显著提高，且极大地提升了珠海市的认知度、美誉度、和谐度。在第二届“重奖”大会召开前夕，江泽民同志来珠海视察，并对珠海市的同志们说：“你们有一套吸引科技人才的办法，对做出贡献的知识分子进行重奖，这是对的。”

搞好教育、科研关系对于政府的发展，对于教育和科技的发展都是有利的。要搞好教育、科研关系就要注意以下几点：

（1）要了解教育、科研单位的工作性质和工作特点，充分利用其较高的科研水平和研究条件，发挥出教育、科研单位的资源优势。

（2）加强社会组织和教育、科研单位的合作或联合，不断研究出新技术、新工艺、新材料，开发出新产品。

（3）加快科研成果的应用和推广速度。

（4）教育、科研单位可以为社会组织定向培养一些人才。

现在有很多学校为企业定向培养人才，还有很多学校和企业联合研究开发新材料、新产品、新的服务项目，校企联合成为企业发展的一个新亮点。

九、名流关系

社会名流是指对公众舆论和社会生活有重大影响的人物，如党政要人，工商金融界首脑人物，教育、科学界的权威人士，文化、艺术、影视、体育界的明星等。这些人物往往是新闻报道的热点，知名度高，所以他们是社会组织不可忽视的外部公众。

要处理好名流关系，必须具备以下条件：

(1) 要有较好的产品（或服务）和一定的市场占有率，这是争取名流关系的基础。

(2) 社会组织在适当的时候要邀请社会名流参加它的一些活动。如开业典礼、周年庆典、产品推广的宣传工作等，为社会组织提高知名度。

(3) 社会组织也可以为名流们举办的一些活动提供赞助，以获得他们的关注和支持。

(4) 邀请明星作组织的形象大使或形象代言人，他们为组织进行宣传，扩大了组织的知名度，树立了良好的形象，取得了很好的社会效果。

十、竞争者关系

竞争者是企业外部的一种特殊公众。竞争者关系也叫同行关系。因为一般来说，同一行业面临相同的原料、市场、技术、信息等外部条件，彼此有相关的利害关系，相互间自然会产生一种竞争关系。企业与竞争者的关系，既有对立，也有一致。一方面，企业与竞争者有着共同的目标市场，这个市场的好坏对他们双方都有影响。这个市场发展得好，他们都受益；这个市场发展得不好，市场秩序混乱，他们都受害。在这方面他们的利益是一致的。另一方面，企业与竞争者又共同瓜分相同的目标市场，互相争夺市场。一方的市场占有率的增加，必然会导致另一方市场占有率的减少，他们又是互相对立的关系。

要搞好竞争者关系，就要做到：

(1) 企业必须首先在培养自身实力上下功夫。要生产出适销对路的产品，提供多方面高质量的售后服务，不断提高产品的市场占有率，使其始终立于不败之地。组织自身的实力强了，就更容易处理和竞争对手的关系。

(2) 竞争者之间要进行公平竞争。同行间竞争绝不能违背社会公德，要提倡以科学经营管理，改进技术设备、提高产品或服务质量等正当手段进行竞争，从而能使胜者心地坦然，败者心悦诚服。

(3) 竞争不忘协作和交流。同行间虽是竞争对手，但又处于同一行业，和这个行业的发展休戚相关，所以竞争对手又是合作伙伴关系。双方完全可以在共同的目的基础上，既竞争又合作。比如相互交流技术成果与经验，支援人力与物力，共同研究解决专业难点等，在互助的基础上共同进步。

第五节　公共关系活动方式

一、组织内部公共关系活动方式

组织内部公共关系活动方式，主要是在组织内部的信息交流方面。内部公共关系活动的目标是通过建立良好的沟通，取得组织内部公众的理解、信任和支持，以达到公共关系的总目标。活动方式是多种多样的，也是非常灵活的。下面是现在较为常见的一些组织内部公共关系活动的方式。

(1) 建立和完善内部网络。现在大多数组织都已经建立和正在建立局域网，为内部员工提供日常的网络沟通渠道。组织能以更快的速度直接将信息传送到员工面前，让员工迅速了解组织的发展情况，同时他们也可以通过网络向管理人员提出建议或咨询问题。这种沟通方式正在起到越来越大的作用。

(2) 自办报纸、刊物。虽然在网络通讯日益普遍的条件下，报纸、刊物在组织内部沟通中的作用越来越小了，但是它仍是内部沟通的一个相对比较成熟的沟通方式。它的工作对象主要是组织内部职工，其形式可以是各种各样的，出版周期要固定，要有固定的风格，可以是报纸、刊物、简报等。一些较大的组织中常用这种宣传方式，它可以报道组织的各方面信息。运用这种宣传方式，形式要活泼、内容要简短，要照顾到职工的兴趣，才容易被职工所接受。这种方式有助于定期沟通组织领导层与广大员工、员工与员工、企业与股东之间的关系，增进相互理解和信任，从而建立良好的公共关系状态。

(3) 内部录像、闭路电视。这是一种声像俱备的信息传播方式，一盘10分钟的录像带，可以比同样长度的录音带多传达几百倍的信息，传播效果好。内部录像、闭路电视传播的具体内容可以是组织的产品信息、活动情况、培训的信息或政策策略的内容。组织可以先录节目，再播放，也可以作为组织活动的实况播放，以此促进组织领导与员工之间的相互理解。

(4) 组织内部广播系统。这种方式可以将组织的各种信息迅速传播到各个角落，传给每个员工。组织可以自制广播节目，内容可以是新闻报道、组织活动的消息、生产技术及经营管理经验介绍以及临时通知等。

(5) 建立合理化建议制度。实践证明，在组织内部开展合理化建议活动，对于提高员工积极性、提高工作效率有积极的作用。国内外一些有开拓性的社会组织普遍采用这种方式。对员工的合理化建议要及时处理，对采用的合理化建议特别是采用后取得较大成效的，应给予鼓励或重奖。对暂时不能采用的，应做好说明，并给予适当的奖励，以保护员工关心组织的积极性。

(6) 建立内部协商对话制度。这种方式是组织的领导或主干部门领导与员工面对面的信息交流。具体内容可以是一定时期内职工最关心的问题，可以采取问答形式或座谈、讨论的形式进行，这种形式能够在较短的时间收集到更加具体、细致的信息，便于及时地相互沟通和了解。

(7) 设立意见箱、意见簿。这种方式虽然简易，但却是广开言路的一种好办法。特别是某些员工由于种种原因不愿与有关人员面对面交谈，或是不愿暴露姓名，可以通过这种形式提意见、诉委屈、发牢骚。意见箱中往往可以收集到在公开场合听不到的意见。无论意见正确与否，都要慎重处理，逐件回复，以激发职工提意见的积极性。有的意见是员工的肺腑之言，有一定的代表性，若妥善解决，可以收到意想不到的效果。

(8) 组织员工的集体活动。这种方式有利于平时分散的职工之间融洽关系、联络感情、促进友谊，增强集体责任感，从而减少误解、摩擦，提高工作效率。通过组织庆典活动、竞赛活动、联欢活动、慰问活动、旅游等都能起到很好的作用。

(9) 组织展览与陈列活动。组织举行固定或流动式的展览，宣传它的历史、企业精神、对社会的贡献、得奖的优质产品、组织的经营状况、内部的好人好事、发明创造等，既可沟通信息，又可激励员工的集体荣誉感。

(10) 进行民意测验。为了了解员工对某一问题的看法，可定期或不定期地设计具体的调查表或问卷，征询员工的愿望、要求和意见，然后分析综合各种意见，分类后提供给领导参考。

总之，组织内部公共关系活动的方式多种多样，除了上面介绍的之外还有很多，可以根据组织的具体情况加以利用。

二、组织外部公共关系活动方式

组织外部公共关系活动的总体目标应是树立企业组织的整体形象，为此必须赢得组织外部公众的理解、信任和支持。外部公共关系活动的实质是沟通组织与外部公众的信息，以达到公共关系的总目标。组织公共关系活动的方式是多种多样的，对不同的外部公众也要采用不同的公共关系活动的方式。国外公共关系活动发达的国家，在公共关系活动方式上给我们提供了一些可以借鉴的经验；国内在开展公共关系活动中也在不断创造着适合我国国情的活动方式，我们必须注意加以总结与概括。

但是，无论组织采取哪种对外公共关系活动的方式，在实质上都是双向的信息交流，即一方面通过公共关系活动，及时、准确、广泛地收集组织外部公众的信息；另一方面又要及时、准确、有成效地将组织有关的信息传播给社会相关公众。所以，组织对外的公共关系活动，采用任何方式都应从沟通信息、交流信息这一实质出发；否则，公共关系活动就不会取得好的效果。

由于组织外部的公众性质不同，各具特点，与组织有着不同的利益关系，组织在沟通信息中必须有不同的重点，要有针对性地选择信息；收集信息时要区别各类公众的特殊信息，传达信息时又要把目标对准各类公众的特殊需要。这就决定了公共关系活动应采用各种不同的方式。具体的方式，我们在分析组织与外部各类公众的公共关系中已涉及一些，这里我们从共性出发进行一些概括：

（1）收集各种公众的信息。组织各种座谈会，建立消费者来访接待室，派出人员走访不同的公众，联系各级消费者协会，组织社会公众到组织进行参观，进行组织的市场调研活动等，都可作为收集社会公众信息的方式。与上述收集信息方法相关联的，是对外部公众的信息及时地处理，或公开答复处理结果，或是进行必要的解释。

（2）组织记者招待会、新闻发布会或以组织名义举办文艺、体育活动等。向新闻媒介传达有关信息，主动热情地接受记者采访，尽量给记者提供方便。也可以主动请新闻媒介来组织参观访问，举办展览会，宣传组织的发展情况，展销新产品，宣传获奖优质产品等。

（3）积极参与各种社会活动。赞助文艺体育事业，积极参加社会的公益活动，尽可能地给予经济赞助。主动和社会各方面人士交往，以联络感情，宣传组织形象，收集各种信息。

（4）利用各种印刷出版物进行宣传。创办定期不定期的刊物，介绍企业的宗旨、发展目标、经营管理状况、主要产品、对社会的贡献、重大的科技成果、服务项目与方式。印制宣传品、产品使用说明书、商品知识介绍，向不同公众散发各种小册子以及在逢年过节向社会有关公众邮递纪念卡片等。

上述这些方式只是组织对外公共关系中概括的、一般的方式，有关内容将在以后章节具体阐述。

第六节　公共关系工作类型

社会组织在面临不同的公共关系问题时，要根据具体情况与要求选择不同的公共关系工作方式，以使公共关系活动取得良好的效果。一般来说，公共关系工作类型有以下10种。

一、建设型公共关系

建设型公共关系是指社会组织为开创新的局面而在公共关系方面进行努力，通过努力使社会公众对组织的产品和工作产生新的兴趣，使企业获得更好的发展条件的公共关系模式。

社会组织一般是在建立前后，或者更换名称、改变产品包装或增加和改变服务项目的时候，开展建设型公共关系活动的。北京隆福大厦的建设型公关活动值得我们学习。

北京隆福大厦是在原东四人民商场旧址建立起来的一座现代化商厦，1989年5月开业。开业前，大厦派出许多人到全国161个地区组织了35 000多种商品；对8个不同工种的服务人员进行了岗位培训；组织职工开展"建我隆福、爱我隆福"的大讨论；举办"隆福组歌"群众性文艺演出；创办《隆福大厦》报等。同时他们还开展各种形式的宣传活动：召开记者招待会，请书画家前来作画。通过一系列建设型公关活动，大大提高了企业的知名度，仅开业第一天，客流量就达到10万人，销售额上百万。

二、维系型公共关系

维系型公共关系是指社会组织在稳定发展之际，用来巩固良好形象的公共关系模式。

社会组织可以通过各种渠道和采用各种方法持续不断地向社会公众传递组织的各种信息，使公众在不断接受组织的服务过程中，增强对组织的好感，维持和组织的良好关系。

北京长城饭店在1986年的圣诞节，把外国驻华使馆官员的孩子接去装饰圣诞树，除招待他们一天的吃喝玩乐外，临走时还送给他们每人一个小礼品。这次活动就是通过发挥孩子们的作用，来维系长城饭店和使馆官员的关系，树立长城饭店的良好形象。

湖北沙市第三棉纺织厂独创的以"爱"为核心的"第一要素工作法"在湖北省和全国纺织系统推广。可是，这里的干群关系曾一度紧张。1987

年，新的厂长上任，提出了“第一要素工作法”，核心内容是“让世界充满爱”！他提出要在全厂提倡五爱：爱党、爱国家、爱人民、爱劳动、爱公物，把“爱”融进生产和管理活动中，用爱心去缓解人们在生产、生活中产生的矛盾冲突，在企业内部创造一个和谐、融洽的人际环境。厂领导的真情实意打动了全厂的职工，经过全厂上下的不断努力，干群关系缓和了，1990 年企业各项经济指标均创历史最高水平。

三、宣传型公共关系

宣传型公共关系是通过宣传的途径，建立良好的公共关系网络，来达到公共关系目的的公共关系活动方式。

企业可以通过公共关系广告和新闻报道的方式宣传自己。比如通过广告宣传企业的管理经验、经济效益、企业的先进人物和企业对社会的贡献等；还可以采取新闻、通讯、专访、经验介绍等方式来宣传报道自己。这种宣传的可信度高，客观、公正，传播效果好。

北京长城饭店在 1984 年美国总统里根访华期间，争取到了里根的答谢宴会，当时来自各地的 500 多名记者聚集在长城饭店，向世界各地发出了里根在这里举行宴会的消息。从此，长城饭店在全世界名声大振，许多外宾慕名而来，饭店的生意格外兴隆。

另外，在第 26 届奥运会上，“健力宝”与中央电视台合作，制作了“奥运千里热线节目”，让获奖的运动员与其家属在电视上见面和对话。这个节目吸引了很多人，“健力宝”的名字也随之进入了千家万户，给大家留下了美好而深刻的印象。

四、进攻型公共关系

进攻型公共关系是指社会组织在外部环境对自己不利时，采取主动出击的方式来树立和维护良好形象的公共关系类型。

1978 年，日本厂商和欧洲厂商为了把电视机引入中国，竞争十分激烈。最后日本厂商获得了成功。其主要原因是日本厂商了解中国人的特点和需要，他们利用新闻媒介，采用进攻型公共关系策略和手段，抢先把“日立牌”电视机引入中国，占据了中国市场。欧洲厂商虽然行动较早，但对中国情况不了解，缺乏应有的策略和手段，在竞争中失败。

五、征询型公共关系

征询型公共关系是指社会组织为自我生存与发展而搜集社会的社情民意，掌握社会发展趋势的公共关系活动方式。它是通过新闻监测、民意测验等社会调查的手段来了解掌握信息和社会动态，为组织决策提供参考。

征询型公共关系的工作方式有：开办各种咨询业务，建立来信来访制度和组织接待机构，采用问卷调查了解社情民意，设立意见箱和热线电话，接受和处理投诉等等。在政府部门和各企事业单位都有类似的例子，如我国很多省、市、县各级人民政府设立的信访办公室、领导办公室的专线电话等，及时搜集群众的意见与建议，帮助群众解决一些切身的问题。天津市政府每年举行一次千户居民问卷调查，开辟了人民群众参政议政的新渠道，使领导的决策尽量不脱离群众，密切了干群关系；广州市政府为了改进工作，举办了“假如我是市长”的征文活动，及时了解群众的想法，使政府工作更有针对性。一些企业也注重这方面的工作，采取各种形式了解消费者的意见，调整市场和产品策略，不断改进产品和服务，使企业得到了很好的发展。

六、服务型公共关系

服务型公共关系是一种以提供优质服务为主要手段的公共关系活动方式，目的是通过实际行动取得公众的了解和好评，塑造自己的良好形象。

现代社会的竞争日益激烈，同类企业的竞争更多地表现在服务的竞争上。企业要想在市场竞争中取胜，必须提供更好的服务。海尔集团提出的口号是“向服务要市场”，由于他们的热情、周到、细致的服务，产品的市场占有率不断提高，企业实力不断增强。

服务型公共关系工作方式有很多，如企业的售后服务、送货上门、上门安装、消费指导，事业单位的接受监督、完善服务等都属于服务型公共关系。

七、交际型公共关系

交际型公共关系是指不借助于媒体，而是通过人际交往的方式，与公众进行沟通，为组织广结善缘而开展的公共关系工作。

美国前国务卿基辛格博士就组织了一批在国际上很有影响的各界人士，组成一个咨询机构，他们的工作就是为世界各个国家政府和首脑间的交往疏通渠道，提供方便。由于基辛格与各国领导人和知名人士有着广泛的接触和私人情谊，由他出面代表一个国家的领导人与另一些国家的领导人进行接触和联系，往往比这些领导人直接出面试探效果会更好。他们成功开展了很多公关活动，为国际交往和合作做出了很大贡献。

八、社会型公共关系

社会型公共关系是指社会组织举办或参与某些社会公益活动，来扩大影响，取得公众的赞誉，以树立自身良好形象的公共关系活动。

开展社会型公共关系活动必须能引起社会的注意，引起新闻界的注意，才能取得良好的效果。实践证明，精心策划的社会型公共关系活动，往往可以在较长的时间里发挥作用，能够潜移默化地加深公众对企业的印象，甚至比单纯的商业广告效果还好。

广东健力宝集团曾拿出1 500万元赞助北京第 11 届亚运会，除向大会免费提供“健力宝”运动饮料外，还包下了途经 30 个省市的火炬接力所需的运动服和中国运动员领奖服。健力宝集团的巨额投入给企业带来了巨大效益，“健力宝”运动饮料迅速占领了国内市场，并远销到世界各地。

九、防御型公共关系

防御型公共关系是指社会组织为防止自身的公共关系失调而采取的一种公共关系活动方式。

上海邮电局在 1996 年进行的为民服务活动，就是一次很好的防御型公关活动。为了满足上海人民对邮电事业的要求，他们主动开展了一系列活动：①设立 104 问询台，工作人员有问必答，态度和蔼；②改进设备，将电话从七位升为八位数字，解决了上海市民装电话难的问题；③进行服务承诺，安装和维修工人到群众家里装修电话，不收小费，不接受吃喝，保证在预定时间内赶到；④邮递员准时到邮筒收信，并改进方法，缩短送信时间。他们的一系列做法，获得了社会的好评。

十、矫正型公共关系

矫正型公共关系是指社会组织在遇到问题或危机，组织形象受损害时，为了挽回声誉而开展的公共关系活动。矫正型公共关系一般是面临两种情况：一种是由于外在的某种误解、谣言甚至人为的破坏，损害了企业的形象；二是因为企业本身确实存在问题。若是前者应迅速查清原因，公布真相，澄清事实；若是后者，应找出原因，制定纠正措施，平息风波，解决问题。

本章小结

公众作为公共关系的基本构成要素，是公共关系学中一个相当重要的概念，是公共关系的对象。一个组织只有正确地认识和分析自己的公众对象，才能“有的放矢”地制定公共关系的目标、策略和方法，使组织的公共关系工作建立在科学的基础上。按不同标准对公众进行分类是掌握公众概念的重要内容；社会组织的内部公众是员工、股东；外部公众有消费者、经销商、竞争者、社区公众、新闻媒介、政府等。员工和消费者对组织的生存和发展最为重要。社会组织的内部和外部公共关系活动方式多种多样，组织要根据实际情况选择合适的方法。公共关系的工作类型有建设型公共关系、维系型公共关系等十种。

复习思考题

1. 简述公众的概念及分类。

2. 为什么要搞好组织的内部和外部的公共关系？

3. “搞好内部公共关系，就是多搞点感情投资”，你同意这种看法吗？为什么？

4. 如何处理顾客关系？

5. 为什么说“社区是组织生存的土壤，是组织重要的外部环境”？请举例说明。

6. 你所在的学校（单位）开展过哪种类型的公共关系？你认为目前应该开展哪种类型的公共关系，为什么？

7. 案例分析：

香港回归祖国倒计时活动

——《中国名牌》杂志社的公关创意

《中国名牌》杂志策划了高扬爱国主义旗帜的中国政府对香港恢复行使主权倒计时活动，产生了深刻的政治意义与深远的历史意义，其创意如下：

一、背景：项目调查

（1）历史：香港问题是英帝国主义入侵中国后强迫清政府签订的不平等条约。

（2）立场：香港是中国领土，不属于“殖民地”范畴。邓小平同志明确地表示 1997 年要收回香港。

（3）结论：1997 年 7 月 1 日这一天回归，使一个世纪的悲欢离合、一个民族的沧桑荣辱在这一时刻凝聚升华。

二、项目策划

（1）目的：高扬爱国主义旗帜。

（2）切入点：倒计时（让它分分秒秒叩动每一位炎黄子孙的心弦）。

(3) 规模：每字高度不小于1米，总面积150平方米，可视距离1 000米以上。

(4) 焦点：倒计时牌建在祖国心脏——首都北京。具体建在市中心——天安门广场的中国革命历史博物馆正中。

(5) 层次：报呈领导、北京市政府、国务院港澳办，直到中央领导。

(6) 时间：启动在1994年12月19日（中英联合声明10周年）至1997年7月1日，运行925天。

三、项目实施

(1) 高层公关：中央支持；

(2) 政府各职能部门公关：热情赞许；

(3) 横向公关：全国人民振奋。

四、项目评估

(1) 中央领导高度评价；

(2) 925天中，参观率最高，也是爱国主义教育基地；

(3) 世界之最：面积、时间、目睹、参与人数、新闻报道。

案例思考题：

试运用公共关系学中的相关知识分析评点这一案例。

第六章　公共关系工作程序

学习目标

通过本章的学习，了解公共关系四步工作法的内容及其相互关系；熟悉组织形象调查的内容及其三个层次；熟知文献调查法、观察法、访谈法的具体工作程序；熟悉抽样调查法及问卷调查法；能概括各种传播渠道的特点；掌握提高信息传播效果的写作技巧；简述传播过程中可能出现的传播障碍及其排除的方法；说明公关评估的意义、内容、方法。

引导案例

长跑竞赛发生事故

1999 年 6 月在春江市“阳歌杯”全民健身周长跑竞赛中，不幸多人中暑，两人死亡。当日上午，春江市骄阳似火，天气暴热。9 时整，3 000多名运动员参加了 1.5 公里长的群众性长跑活动。随后，其中的 350 名运动员移师江滨路进行长跑竞赛。其中，中年男、女组和青年组赛程为 8 公里，少年组为 3.6 公里。由于在烈日下激烈的奔跑，有不少运动员先后出现深度不一的中暑反应。8 名中暑较严重的运动员被迅速送往市急救医疗中心抢救。伍思聪在途中中暑摔倒，头部被摔伤，待送达急救中心时，伍思聪心跳已停止。夺得中年女子组竞赛第 2 名的春江市第一机床厂的申桂英也因中暑不治，于次日凌晨死亡。

1952 年，被后人誉为美国“公关圣经”的《有效公共关系》出版发行。在这本著作中，斯科特·卡特李普提出了两大理论观点，一是公共关系的“双向平衡”理论，二是公共关系的四步工作方法。“双向平衡”理论说明组织与公众之间关系的状态，四步工作方法说明公共关系运作的程序。这两大理论使公共关系工作进入到了一个系统化、完善化的阶段。四步工作法是指公共关系调查研究，公共关系计划管理，公共关系信息传播和公共关系效果评估。

第一节　公共关系调查研究

公共关系调查研究，是指公共关系工作人员对自己或所服务的组织（指公共关系专业公司受特定组织的委托为其进行公共关系调查）的公共关系状态所进行的情报搜集与研究工作。它的任务主要是了解那些受到组织行为和政策影响的人对组织的观念、态度、看法和反应，掌握组织的实际形象，发现组织存在的问题以及对问题进行全面而深入的了解。公共关系调查研究是公共关系的基础性工作，发挥着情报的功能。

一、公共关系调查的准备

（一）确定主题

确定主题是指组织在进行公共关系调查之前，首先要确定调查的宗旨，即组织将围绕着什么而展开调查。公共关系调查可分为一般性公共关系调查和特殊性公共关系调查两种类型。一般性公共关系调查是公共关系工作调查，它是通过了解情况，掌握资料，以制订公共关系在一定时期（如一年）内的工作计划，目的在于发展组织自身。特殊性公共关系调查是公共关系事件调查，其前提条件是组织发生了对公众有影响的事件，公共关系人员要对这一事件进行调查，以制订公共关系时点（以项目为核心的）工作计划，目的在于解决存在的问题。

一般性的公共关系调查，是在组织或企业正常的生产经营运作中所进行的调查，宗旨在于掌握组织各方面情况，了解公众对组织的评价，其主题可确定为组织日常公共关系活动的全部或局部及组织公共关系状态等。

特殊性的公共关系调查，是在组织或企业非正常的生产经营运作中所进行的调查，宗旨在于掌握组织发生问题或事件的全面情况，了解事件对公众和对组织影响的程度，其调查主题可围绕着问题或事件的内涵来确定。这里主要要搞清楚促成问题或事件出现的原因，这些原因在以后的工作中是否还会出现，未来社会的政治、经济、文化环境会发生哪些变化，变化了的环境将对组织面临的问题或事件产生何种影响等等。

（二）确定范围

确定范围是指对被调查者——公众对象的范围大小、人数多少及相关各种指标（如性别、职业、年龄、受教育程度等）的界定。组织的公众处于不断变化之中，不同的调查主题应该确定不同的调查对象和调查范围。确定所要调查的公众范围应该掌握好尺度。在一般性公共关系调查中，组织应根据主题的需要和力所能及的条件来确定调查的公众范围，并保证确定的公众对象有一定的代表性。在特殊性公共关系调查中，如果组织以问题发生的范围作为确定调查范围的依据，就不能对超越问题发生范围的公众进行调查，这样会造成不必要的浪费，并形成不好的影响；如果组织策划一种活动或开展一种传播而渴望得到一种好的效果，同时，也希望通过调查来掌握更多的信息资料，就应以自己能力所及的范围作为确定调查范围的依据。这样，还可以通过调查范围的扩大而传递对组织有利的信息；如果组织所确定的调查范围很小，远不及问题发生的范围，了解的情况则会很不全面、不具体、不客观。

在确定调查范围时，应该对有关公众对象的情况有所了解，以保证确定的调查范围更合理，更具有代表性。

（1）公众对象的背景资料。指被调查者的自然状况，如年龄、性别、籍贯、住址、文化程度、职业、收入水平、家庭情况等（在实际调查中可选择其中必要的资料）。

（2）公众对象的知晓度资料。指被调查者对组织的一些情况，包括问题、经营状况、市场情况、开展的主要活动是否知道及知道的程度。

（3）公众对象的态度资料。指被调查者对组织的方针、政策、各项工作及发生的问题与事件所持的态度。公众态度从其表现形式上划分，可分为赞成、不赞成、反对和敌意等四种；从持续的时间上划分，可分为延续性的态度和即时性的态度两种。组织所希望的是持赞成态度的公众，最好使其态度延续的时间越长越好。对于持不赞成、反对乃至敌意态度的公众，最好能使其态度是即时性的。但这一切都要靠组织的努力。

（4）公众对象的行为资料。指被调查者受自身态度的支配所为。表现为接纳企业及其产品、不接纳企业及其产品、对企业施加各种压力等方面的行为。公共关系工作人员可从以上这些资料中确定公众对象的构成、类型和活跃程度等，从而确定被调查者的范围。

二、公关调查的内容

公关调研主要包括社会环境调查、公众调查和组织形象调查三个部分。

（一）社会环境调查

任何一个组织都面临着影响组织发展的社会环境，环境的变化将会影响组织与社会的平衡，所以公关部门应时刻注意环境的变化。对社会环境进行调查，主要是为了分析、把握与本组织有关的社会政治、经济、技术、文化等方面的一切动态。其具体内容包括：

1. 政治环境

我们已经进入了经济全球化时代，国际政治或国内政治方面一些微小的变化，都会对组织的生存和发展产生极大的影响。公关组织必须及时掌握变化的资料，预测这些变化将对本组织造成哪些方面的影响。例如，2003年美国以反恐为名，发动了打击伊拉克的战争，战争虽然以美军的军事胜利暂时告一段落，但伊拉克人民对美军的长期抵抗，使伊拉克陷入了无政府的混乱状况。由于战争的影响，我国许多与伊拉克有经济、贸易联系的企业，都受到了严重的影响。这种影响，一个企业靠自身的力量是无法避免的，只能在事前进行充分的调查研究，制定出合理的对策，以便将由于国际政治形势变化所造成的经济损失降至最小。

2. 经济环境

我国企业的发展在很大程度上受到国家经济发展战略、经济政策的制约。而这些战略、政策的制定，又是以国家的经济发展趋势、国民经济发展的整体水平、国民收入的现有水平、人口的总量、资源和能源储存与开发、国际经济大环境等因素为依据的。所以，这些经济信息就都成为企业进行决策时必须掌握的资料，企业只有掌握了这些资料才能在竞争中立于不败之地。

3. 文化环境

随着社会政治、经济形势的变化，人们的思想观念也必然发生相应的变化，这种文化的环境，将在很大程度上影响社会成员的价值观念、行为方式、消费习惯、审美倾向等等。许多在一定时期被认为是荒谬绝伦的事情，过一段时间就成为顺理成章的事情了。例如，20世纪80年代至90年代，“选美”被认为是“西方资产阶级”生活方式的表现，在大陆受到了强烈的抵制。全国妇联曾经公开发表声明，说对选美“既不反对，也不支持”，但人们还是清楚地感受到了其反对的倾向。所以在那一段时间，公开举办选美活动是根本不可能的，只有一些大胆的媒体，报道一些境外举行的选美活动。进入21世纪以后，人们对于女性美的观念在悄然发生着变化，外在的形象美也被人们接受了，“美女比赛”堂而皇之地进入了我们的生活。

4. 科技环境

在人类文明进入20世纪中期以后，科学技术的发展明显加快，新兴的科学技术层出不穷，以电子信息、宇宙航天、生命科学、新材料、新能源等原创性科技为代表的新经济时代已经深入到了千家万户。抓紧科学技术带来的新机遇，就会为企业带来滚滚财源。2000年初，纳米技术在国际市场逐步成熟，并进入国内市场，一时间，“纳米油漆”、“纳米涂料”、“纳米保暖内衣”、“纳米汽车”纷纷上市，其中虽有炒作之嫌，但它也为先行企业带来了巨大的经济效益。

5. 竞争环境

市场经济的本质就是一种竞争经济，正是由于有了竞争，整个国民经济才得以飞速发展。因此，这就要求每一个企业必须对组织所处行业的情况，组织在竞争中的地位，竞争对手的情况，国家有关经济竞争的管理政策、相关法律等等了如指掌。也只有这样，企业才能在激烈的经济竞争中不断发展壮大。

（二）公众调查

公众是公关部门工作的主要对象，从某种意义上讲，公众也就是公关部门所面对的具体环境。但是，公众又是一个经常变化的群体，不断因问题的发展而变迁，不是一成不变的。同时，公众中也存在着一种较为复杂的现象，即公众之间存在着交叉，有些人既是这个组织的公众，又是那个组织的公众；既是组织这方面的公众，又是组织那方面的公众，因此公众调查应经常进行。公众调研要掌握以下方面的材料：

1. 公众构成

每一个组织都有多方面的公众，公众的构成与组织对公众的利益关系、组织对公众的分类方法、组织所面对的事件等等具体形式有关。按照公众与组织有无归属关系来看，公众可分为两大类：内部公众与外部公众。按照组织与公众的利益关系，公众可以分成员工、股东、顾客、媒介、政府、社区、社会团体等等。根据公众与组织发生关系的时序特征分类，公众可以分成非公众、潜在公众、知晓公众、行动公众等等。不管使用哪一种公众分类方法，对各类公众构成的了解必须细化，如公众的姓名、年龄、性别、籍贯、住址、文化程度、职业、收入、家庭情况等等，以便进一步搞清楚此类公众都是由哪些人组成的，为今后有针对性地开展工作奠定基础。

2. 公众态度

当组织面对某一事件时，须迅速掌握公众对事件知晓的程度，并摸清他们对组织所抱的态度。态度指被调查对象对组织及所发生的问题所持的立场和观点。态度又可分为延缓性和即时性两类。前者指一个人在相当长的时间里对某一事物的立场和态度，后者则是一个人对一事、一物、一人的态度。前者具有相对的稳定性，而后者则是灵活易变的。情感资料也可算在态度材料之中。公众态度的调查，对于企业生产政策的制定和新产品的开发，都具有不可替代的重要作用。

例如2001年，国内某著名电脑生产企业，请台湾电视剧《流星花园》的著名青春组合——F4作自己产品的形象代言人。企业的想法是：这部电视剧在青少年中有广泛的影响，F4是他们崇拜的偶像。以F4作为形象代言人，一定可以使其产品热销。但是由于调查不够细致，企业只考虑了青少年的想法，却没有考虑他们父母的意见。其实在《流星花园》热播之际，在教育界就有不同的意见，大多数父母对电视剧中主人公打架、早恋、酗酒、攀比等行为很反感。结果父母因对形象代言人的不满，转而扩展到对这款电脑的不满。毕竟电脑不是青少年可以买得起的东西，父母的不满使产品没有出现企业所预期的热销场面。

3. 公众需求

市场经济的发展，使我国已经从生产导向型经济发展为消费导向型经济。市场上早已不再是企业生产什么，百姓消费什么；而是顾客需要什么，企业生产什么。那么顾客到底需要什么样的产品，就需要通过深入、细致的公关调查来掌握。例如中国的家电企业海尔公司，建立了一条特种冰箱生产线，只要客户提出要求，一台冰箱也生产。正是由于有了这样一种细致的市场调查，海尔才始终保持着市场上的主动权，可以“打价值战，不打价格战”。

4. 意见领袖

根据传播学原理，公众对大众传播中输送的信息，并不是无条件地接受。观念总是先从广播、电视和报刊传向“意见领袖”，然后再由这些人口中传入不那么活跃的群体，这就是著名的“两级传播理论”。研究公众，还必须研究能够经常影响他们意见的领袖，如专家学者、权威人物、社会名流、新闻记者等等。组织要调查这些意见领袖的社会分布、与目标公众的联系、影响公众的方式等等，以便在日后的公关工作中与他们建立良好的工作关系。

（三）组织形象调查

所谓组织形象，就是组织在公众心目中留下的印象。换言之，组织形象也就是公众对组织的看法和评价。在现代生产科学技术不断发展、普及的情况下，同类产品的质量、价格的差异日趋缩小，组织形象就成了企业的重要资源，企业的社会责任、进取精神、服务、能力、正直、友善、关怀、眼光、活力、想象力等形象，在很大程度上左右着顾客的市场选择。公关人员的根本任务就是为组织在社会上树立形象，但他们在从事形象设计和传播之前，首先要对组织现有的形象有所了解，做到心中有数，这样在设计形象时才能脚踏实地、有的放矢。组织的形象调查又可分成两个方面：

1. 组织自我期待形象的调查

组织的自我期待形象，是一个组织自我希望具有的社会形象。它是一个组织发展的内在动力，期望值越高，动力越大。然而在社会发展的转型时期，有的组织的自我期待形象并不明确，这就需要公关人员通过调查研究将其揭示。自我期待形象调研的步骤如下：

第一，完整地掌握组织的内部资料。对于一个企业来说，内部资料包括：企业的建立时间、经营方针、经营目标、管理政策、生产计划、财务制度、市场占有率和销售趋向、服务项目和水平、新产品开发的进展、员工的素质、领导人的状况等等。

第二，了解组织领导人对组织形象的期待水平。领导人是组织的决策者，组织形象最终是由领导人确定的，因此，领导人的意志对于组织形象的形成具有决定性的意义。公关人员应当研究领导人所拟定的各项目标和政策，研究他们的言行和管理手段，测定他们对组织形象的期待和要求，甚至要了解领导人的个人生活阅历和兴趣爱好，这样设计出来的形象才容易得到领导的认可与支持。

第三，了解全体员工对自己组织的看法和期望。员工的工作态度反映着员工对组织的看法，决定着员工的干劲，直接影响着企业的发展。公关人员应该了解员工的意见、希望和要求，并加以概括和提炼，这样形成的组织形象，才能符合企业职工的意愿，起到激发员工自豪感、归属感和责任心的目的。否则，大多数员工会感到组织形象与自己是两回事，对组织形象不闻不问，甚至起破坏作用。

2. 组织实际社会形象的分析

在现实生活中，一个组织的自我期待形象往往与公众心目中的实际社会形象有较大差距。一个有自知之明的组织，必须借助公众评价和社会舆论这两面镜子，照出自己的实际社会形象。自我期待形象与实际社会形象之间的差距，就是公关工作的目标。公关部门可以通过民意测验、舆论监督、与领导部门面谈等方法，获得自身的实际社会形象。组织的实际社会形象调查，可以分成三个部分：

（1）组织形象地位图。一个组织实际的社会形象，需要用公众对该组织的认识、看法和评价来反映，这些指标又可概括成知名度和美誉度这两个综合指标。知名度是公众对组织知晓和了解的程度，是反映组织社会名气大小的客观指标。其具体内容包括：公众是否知道本组织的名称、标志、产品、服务、领导人、成立时间等等。美誉度则是公众对组织的信任和赞许程度，是组织社会名誉好坏的客观指标。其具体内容包括：公众是否喜欢本企业的产品、服务和销售方式，对本组织的机构设置、人员素质、工作效率的评价如何，本组织的经营方针是否正确等等。

一个组织的形象好坏，通过知名度和美誉度两个指标就可以反映出来。将调查获得的数据纵横交错，就构成了一个组织形象四象限图（见图6-1所示），它是公关专家们测定组织实际社会形象的主要工具。

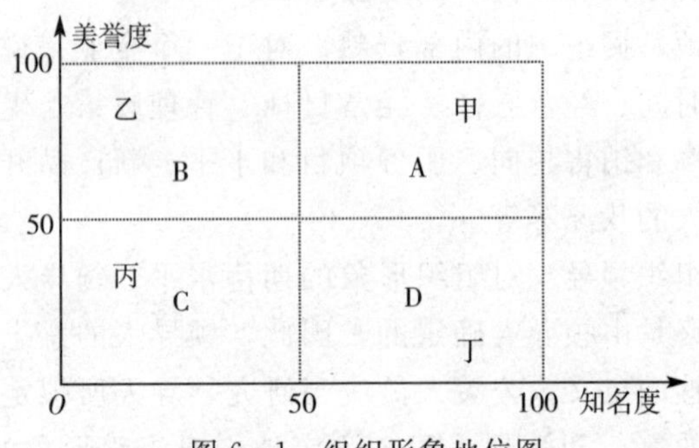

图 6-1　组织形象地位图

象限A的区域代表着高知名度和高美誉度；象限B代表着低知名度、高美誉度；象限C代表着低知名度和低美誉度；象限D代表着高知名度、低美誉度。实际测访时，如果被调查对象有100名，其中90人知道甲企业，这90人中有72人说它的产品不错，那这家企业的知名度就是90%，美誉度就是80%，属于高知名度、高美誉度的企业。

图中A区表示高知名度、高美誉度。说明组织的公共关系属于最佳状态（如图中的甲），将来的问题是如何保持荣誉，更上一层楼。但是也要注意，过高的知名度也会给美誉度造成压力，组织必须时刻保持高度的警惕。

B区表示高美誉度、低知名度。说明组织的公共关系处于较为稳定、安全的一种状态。公共关系工作的重点应该是在维持美誉度的基础上，提高知名度（如图中的乙）。

C区表示低知名度、低美誉度。说明组织的公共关系处于不良状态。在这一种状态下，组织首先应该完善自身，争取较高的美誉度，而在传播方面暂时保持低姿态，待享有较好的美誉度以后，再大力做好提高知名度的工作（如图中的丙）。

D区表示高知名度、低美誉度。说明组织的公共关系处于“臭名远扬”的恶劣状态，不仅信誉差，而且知之者甚众。在这种情况下，其公共关系工作的重点首先在于降低负面的知名度，隐姓埋名，减少舆论界的注意，默默地努力改善自身，设法逐步挽回信誉，提高美誉度，再求发展（如图中的丁)。

组织形象地位图不仅直观地显示了社会组织在公众心目中的形象，初步诊断了公共关系的问题，而且为制定公共关系的方针、策略提供了依据，是公共关系工作决策的必要步骤。

(2) 组织形象要素分析。了解了组织实际社会形象在公众心目中的地位后，公共关系人员还必须了解公众为什么会形成这样的印象。因此，他们有必要进一步分析构成组织形象的具体要素，进而确定改进的方针。

组织形象要素包括：组织的经营方针是否正确、产品质量好坏、办事效率高低、服务态度是否诚恳、业务是否有创新、公司规模大小、广告投入是否充足、公关活动是否活跃等等。前四类指标显然与企业美誉度有关，后四类指标则与企业的知名度有关。为了精确表达公众的意见，这些指标又可以用语义级差法来表现。如果设定五级级差，那么应当是相当好、比较好、一般、比较差、相当差。以 100 人的调查为例（见表 6 - 1)：。

表 6 - 1　组织形象要素分析表

评价 调查项目	相当好	比较好	一般	比较差	相当差
经营方针	65	25	10		
产品质量		25	65	10	
办事效率		65	25	10	
服务态度		65	25	10	
业务创新			25	65	10
公司规模			26	65	10
广告投入			10	25	65
公关活动			10	25	65

从这个表格中我们可以看出，这家公司知名度不太高的原因，主要是由于业务缺少创新、公司规模较小、过去的宣传力度也不够，大致相当于高美誉度、低知名度的企业。因此，该公司需就要在对外宣传方面下功夫。

(3) 组织形象差距分析。将组织自我希望具有的形象（虚线）与组织实际具有的社会形象（实线）进行对比，就可以发现其中的差距。自我期待形象高于实际的社会形象，这并不奇怪，如果组织提出的期待形象与实际社会形象等同，或低于实际形象，那就不能达到激励组织前进的目的了。揭示两者之间的差距，为今后的公关工作指出了前进的方向。如果还以组织形象要素图的8项指标作为调查的依据，仍以五级级差表现，可以得到图6－2：

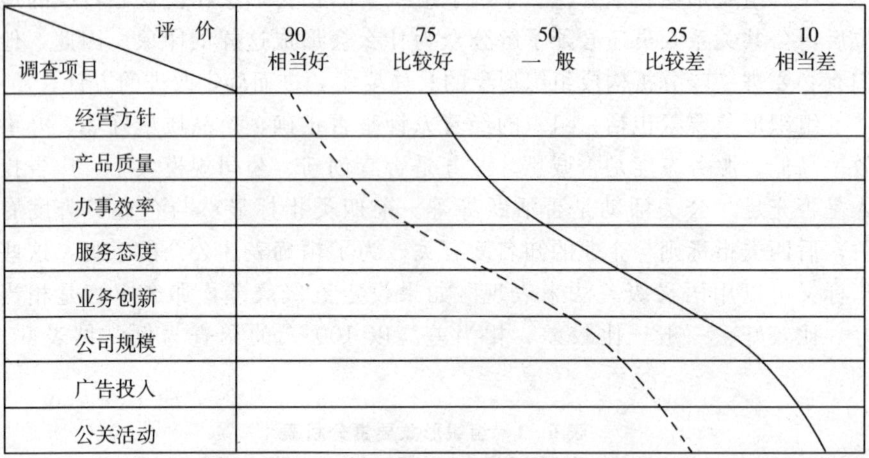

评价 调查项目	90 相当好	75 比较好	50 一　般	25 比较差	10 相当差
经营方针					
产品质量					
办事效率					
服务态度					
业务创新					
公司规模					
广告投入					
公关活动					

图6－2　组织期望形象与实际形象差距图

这张图可以非常量化地表明组织的自我期待形象与实际社会形象之间的差距，除了经营方针一项比较接近以外，其他各项都存在着很大的差距。这家公司今后的公关任务，就是逐项解决这些问题，不断提高产品质量，改善服务态度，加速业务创新，增大广告投入，大力开展公关活动等等，使组织在美誉度逐步改善的同时，知名度也有一个大的提高。当然这些工作要根据组织的需要，在财力许可的范围内，分出轻重缓急，逐步去落实。

三、公共关系调查的方法

公共关系的调查方法很多，经常使用的有文献调查法、观察法、访问法、抽样调查法、问卷调查法等几种，以下分别加以介绍。

（一）文献调查法

文献调查法是在第一手资料难以得到或不够用时，通过组织内部或外部的文献资料分析所要调查问题的方法。文献调查法可以超越时空条件的限制，获得其他方法所不能获得的信息。同时，文献调查法还是一种效率高、花费少的调查方法，可用于其他调查过程之前，以便尽量减少调查的开支。文献调查法主要包括以下几个步骤：

1. 收集、保存资料文献

这是公关部门经常性的工作之一，收集的范围包括：国家和上级主管部门的文件、统计资料、行业资料、有关新闻资料、互联网上的相关文章、组织内部的统计报表、工作计划、工作总结、各项制度、产品的技术指标、服务网点的分布、服务项目和标准、公众意见等等。

2. 建立分类检索系统

在收集资料的过程中，组织要将资料分门别类整理、剪贴、装订、登记，并建立起检索系统，以便日后查阅。如果没有检索系统，一堆资料就是死的东西。检索系统依组织工作的性质和工作习惯而定，没有固定模式，如按照社会环境、经济制度、法律政策、背景材料（组织的历史和现状）、传播关系、公众意见、人物传记分类等等。

3. 分析资料，确定解决问题的方法

如问题是如何发生、发展的？有哪些影响问题的因素？它们之间是什么关系？公众有什么意见和要求？如何解决这些问题？分析结束后，调查人员还要写出报告，作为制订公关活动方案的依据。

在改革开放初期，我国的大庆油田还是保密项目。日本的石油化工设备公司，为了获得在我国大庆炼油厂投标的信息，对我国发表的关于大庆油田的新闻进行了细致的分析。他们通过“铁人”王进喜穿着大皮袄的照片，估计大庆在一个非常寒冷的地区，并大致估计出其纬度。利用我国报刊关于王进喜带领工人，用肩扛手抬的方法将钻井机搬入现场的报道，估计油井离铁路不会太远。根据我国报刊发表的钻塔照片中手柄的样式，计算出油井的口径和流量，并计算出大庆的产量。所以他们在大庆炼油厂设备招标中提供的设备，最适合大庆炼油厂使用。而同时投标的英、美公司，连大庆在什么地方都还没有搞清楚呢。

文献调查法在收集文献资料、了解历史情况方面具有独特的作用。不过在运用此种方法的时候，调查员要注意区分资料的真伪，并做到及时更新资料，以保证在分析问题时跟上时代的发展。文献调查法的来源主要是历史上遗留下来的资料，所以有时会让人感到抽象、枯燥，缺乏具体性和生动性，经常需要与其他调查方法配合使用。

（二）观察法

观察法是调查员进入调查现场，利用感官或借助科学工具，在调查对象中直接收集信息的方法。观察法最大的特点是直观性，所有的信息都来源于调查者的亲自观察，可以排除其他调查方法因间接性所造成的误会和干扰。同时，观察法简便易行，灵活多样，随时可以进行。观察法按照调查员的活动方式可以分为参与观察法和非参与观察法两种。

参与观察法要求调查者在一定时间内亲身参与被调查对象的活动，身临其境地进行观察，在撰写调查报告时将自己的主观感受表达出来。例如，公共交通部门为了了解公交运行的情况，可以派出调查员与顾客一道乘公共汽车，体会不同时段公共汽车上的拥挤情况。

非参与观察法要求调查员与被调查对象保持一定的距离，不参与到公众活动之中，置身事外进行观察。这样调查员可以保持较大的观察范围，立场也比较客观。例如，公交部门调查汽车的运行情况，也可以派调查员从旁观察顾客的乘车行为，在车站观察公共汽车的运行情况，统计一辆车上下乘客的多少等等。

进行上述两种观察时，调查人员都要事前拟定调查提纲，包括观察的时间、地点、观察对象、观察目的、记录方式等等。进入观察现场后，要做好观察记录。观察记录又可分为同步记录和事后追记。前者丢失信息少，记录比较准确，调查员可以用速记、录音、填写调查表等方式记录现场的实际情况。但是在有些调查活动中，在现场进行记录容易干扰被调查对象的工作，引起被调查对象的反感，或是条件不允许进行同步记录，这时只好采用事后追记的方法。事后追记应当及时进行，可以由几个调查员分头记录，然后逐个核对，以消除记忆的误差。

观察法收集到的信息比较客观和准确，是公关人员经常采用的方法。但其缺点是工作时间长，范围狭小，易受观察者主观因素的干扰。对于比较复杂的事件，观察法也容易受到事物表面性和偶然性的影响，难以反映事物的本质。

（三）访谈法

访谈法就是公关人员按照预先设计好的题目，有目的、有计划地与被调查对象进行访谈，直接收集信息的方法。访谈法按照访谈对象的多少可以分成个别访谈和集体访谈，按照访谈的形式可以分成当面访谈和电话访谈。由于个别访谈和集体访谈都属于当面访谈，所以我们分三个层次进行介绍。

1. 个别访谈法

个别访谈指调查员单独与被调查对象进行的访谈活动，具有保密性强、访谈形式灵活、调查结果准确、访问表回收率高等优点。根据访谈内容的不同，个别访谈又可以分成两种：标准化访谈和非标准化访谈。

标准化访谈法是按照预先制订的计划和既定的程序进行的，问题多是封闭式的，即规范化、程序化的，有固定的答案，方便快捷，便于统计访问结果。调查问卷是标准化访谈的主要工具，问卷的制作可以参考下面介绍的问卷调查法。标准化访谈法的弱点是：调查结果的真实性很大程度上受调查表设计水平的影响，而且也难以反映社会上存在的深层次问题。

非标准化访谈法指调查员与被调查对象进行自由交谈。问题的提出和多少都没有限制，也不规定问题的答案，完全由调查员根据调查的进展灵活掌握，这一方法便于反映深层次问题，类似于记者的深度访问。但非标准化访谈法也有其明显的弱点，即调查时间长、费用高、调查结果不便于统计。

2. 集体访谈法

集体访谈法就是类似于公众座谈会的一种集中收集信息的方法，一般由组织的一名或几名调查员与公众进行座谈，以了解他们的意见和看法。集体访谈法是一种了解情况快、工作效率高、经费投入少的调查方法，但是对调查员组织会议能力的要求很高。集体访谈会开始前，调查员必须用简洁的语言向参加者说明会议的目的，并善于控制会场上的气氛，调动与会者积极发言。在交谈的过程中，参加者可以通过信息的交流，相互启发，相互补充，对复杂问题展开说明。同时，通过集体的讨论，收集信息的过程也可以变成一个集思广益、寻找解决问题方案的过程。但是，如果调查员控制技巧不佳，在集体访谈的场合，则可能导致被调查对象的观点相互影响，不能正确反映每个人的真实意见。另外，集体访谈法也不适应于调查某些涉及保密、隐私、敏感性的问题，因为在人数众多的场合，这类问题不便说出口。集体访谈的工作形式类似于非标准化访谈法，以自由交谈为主，会议的组织者要及时、准确地记录各位与会公众的发言，并在会后整理成完整的调查报告。

3. 电话调查法

电话调查是调查员根据事前选好的调查样本，通过电话方式向被调查者收集信息的调查方法，这是一种介于当面访谈和通讯访谈之间的调查方法。在电话调查的过程中，调查员可以用事前拟定的问卷要求被调查对象回答问题，也可以在电话中进行自由交谈，用录音方式记录下谈话内容，事后整理出调查报告。电话调查法具有时间快、费用低的优点，但它又是一种个别的当面访问，具有隐秘性强的特点，被调查对象一般具有较强的坦率性，敢于反映一些敏感的问题。目前我国电话普及率越来越高，电话调查不失为一种简便易行的调查方法。但电话普及率仍然很低的贫困农村，就会成为调查的死角。另外，对于一些比较复杂的问题，在电话中说明还不如当面解释清楚，交谈时间也不能过长。

（四）抽样调查法

公众调查可以分成普查和抽查两种。对于小型人口总体，可以应用普查法。但大多数时候，组织要面对人数众多的公众，普查非一个组织人力、物力、财力所及。因此，公众调查大多数场合都是采用抽查的方法。

抽样调查法是按照一定的方式，从调查总体中抽取部分样本进行调查，用样本的结论来说明总体情况的一种调查方法。这时，抽样方法是否科学，就直接关系到最终的调查结果是不是准确。常用的抽样方法有以下几种：

1. 简单随机抽样

简单随机抽样的特点是不对调查对象的特征进行规定，采用随机的方法提取样本，保证总体中每一单位都有同等的和可计算的被抽中几率，并能计算样本的代表性程度。简单随机抽样也叫作纯随机抽样，适用于不大的人口总体和被调查对象差别不大的情况。随机抽样的方法是将调查对象按排序编号，用抽签法或等距法抽取样本。例如，被调查对象共有 10 000 人，组织决定选择 100 人作为调查样本。我们随机选取 37 为随机数，那么 37，137，237，…，9937 号公众就是我们要进行调查的对象。美国前总统肯尼迪，为了保证民众的意见能够直接到达他本人的手中，规定白宫办公厅将公众来信编号，第 50 封信直接交他本人拆阅。这也是一种等距抽样。

2. 分层随机抽样

分层随机抽样又叫类型随机抽样，即首先将总体各单位按一定标准分成若干层，然后在各层中随机抽样。例如：某企业要对自己的顾客公众进行调查，将消费者公众按职业分成工人、农民、干部、学生、个体户、企业家，然后从中选择被调查对象。分层随机抽样法又可分成分层同比抽样和分层异比抽样两种。

分层同比抽样法是在对被调查对象进行分层后，在每一层中按同样的比例进行抽样。例如：某一组织要对 1 000 名公众进行调查，其中有 800 名男士，200 名女士，共需抽出 100 人作为调查样本，抽样比例是 1∶10。按照分层同比抽样法，就要选出 80 名男士和 20 名女士作为样本。

分层异比抽样法是指，为了强调反映调查总体中某一层次人群的意见，可以在抽样时扩大该层次的抽样比例，在调查总体的不同层次中按照不同比例进行抽样。仍如上例：为了更好地反映女性顾客的意见，我们可以将女士组的抽样比例扩大为 1∶5，即抽出 40 人作为调查样本，而男士仍保持 1∶10 的比率，还选择 80 人作为调查样本。不过要注意，如果采用了分层异比调查法，在最后进行结果分析时，要将女性回答的结果缩小一半，再综合样本的回答结果。

3. 分区多级抽样

在需要对广大地理区域进行公众当面访问时，调查人员需要采用分区多级抽样法。分区多级抽样就是把从总体中抽取样本的过程分成两个或两个以上的阶段分步进行。抽样的过程是将广大的地理区域划分成若干群，分阶段渐次缩小选样的地区范围，直至家庭或小组。例如：某企业要对自己在全国的用户进行抽样，只能在31个省、市、自治区中选择两个地区，以某一个城市代表全国城市公众的意见。但一个城市很大，只能在某一个市中选一个区。一个区也很大，又要在区中选一个街道。有时一个街道也很大，还需要继续随机抽样，缩小到一个居委会，此居委会的若干个家庭的公众就具有代表全国城市公众的意见了。在农村，则按照省、地区、县、乡、村的层次，逐渐缩小调查范围，直至落实到某些自然村的农民公众。

4. 配额抽样

配额抽样法是一种不完全随机抽样法。1936年，盖洛普将此法从市场调查法中移植过来，用于美国总统竞选的预测，获得了很大成功。盖洛普的试验证明，对于复杂的社会问题，配额抽样法是一种准确率高，且省时、省力、省钱的好方法。

配额抽样的具体方法是：在确定了调查对象的特征后，根据基础材料，按公众总体中具有规定特征的人口比例，确定样本中各种特征的人数，再把这些人数分配给调查员，请他们按照规定特征选择调查对象。配额抽样法一般要选择两项或两项以上的特征，有时特征相互独立，有时相互交叉。例如：对于200人的总体进行调查，根据性别比例，男100人，女100人。根据国民的教育素质，在这200人中，大学40人，高中60人，初中以下100人。又根据男女受教育程度的不同，在男性100人中，大学30人，高中40人，初中30人。而女性中大学10人，高中20人，初中70人。抽取样本时，就要严格按照社会上男女的比例及男女的教育程度选择被调查对象。两项指标交叉，性别与文化程度都要合乎总的人数。

运用抽样方法进行调查，根据统计学规律，一般是抽取样本越多，准确性越高。此外，抽样方法的科学性也可以提高准确程度。根据统计学家的计算，用配额抽样法，规模为1 500个样本，就有了比较合理的准确性，因此这个规模被经常采用。当年盖洛普在进行民意测验时，用6万个样本战胜了《读者文摘》的1 000万个（回收200万份）样本。

（五）问卷调查法

问卷调查法是调查员运用统一设计的问卷，采取书面形式回答问题，向被调查者收集信息的方法。在上述几种调查方式中，调查员都有可能用到问卷，而问卷调查法也可单独运用，因此，问卷是公众调查的主要工具。问卷设计有很强的专业性、科学性和艺术性，所以有人说，一个好的问卷设计就是调查成功的一半。问卷要围绕调查的主题提问，以测定公众的情况、认识和态度。问卷一般分成两个部分：第一部分是前言，要求用简洁、明确的文字向公众说明调查的目的及回答问卷的要求，前言应当文词恳切，尊重公众；第二个部分是问卷的正文，请公众回答。根据正文的问题是否规定了备选答案，问卷可以分成两种：

1. 封闭式问卷

封闭式问卷的特点是在每一个问题后边都列出了备选答案，请公众自由选择。其优点是答案比较规范，公众回答方便，结果便于定量分析，但不足之处是不利于反映深层次问题。封闭式问卷有以下几种方式：

（1）两项选择式。在问题下列出两项备选答案，要求被调查者任选其一。此法适用于非此即彼性质的简单问题。例如，你看过我厂产品的广告吗？答案只能是看过、没看过。

（2）多项选择式。在问题比较复杂时，问卷可列出两个以上的答案由公众选择。例如，你是从什么渠道得到有关我厂信息的？答案可为报纸、杂志、广播、电视、购买商品时、旁人介绍等等。

（3）排序选择式。排序选择式即在问题下列出多种备选答案，要求被调查者根据自己的情况，排列备选答案的顺序。例如，你认为组织形象中什么因素最重要：产品质量（　），服务态度（　），产品价格（　），品牌的知名度（　），广告宣传（　），员工素质（　），企业规模（　）等等。

（4）意见程度选择。意见程度选择即在问题下按照语义级差法排列备选答案，以测定公众对某一问题的立场和态度。例如，你认为本公司的服务态度如何？非常好（5分），比较好（4分），一般（3分），较差（2分），不好（1分），很不好（0分）。

2. 开放式问卷

开放式问卷又称自由提问，即在问题下不列出备选答案，由公众根据自己的情况自由回答。这种方法适用于反映深层次的问题，但开放式问卷的答案难以进行数据统计。例如，你认为改进我厂的广告业务还应进行哪些努力？回答的内容可能多种多样，由公众根据自己的见解回答。但在一般问卷中，开放式提问不宜过多，以免占用公众过多的时间，引起公众的不满。

3. 设计问卷要注意的问题

调查人员在设计问卷时应注意以下几个问题：

第一，尊重公众，慎重选择所提的问题，避免对公众情感造成伤害。如宗教信仰、民族习俗、个人隐私等问题属于调查中的忌讳。如果有些问题必须要问，则必须在问题前进行必要的解释，以消除公众的疑虑。

第二，问题的组织要有顺序，合乎逻辑。每一个问题可能涉及不同的方面，但不同问题的排列必须是有前后顺序的。如“你喜欢这个广告吗？”

就应排在“你知道这个广告吗?”的后边。

第三，文字简洁、明确、通俗易懂，不可太长，不要用公众难以理解的专业术语，不要加太多的形容词。例如，“您了解 B2B 或 B2C 销售方式吗?”对于普通消费者而言就太专业了。再如，“您特别爱化妆吗?”这其中的“特别”概念就不好掌握，让人回答时容易产生疑问。

第四，不要用双重提问，即一个问题最好只有一个答案。例如，“你喜欢我厂的产品和包装吗?”这个提问实际上含有两个问题，使公众难以回答。

第五，措辞准确，防止模糊不清或模棱两可。这里包括时间、数字、单位的准确。例如，“你最近注意到我厂的广告了吗?”最近在时间范围里就是一个模糊概念。

第六，避免使用带倾向性的措辞。例如，“为了加强全厂职工的团结，我厂准备举行厂庆 30 周年大会，你赞成吗?”

第七，备选答案力求全面，避免出现重大遗漏。例如，“你是通过什么渠道获得新闻的?”备选有“报纸、杂志、广播、电视”。其实信息传播的渠道还包括社交、传闻等等。

第八，如果对问卷没有把握，可以先在小范围内进行测试，请部分公众回答问题，分析问卷，看看其中是否有不妥之处。

4. 实施调查

实施调查的方式主要有：

(1) 当面访问，即派调查员直接走访被调查对象，口问笔录，或将问卷交给调查对象填写、收回。当面访问法具有真实、灵活、直观的优点，调查员可以直接回答被调查者的疑问，避免出现被调查对象因对问题不理解而漏填、错填、串答、互抄等影响准确性的现象，这一方法也适用于不识字者。当面访问法可分成个别访问和开座谈会两种形式，一般根据调查对象的多少和分散情况而定。当面访问法的缺陷是费用较高，采用面小。

(2) 通信访问，即将统一的问卷邮寄给被调查对象，或刊登在媒体上，请公众填好后寄回。这种方法的优点是调查范围广，费用低，并使被调查者有较长的考虑时间。但缺陷是回收率往往比较低，调查的准确性不够高。一般认为，回收率必须达到 50%以上，才有较大的可信度。同时，通信访问花费时间较长，对象受文化条件限制，访问不易深入。为了尽量提高回收率，调查人员不要忘记在发信时装上一个贴有邮票、写好回信地址的信封。争取权威机构或权威人士的支持，搞奖励活动也是提高问卷回收率的重要方法。

(3) 电话访问，即根据事先拟定的问卷，用电话直接请公众回答各种问题。在电话普及率比较高的地区，这是一个结合前两者优势的调查方法，具有及时迅速、范围广、资料统一程度高的优点，但条件就是必须在电话普及率高的地区才能采用，否则无法保证样本对公众的代表性。

5. 整理数据资料

当问卷的收集工作完成以后，调查人员就要对资料进行数据整理和分析。资料的整理和分析包括：

（1）编校。对收回的答卷要立即进行编校，看是否完整、清楚、符合要求，回收率是否达到了规定的要求，是否需要补测。

（2）登录。把每份答卷上的备选答案编码，誊写到登录表上。

（3）统计。累计每项编码的总次数，计算各项备选答案所占的百分比。

6. 撰写调查报告

问卷调查的最后一项工作是撰写调查报告，一份完整的调查报告的内容应包括：

①调查的目的；②调查中提出的问题；③调查总体是什么；④采用了哪种访问方法；⑤采用了哪种抽样方法；⑥问卷回收率如何；⑦根据数据要说明的问题。

四、公共关系调查资料的分析与应用

通过公共关系调查，组织掌握了大量的情报资料，公共关系人员应对这些资料进行整理、统计与分析，从中确定组织所要掌握的具体内容，为公共关系方案的设计与规划提供有价值的情报。

（一）对公关三度的分析

公关三度是指通过调查所掌握的知名度、信誉度与美誉度。这是说明一个组织公共关系形象的具体指标。知名度表示社会公众对组织知道和了解的程度；信誉度表示社会公众对组织的信任程度；美誉度是社会公众对组织的赞誉程度。这三度反映了社会公众对组织的总体态度和评价。其中信誉度与美誉度又互相联系，一般来说，有良好信誉度的组织，都有着良好的美誉度，同时，有着良好美誉度的组织，也一定是由良好的信誉度引发而来。但二者也有着一定的差别，衡量信誉度的高低是以一个组织的经济指标和行为指标为依据，经济指标在经济组织中表现为销售指标、市场指标，如销售额、销售增长率、资金运动力、市场占有率等。行为指标在经济组织中表现为办事效率、服务水准、业务工作、管理能力、承诺兑现率等。衡量美誉度的高低则以社会公众对组织的态度和评价为标准。在对组织评价的实际过程中，往往可用信誉度替代美誉度，也可用美誉度替代信誉度，二者的替代具有互逆性。所以我们可从三度中确定二度（或信誉度，或美誉度二者选一），对组织形象进行评价。组织在进行了公共关系调查之后，可以将其中的两项指标标在“组织形象地位分析图”上（见图6-3），以确定组织的形象地位，找出存在的问题，为制订公共关系计划提供翔实的资料。

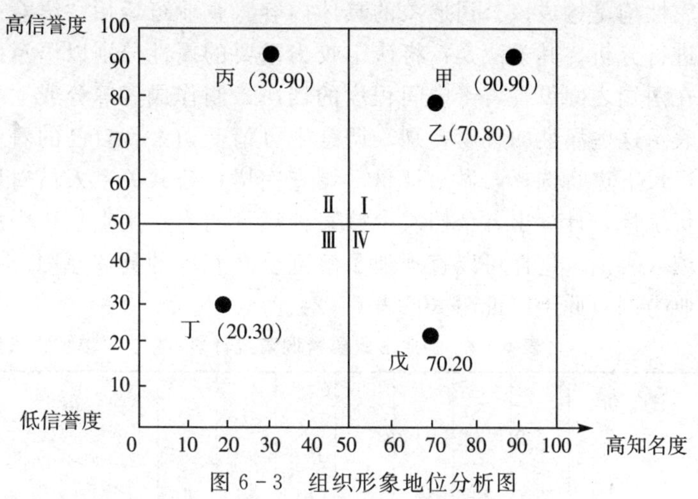

图6-3 组织形象地位分析图

“组织形象地位分析图”，将整个图形分为四个区域：

区域Ⅰ表示双高，即高知名度，高信誉度（或高美誉度）。说明组织公共关系处于最佳境地，组织的公共关系工作重点就是要保持这种状态，并使其发扬光大。如图中的甲组织和乙组织。

区域Ⅱ表示低知名度，高信誉度（或高美誉度）。说明组织公共关系状态具有良好的发展基础，公共关系工作的重点应当是在维持组织信誉度的基础上提高其知名度。如图中的丙组织应当使自己的形象向第Ⅰ区域过渡。

区域Ⅲ表示双低，即低知名度，低信誉度（或低美誉度）。说明组织公共关系状态不佳，公共关系工作应分两步走，第一步改善自身，争取提高信誉度，使其向第Ⅱ区域方向发展；第二步提高知名度，扩大传播，使其再向第Ⅰ区域方向发展。图中的丁组织就应该采取这样的工作步骤。

区域Ⅳ表示高知名度，低信誉度（或低美誉度）。说明组织公共关系状态极为不佳，甚至可以说处于臭名远扬的恶劣境地。其公共关系工作应分三步走。即：第一步，降低已形成的坏名声，使其向第Ⅲ区域方向发展；第二步，默默地努力改善自身，扩大信誉度，使其向第Ⅱ区域方向发展；第三步，再去扩大知名度，使其向第Ⅰ区域方向发展。

（二）组织形象的内容分析

进行知名度与信誉度（或美誉度）的分析，可以概括出一个组织的总体形象。而总体形象则依据公众对组织具体工作的评价，即依据组织形象的具体内容。

组织形象的内容是全面的，例如，一家公司在公众心目中经营方针是否正确，办事效率是高还是低，服务态度是否诚恳，业务水平是高还是低，经营工作是否有创新，管理程序是否科学，公司的规模是大还是小等等。这些属性均是构成该公司形象的具体内容。企业可运用“语意差别分析法”来进行分析。其方法是：将认定较为重要的属性分别以语意的两极为两端，在两端之间设置若干中间程度的档次，制作成五等分或七等分的表格，以表示这些属性的程度差别。调查中可请受访人就自己的看法在语意属性的标尺下进行选择，做出评价。调查完毕，公共关系人员对所有有效样本进行统计，计算出各个档次中持某种意见的人在调查总体中所占的比例，并填入表内。这样可以直观地了解到公众态度的具体原因。我们以上面丁企业为例对此予以说明（见表 6 - 2）。

表 6 - 2　企业形象要素调查统计表　　（单位：人数）

评价 / 人数 / 调查项目	非常	相当	稍微	中性	稍微	相当	非常	评价 / 人数 / 调查项目
经营方针正确		65	25	10				经营方针不正确
办事效率高			25	65	10			办事效率低
服务态度诚恳				15	20	65		服务态度不诚恳
业务水平高					20	70	10	业务水平低
经营工作有创新				10	20	60	10	经营工作没创新
管理程序科学						10	90	管理程序不科学
公司规模大					25	55	20	公司规模小

丁企业将调查表（同统计表）发给社会公众填写（每一项目只可选择语意之一，多选调查表作废），统计结果如表 6 - 2。对这份统计表进行分析，说明丁企业的形象内容是：经营方针正确，办事效率平平，服务态度不太诚恳，业务水平低，经营工作没有创新，管理不科学，公司规模小。这就是丁企业知名度与信誉度处于第Ⅲ区域的原因。

（三）形象差距的比较分析

将组织的实际形象与自我期望形象进行比较，通过“形象要素差距图”进行分析，揭示二者之间的距离。其步骤是：第一步，将“组织形象要素调查统计汇总表”中表示不同程度评价的七个档次相应数据化，使其成为数值标尺；第二步，将统计表中各个项目内容自我期望值绘至图中，并将各点用虚线连接；第三步，根据统计表结果，计算公众对每一个调查项目评价的平均值，并将各项目的平均值绘至图中，用实线连接，形成实际形象线（见图6-4）。两线之间的距离就是“形象差距”。从图中可以看出，除“经营方针”一项要素实际评价与自我期望值较为接近外，其他各要素均有相当大的差距。缩小和弥补这些差距，是该企业公共关系工作的重点。

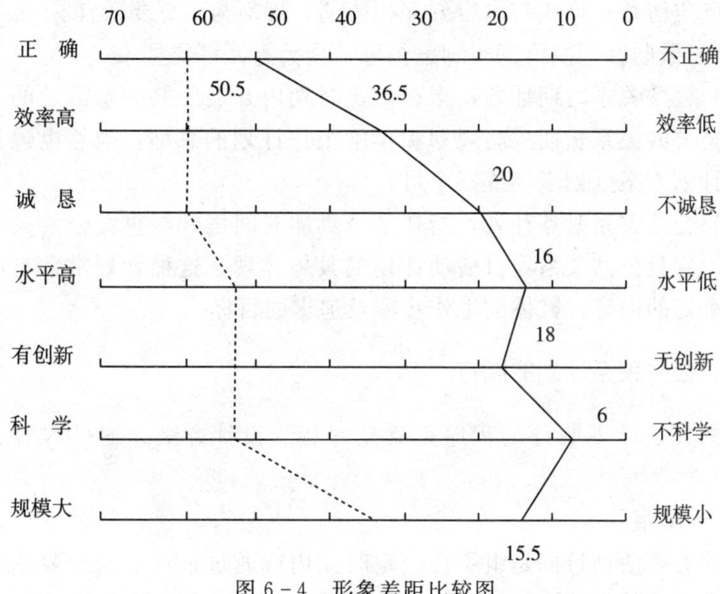

图6-4　形象差距比较图

第二节　公共关系计划管理

通过公共关系调查研究工作，掌握了大量的情报资料，确定了公共关系问题之后，下一步的工作就是制订公共关系计划。公共关系计划管理是公共关系的核心性工作，发挥着管理功能。

一、公共关系计划的类型

公共关系计划根据不同的划分方式可表现为不同的类型。

（一）根据计划执行时间的长短可分为三种类型

（1）公共关系长期战略规划，指三年以上的公共关系计划。这种计划以公共关系战略目标为主要内容，以实现这一战略目标的各种手段为基本策略。计划内容宜粗不宜细、宜简不宜繁。

（2）公共关系年度工作计划，指在一个计划年度内关于公共关系活动内容、措施制定及目标实现的计划。这是年度公共关系活动的依据。

（3）公共关系项目活动计划，指组织为开展专门性的公共关系活动而编制的计划。计划的内容要深入、细致；时间、地点要准确无误；规模、范围要确定清楚；形式与内容要互相协调；标准与预算要适宜。

（二）根据计划执行的时间是否延续可分为两种类型

（1）公共关系时期计划，指在一定时期内开展公共关系活动的工作计划，它是公共关系长期战略规划和年度工作计划的总称，当然也包括更短时期的计划方案（如半年或三个月）。

（2）公共关系时点计划，指在某个具体时间里开展重大公共关系活动的计划，它是公共关系项目活动计划的具体体现。这种计划常常有明确的主体、确定的内容、具体的工作步骤及追求的目标。

二、公共关系计划的制订

公共关系计划制订的程序是确定目标、设计方案、编排内容、评估预算。

（一）确定目标

公共关系活动目标是组织在一定时期内或通过某项活动所要达到的目标。组织公共关系活动目标的确定应根据组织的任务和条件来确定。其主要的目标内容有：

（1）以信息传播为公共关系目标。这是组织最基本的公共关系目标。在某个特定的时期内，或通过某项具体的工作，组织的公共关系部门可能仅仅以信息传播为目标。初创的企业，大量的公共关系工作均是围绕着信息传播这一目标展开的。

（2）以联络感情为公共关系目标。这是组织通过感情投资，以期获得公众对组织的信任与爱戴。感情投资应该是一个组织公共关系工作的长期任务，但也不能忽视短期效应。组织的每一项工作都应该为联络组织与公众的感情加温。

（3）以改变态度为公共关系目标。这是组织通过具体的公共关系活动，改变公众对组织的原有态度，以形成更好的态度。可以改变的态度，主要是指对组织不利的态度，如不赞成、反对、敌意的态度，都是应该设法改变的。

（4）以引起行为为公共关系目标。这是组织追求的最高目标。组织所追求的信息传播、联络感情和改变态度，最终都是为了引起公众的行为，以期让社会公众接纳组织或企业并购买其产品。

（二）设计方案

公共关系方案实质上就是具体的公共关系计划。设计公共关系方案时，组织必须做好以下工作：

1. 进行公众细分

公众细分是根据一定的标准对组织所面临的公众进行排序，以使组织掌握公众的类型和态度。

2. 确定目标公众

目标公众是指作为组织公共关系活动主要对象的那一部分公众。目标公众的确定应视组织所处的环境、所具有的条件和所要解决的问题的不同而有所不同。

3. 分析目标公众的权利要求

不同的目标公众有不同的权利要求，组织应该掌握其各自的特点，并根据其特点进行方案内容的编排与方案的实施。

4. 分析调查资料

不同的目标公众有不同的态度、意见与要求，组织应该从调查资料中查出公众的态度与要求，并据此来设计方案、编排内容、解决问题、树立形象。

（三）编排内容

公共关系的时期方案和时点方案，由于其时间、出发点和目的都各不相同，因而其内容也有很大差异。

1. 公共关系时期方案的内容

（1）一定时期内（如一年或更长的时间）公共关系工作目标。

（2）一定时期内公共关系活动主题（根据公共关系目标要求设计）。

（3）一定时期内公共关系活动项目和传播计划（根据公共关系活动主题设计）。

（4）一定时期内公共关系活动项目和传播计划的时间安排和预算（注意要留有余地）。

（5）各项公共关系活动项目及传播计划的职责、分工。

2. 公共关系时点方案的内容

(1) 项目名称及目标。

(2) 项目负责人、实施者及各自的责任。

(3) 项目的活动主题。

(4) 项目的筹备、程序的设计及时间安排。

(5) 项目的活动范围、不同阶段的活动内容。

(6) 项目所需的传播媒介、器材设备、外部环境等。

(7) 项目的活动经费预算。

(8) 项目成果的考核标准及考核办法。

(四) 评估预算

为了落实公共关系计划，必须对费用做出评估，这是保证公共关系活动正常开展，考察公共关系活动效绩的有效方法。

1. 公共关系预算的基本方法

可采用的方法主要有以下三种：

(1) 销售额抽成法。企业按其年度计划销售总额抽取一定的百分比作为年度公共关系预算经费。这种方法只能匡算出年度公共关系活动经费的总额。因此，只适用于年度公共关系预算。

(2) 项目作业综合法。即先列出公共关系项目计划及每项公共关系计划所需的费用细目和数额，核定单项公共关系活动预算；然后将年度内各个公共关系项目预算汇总，便可得出全年公共关系预算经费总额。这种方法具体、准确，既适用于年度公共关系活动经费的预算，又适用于项目公共关系活动经费的预算。但需要留有余地，以预防意外情况的发生。这里的留有余地主要表现在时间安排上和经费预算上。

(3) 平均发展速度预测法。即运用历史资料计算出公共关系经费实际开支总的发展速度，并计算出平均发展速度。按照这一平均发展速度确定计划期公共关系活动经费预算数额。采取这种方法，可以保证公共关系活动经费每年都有所增加。这对于十分重视开展公共关系活动，并已经积累一定活动经验的组织比较合适。

2. 公共关系预算的基本内容

在公共关系活动中，需要支出的费用大体有：

(1) 劳务工时报酬。公共关系工作人员在开展专门性公共关系活动时，需要花费大量的时间，这些人的工资、津贴、补助必然成为公共关系预算中的重要内容。

(2) 咨询、培训费。在组织遇到难以解决的问题或重大事件时，委托咨询公司或聘请公共关系顾问帮助解决问题，需要支付咨询费；组织培训公共关系人员需要支付培训费。

(3) 行政办公费。为开展公共关系活动需要支付办公用品费、电话费和日常接待费等。

(4) 专项资料费。编写宣传资料、办报纸及各种刊物，以及各项专门性的公共关系活动所需的印刷费、复印费、邮资费等都应列入公共关系经费预算。

(5) 专项器材费。制作各种宣传品、纪念品、购买摄影设备及材料、工艺美术器材、视听器材、展览设备及展品、交通及通讯设备等各项费用。

(6) 公共关系广告宣传费。包括视听广告、印刷广告、自制广告和委托代理广告等各种费用。

(7) 实际活动费。召开座谈会、招待会、宴会等，组织参观、举行大型纪念活动或庆典活动等各项活动经费，为公众免费提供的各种教育、培训和服务项目等方面的开支以及其他各项公共关系活动所需要的经费。

(8) 提供赞助费。赞助社会文化活动、教育活动、各种大型的体育活动、参与各项社会福利事业或慈善事业所提供的经费。

公共关系方案是预测未来公共关系活动的计划，灵活性强，变化性较大，每一项具体的公共关系预算都难以保证准确无误，因此，公共关系预算应该保持一定的弹性，做到留有余地，以应付突发事件，从财力上保证组织公共关系的应变能力。

第三节　公共关系信息传播

公共关系计划的实施过程就是一个信息传播的过程。组织计划目标与计划方案的贯彻执行，就是通过信息传播得以实现的。它包括向目标公众解释和宣传组织的方针、政策、计划，了解公众的意见、看法、态度及情感，使组织与公众之间互相理解、互相支持，不断开展舆论配合工作，以期实现公共关系目标。公共关系信息传播是技巧性非常强的工作，发挥着信息传导功能。

一、信息传播的基本要素

信息传播是沟通组织与其公众之间关系的重要工具，这一重要工具作用的发挥依赖于信息传播的基本要素。

(一) 信源

信源是信息产生的最初发源地，是信息的基础。在公共关系工作中，如果是组织发出信息，组织就处于信源的位置；如果是组织搜集信息，则社会中的某一点就处于信源的位置。现代社会的信源主要有企业、政府、社会团体、市场、渠道、社会公众、竞争者和科技部门等。

（二）信息

信息是指信源所要传递的内容。在社会经济领域中，公共关系的信息内容主要有企业内部的经营管理信息、产品服务信息、市场情报信息、科技信息、社会文化信息、国际市场信息、消费结构信息和消费水平信息等等。组织在公共关系活动中，对这些信息内容的掌握要具有连贯性，既要了解这些信息的过去，又要了解这些信息的现在，以便据此分析未来经济现象的变化趋势。

（三）编码

编码是指信息的发出者把所要传递的信息制成外界所能接受和理解的符号过程。如新闻稿的写作过程、计算机程序的编码过程、广告与新闻节目的制作过程等等都是编码的过程。通过这一过程，将信息的内容转化为某些社会公众可以接受的符号，这是进行实地传播的准备，是信息传播的前期工作。

（四）媒介

媒介是指信息传播过程中所应用的中介物。在企业公共关系信息传播中，常用的媒介有新闻媒介，如报纸、杂志、广播、电视等；实物媒介，如举办各种展览会、展销会等；人际媒介，如举办各种研讨会、茶话会、新闻发布会等；资料载体媒介，如文献资料、视听资料、缩微资料（指由文字、图像与感光胶片等相结合组成的信息传播媒介）、软件资料（指用文字、电波等与电子计算机磁盘、软盘相结合组成的信息传播媒介）等。

（五）信道

在信息通讯理论中，信道是指传递信息信号的电讯频道。在公共关系信息传播中，信道是指传递各种信息的流通渠道，如信邮系统，这是文献传输的主要渠道；电报、电话、广播系统，这是视听资料传输的主要渠道；电子计算机联网传输系统，这是软件资料传输的主要渠道。

（六）信宿

信宿是指信息从信源出发，借助信息媒介通过信道到达的目的地，亦可称为传播对象。在公共关系活动中，如果是组织发出信息，信宿一般是社会公众；如果是组织搜集信息，则信宿就是组织自身。任何信息发出者都渴望收到良好的传播效果，以影响信息接收者的思想、态度和行为。要想实现理想的传播效果，公共关系人员就要了解信息接受者的心理，选择他们愿意接受的方式、媒体和时间进行传播。

（七）译码

译码同编码相对应，指信宿接到信息后把原来的符号还原成自己所能理解的符号的过程。仁者见仁、智者见智，对同一事物，不同的人可能会有不同的理解。如果组织作为信息源向外部发出信息，其信息的制作者——公共关系人员在编码过程中，就应该尽可能地理解社会公众的心理，适应信宿的要求，避免似是而非、模棱两可的词句出现，以免社会公众误解。

（八）共同经验范围

共同经验范围是指传播者（信源）和传播对象（信宿）之间所具有的共同语言、共同经历和共同感兴趣的问题，即双方对传播所应用的各种符号应有大致相同的理解，这是信息传播的最起码要求。如果信息传播者与信息接受者对信息传播符号缺乏共识，信息传播就会成为无意义的劳动。如中国人和外国人语言不通，在没有翻译，而所用的符号如动作、表情、手势又不完全相同的情况下，双方就无法进行信息交流。组织在信息传播过程中要提高传播效果，必须尽量寻求传播双方的共同经验范围。

（九）反馈

反馈是指信息传播者对发出的信息在信息接收者中所产生的效果进行搜集的过程。组织公共关系工作者的专业技能之一就是搜集信息反馈，定期进行整理，以备组织进行各项工作或企业经营决策之用。同时通过信息反馈，还可以了解社会公众对组织的反应，掌握组织的实际形象。

信息反馈分为直接反馈和间接反馈。直接反馈是组织公共关系人员直接接触社会公众，倾听他们对接收组织信息后的看法与要求；间接反馈是通过其他组织的直接反馈，再将这些内容反馈至本组织，如企业通过经营本企业产品的后续企业，如中间商、代理商、经纪人等传递社会公众对企业的反应和对企业的要求等。

（十）环境

组织在开展公共关系信息传播工作时，即使上面九个环节都很顺利，传播效果也不会完全尽如人意。这是因为，企业处在无时无刻不在变化的宏观环境与微观环境之中，它包括物质环境、自然环境、社会环境和心理环境等。物质环境与自然环境对组织的发展有一种自然生态的要求；社会环境要求组织的发展要考虑社会的整体利益和顺应公众的要求；心理环境要求组织在发布信息时，对信息接收者的心理因素要进行详尽地分析。这些环境都影响着信息传播。组织应该适应环境，尽量发出与环境相协调的信息内容。

以上信息传播的十大基本要素，互相配合，缺一不可。如果发现信息传播效果不佳，一定是信息传播基本要素中的某个环节出了故障，组织公共关系人员应当顺着信息传播的方向，找出问题的症结，并及时加以排除。

二、信息传播的基本类型

人类的原始传播主要是通过声音和身体动作来完成的。此后，人类的传播出现了几次飞跃性发展，一是语言文字的出现；二是印刷术的发明；三是现代电子传播技术的应用。这三次发展使现代信息传播的形式更加广泛，它既包括人类社会在信息传播的发展过程中出现过的各种形式，又包括因现代信息传播技术的应用而出现的现代化形式。其基本类型主要有以下几种：

（一）人际传播

人际传播是发生在人与人之间的个人传播行为。其表现形式有两种，一种是亲身传播；另一种是个体媒介传播。亲身传播是人们之间面对面的直接信息交流。其优点是：信息传播双方交流充分，反馈及时，并可以随时调整交流的内容与情绪，容易达到双方的共享。其缺点是：由于信息传播的范围小，速度慢，在较短的时间内很难让更多的公众了解信息的内容、了解组织。因此，这种传播只适应于组织内部的信息交流，它有利于促进组织内部人与人之间的情感，形成一种凝聚力。

个体媒介传播是指传播者与受传者之间使用文字媒介（如书信、图片等）、电子媒介（如电报、电话、录音录像设备等）进行信息交流的一种形式。随着现代科技的发展，个体媒介的传播也可以越过时空的障碍，达到亲身传播的效果。

（二）组织传播

组织传播是通过一定的组织形式进行的传播活动。它的表现形式有以下几种：

1. 小组传播

小组传播是指在6～10人之间所进行的信息交流活动，如小组讨论会、座谈会等。这种传播的特点是：传播的过程有一种舆论的压力，可以促使一些人接受大多数人的某些思想观念和信息内容，达成趋于一致的看法。但这种传播方式也易于使少数人的观念受到压制而不能充分地各抒己见，从而造成一种随风倒的现象。因此，在小组传播中切忌强行与压制，应更多地发扬民主。

2. 群体传播

群体传播是指一个人对多数人的传播，如上课、开会、演讲等。这种传播形式无双向性，通常是一方发出信息，另一方接收信息，带有强制性；传播速度快、范围广，一次演讲会，听众就可达成百上千。因此，它能迅速及时地将组织信息传播到一定的社会公众之中，并收到良好的传播效果。但由于这种形式是单向传播，很少反馈，组织要想了解公众的反应，还要专门组织调查。

3. 组织媒介传播

组织媒介传播是指企业或组织通过一定的传播媒介，对组织内部与外部公众之间进行的信息交流。这种传播实质上也是一种公众传播，但它与公众传播唯一的区别就在于通过一定的媒介。

4. 组织内部媒介传播

组织内部媒介传播是指在内部上下之间和左右之间展开的信息交流，表现为上下之间的垂直信息传播、左右之间的平行信息传播，还有一些交叉式的立体信息传播等。其主要媒介有：内部刊物、小册子，年度、季度各种报告，通告及会议等。

5. 组织外部媒介传播

是指组织同社会各界发生的信息往来，表现为内源外向流（通常称之为通讯信息流）、外源内向流（通常称为情报信息流）。其主要媒介有：市场调查资料，各种新闻传播媒介，各种报表与报告，以及各种会议等。

（三）大众传播

大众传播是专业性的信息传播组织和机构通过媒介向为数众多、范围广大、互不联系的社会公众传播信息的过程。现代社会信息传播的最大容量就是大众传播。大众传播媒介一般有报纸、杂志、广播、电视、书籍及电影等。当今社会，大众传播事业异常发达，各种各样的传播媒介数量惊人，无所不在，整个社会被大众传播的信息所包围。大众传播为社会各界公众提供消息、知识、思想、见解、广告和各种娱乐活动等。组织只有很好地利用它，全面地掌握它，才能达到组织与其公众进行信息交流的最佳效果。

三、信息传播的基本内容

组织向社会公众传递的信息很多。组织应该将这些内容进行归类、整理，并根据组织不同时期的特点和目标来确定公共关系信息传播的内容。

（一）初创时期信息传播的内容

初创时期，企业信息传播的主要内容应该是介绍企业的投资建设状况，企业的性质、规模、设想及风格等。并在信息传播过程中，明确企业的公共关系活动主题，使公众对企业的产品、服务乃至企业自身产生信任感。俗话说，良好的开端是成功的一半。良好的最初印象是企业形象得以建立和企业自身得以发展的基础。

（二）发展时期信息传播的内容

发展时期，企业信息传播的主要内容应该是维护企业已经形成的良好信誉和形象；经常向社会公众介绍企业的生产经营方针、政策、特色等；将企业新产品研制与开发的状况，产品价格的波动情况，商标、厂牌的命名和企业的更改情况，及时告知社会公众，让社会公众更多、更好、更深地了解企业，进一步扩大企业的社会影响。同时，企业还应时时观察社会、观察市场，避免意外情况的发生，并不断以新的公共关系主题为导向，使企业的公共关系工作和信息传播工作向更高的目标迈进。

（三）风险时期信息传播的内容

风险时期，企业信息传播的主要内容应该是企业生产与经营产品的特色。通过信息传播，让社会公众对企业及其产品有一个深刻的了解，使企业及其产品被更多的公众所接纳，并真诚地为顾客提供更好的服务。如果是因为产品及服务不受社会的欢迎而使企业面临风险，企业就应该冷静的思考，尽量转产或转营受社会公众欢迎的产品和服务，哪怕承受巨大的损失。这时，企业的信息传播应该把重点放在改变生产经营的方针与政策上，让社会公众了解转产与转营的经过，以得到社会公众的信任与支持。如果是企业生产的产品的某一方面出了问题而影响了消费者利益，企业的信息传播就应该实事求是地披露问题的根源，向公众致歉，并把问题的解决过程原原本本地讲清，以求得公众的理解与支持。

（四）低谷时期信息传播的内容

低谷时期，企业信息传播的主要内容应该是向社会公众说明企业步入低谷的原因。如果原因在企业外部，企业应该澄清事实，想办法改变处境；如果原因在企业内部，企业应采取补救措施，诚心诚意地求得社会公众的帮助。无论问题发生在哪些方面、哪个环节，企业都应该通过公共关系的信息传播工作，更多地让社会公众了解企业。

第四节　公共关系效果评估

公共关系效果评估与公共关系调查研究，两个阶段其工作内容是首尾相接的，前一个时期的公共关系效果评估工作，就是后一个时期公共关系的调查研究工作；第一个项目的公共关系效果评估，就是第二个项目的公共关系调查研究。公共关系效果评估是一项承上启下的综合性工作，发挥着效益功能。

一、公共关系效果评估的主要内容

公共关系活动从总体上可以分为日常公共关系活动和专项公共关系活动；指导公共关系活动的计划按计划执行的时间是否延续来划分，可分为公共关系时期计划和公共关系时点计划。因此，公共关系活动效果评估可以据此划分为三种类型，即日常公共关系活动效果评估、专项公共关系活动效果评估和时期公共关系活动效果评估。

（一）日常公共关系活动效果评估

日常公共关系活动寓于组织内部各方面、各环节之中，需要组织内部全体工作人员的共同努力。因此，组织在对日常公共关系活动效果进行评估时必须分部门、分环节进行，并使各部门、各环节的公共关系目标与企业整体目标保持一致。

对日常公共关系活动效果进行评估，可按组织的不同类型来确定评估标准和评估内容。

1. 工业企业日常公共关系活动效果评估的内容及其标准

（1）原材料购进数量上与质量上是否能满足生产的需要？

（2）与原材料供应者的关系是否长期友好、互相信任？

（3）在生产过程中，管理工作是否科学、细致？管理水平如何？员工是否有责任心和工作积极性？

（4）企业的产品是否受到用户或消费者的欢迎？产品的社会形象如何？

（5）是否经常与老主顾保持联系？是否有新主顾不断加入顾客的行列并信任企业？

（6）企业是否有向心力与凝聚力，老职工是否安心，新职工队伍是否不断扩大？

（7）企业的资金来源是否能满足需要，资金周转是否顺畅？

（8）企业有无危机的发生，对待危机的态度如何？是积极地予以分析、解决，还是放任不管？

（9）企业是否经常通过各种途径听取各类公众的意见与建议？企业对公众的意见与建议是否重视？

（10）企业的知名度与信誉度怎样？

2. 商业企业日常公共关系活动评估的内容及其标准

（1）商品供应者是否愿意与商业企业打交道，并建立长期的供货关系？

（2）顾客对商业企业所经营的商品是否相信？是否愿意购买？

（3）光顾商业企业的顾客是否呈递增的趋势？如果出现递减状况，其原因如何？

（4）商业企业的资金周转是否流畅？资金供应是否能满足需求？

（5）商业企业是否有一个良好的社区关系？

（6）企业管理是否科学、细致？管理人员的管理水平如何？

（7）一线人员的服务水平与服务质量是否达到要求的程度？服务态度如何？

（8）企业内部的凝聚力与向心力如何？员工是否热爱自己的企业？是否愿意长期在本企业工作？

（10）企业的知名度与信誉度如何？是否能吸引更多的外地及外国顾客？

（10）有无重大公共关系危机发生？如有，企业是如何处理的？是否重视社会各类公众的意见与建议？

（二）专项公共关系活动效果评估

通过公共关系项目计划（时点方案）开展的公共关系活动，一般均属于重大的公共关系活动。这样的活动其效果如何对组织今后的发展影响甚大，必须予以高度重视。对专项公共关系活动效果进行评估常常针对下列问题来确定评估内容与评估标准。

（1）项目的计划是否合适？

（2）项目的目标与公共关系总体目标是否一致？项目的目标是否已经实现？

（3）项目所要求的信息沟通范围是否与目标公众的范围一致？

（4）在项目活动过程中是否产生了预料之外的影响？其影响方向如何？影响范围多大？

（5）项目所有的支出是否在预算之内？是否超支？原因如何？

（6）通过这项活动，组织的公共关系形象会发生哪些变化？其知名度与信誉度是否有所提高？

（7）项目活动出现了哪些意想不到的问题？哪些工作做得不妥？

（8）对于存在的问题和发生的不利于组织的事件，应如何采取措施给予补救？如何预防下次活动发生类似问题？

（9）本次活动对组织总体发展目标起到了什么作用？

（10）这次活动为下次同类活动公共关系目标的设计提供了哪些有价值的资料和可供参考的依据？

（三）年度公共关系活动效果评估

年度公共关系活动效果评估是对计划年度内所有公共关系活动（包括

日常公共关系活动和专项公共关系活动）进行总体评估，以总结经验、吸取教训、找出存在的问题，提供下一年度公共关系计划的依据。

对年度公共关系活动效果进行评估，要针对以下问题确定评估内容与评估标准：

（1）年度公共关系计划目标是否已实现？

（2）年度公共关系活动开展得是否顺利？

（3）年度内出现了哪些重大的公共关系事件，对此采取的措施是否得当？

（4）年度内开展了哪些重大的公共关系活动？其效果如何？

（5）年度内是否有超出公共关系计划的活动？其效果如何？

（6）年度内公共关系活动有无预料之外的影响？其影响多大？效果如何？

（7）年度内公共关系活动有哪些经验、教训？

（8）内部公众对组织的各项公共关系活动有哪些意见与建议？

（9）外部公众对组织的各项公共关系活动有哪些意见与建议？

二、公共关系效果评估的基本形式

根据公共关系活动内容的要求，公共关系人员可以将公共关系效果评估确定为不同的形式。根据一般组织的要求，公共关系活动效果的评估形式可以分为组织形象评估、工作成效评估和传播效果评估等。

（一）组织形象评估

了解和掌握组织自身，是公共关系工作的着眼点。在公共关系调查研究工作中，我们了解了组织的实际形象，就要将实际形象与目标形象进行对比，找出差距、规划未来，并脚踏实地地去争取实现目标形象。当公共关系计划付诸实施之后，组织形象会发生变化，需要重新评估。

重新评估组织形象仍然沿用公共关系调查研究的基本方法，其步骤是：首先对公众对象进行普查分类；然后是采取舆论调查或民意测验的方法进行实地调查；再次通过知名度与信誉度的比较分析进行组织形象地位的测量；最后应用“语意差别分析法”对组织形象的内容进行分析。

重新评估组织形象，主要是看组织的计划目标是否实现、实现的程度如何。通过实现的程度来分析公共关系活动的效绩，以找出差距、分析原因、抓住问题、予以解决。

（二）工作成效评估

公共关系工作包括的内容很多，对公共关系工作成效进行评估，要根据组织开展公共关系活动的情况而定。一般来说，应根据日常公共关系活动、专项公共关系活动和年度公共关系工作进行评估。

对日常公共关系活动效果进行评估，要根据组织所确定的评估标准和评估内容来进行，通过日常工作总结、公共关系人员座谈、职工评审评议，并结合社会公众平时的反应等形式进行。日常公共关系效果评估可随时进行，不必占用更多的时间。

对专项公共关系活动效果进行评估，要严格根据公共关系活动的内容及特点来确定评估内容与评估标准，并由负责专项公共关系活动的人员组织实施。可采取调查研究的形式，如直接调查专项活动的参加者，或间接调查一些典型的社会公众，以了解活动对社会舆论和组织形象产生的影响。对于专项公共关系活动效果，公共关系人员都要在专项活动记录中给予记载，并详细说明，以备查用。

对年度公共关系工作效果进行评估，要以年度公共关系计划和预算为依据，将一年来公共关系工作成效与预期目标和计划相比较，对公共关系各层次计划的实现程度和存在的差距，提出有说服力的总结报告。在报告中应该注意引用具体可见或可测量的成果、实例，以及引用有影响力的外界评论及专家意见，以增强报告的客观性，供领导层作出判断和评论。

（三）传播效果评估

为了实施公共关系计划，积极有效地开展各项公共关系活动，组织必须对公共关系传播效果进行评估。

1. 内部信息传播效果的评估

主要从以下几个方面进行：

（1）通过内部公共关系调查，了解组织内部在日常公共关系活动中是否能做到上情下达和下情上达，组织上下是否协调一致，共同为组织的发展服务。

（2）组织内部各部门之间是否能做到必要的横向信息交流及时、准确。

（3）在专项公共关系活动中，是否能做到让所有组织内部公众都理解、支持。

（4）在组织内部是否能使全体职工对决策部门产生信任感，并通过各种途径听取他们的意见与建议。

（5）通过信息传播是否能保证组织内部具有凝聚力与向心力。

2. 外部信息传播效果的评估

主要从以下几个方面进行：

（1）了解公共关系广告的阅读率、实效率。

（2）通过大众传播，分析社会公众对组织的全部看法和整体信念；掌握本组织的社会形象。

(3) 在计划期内，是否召开过新闻发布会？如果开过，范围多大？时间是否合适？内容如何？其传播目标是否得到了实现？

(4) 商品展览会、展销会、订货会等活动的传播效果如何？

本章小结

公共关系调查前首先要确定主题和范围。公关调研主要包括社会环境调查、公众调查和组织形象调查三个部分。公共关系的调查方法很多，经常使用的有文献调查法、观察法、访谈法、抽样调查法、问卷调查法等。公共关系调查资料的分析与应用主要是对公关三度的分析、组织形象的内容分析、形象差距的比较分析。公共关系计划，根据计划执行时间的长短可分为：公共关系长期战略规划、公共关系年度工作计划、公共关系项目活动计划；根据计划执行的时间是否延续可分为：公共关系时期计划、公共关系时点计划。公共关系计划制订的程序是确定目标、设计方案、编排内容、评估预算。

复习思考题

1. 什么是公共关系调查？公共关系调查的内容有哪些？
2. 怎样进行公共关系策划？
3. 公共关系效果评估的方法有哪些？
4. 公共关系策划的程序有哪些？
5. 案例分析：

高露洁的“口腔保健微笑工程——2001西部行”

一、项目背景

2001年，高露洁棕榄公司迎来了进入中国的10周年，中国即将加入世界贸易组织，广大城市及偏远地区居民在生活水平不断提高的同时更需要提高自我保健意识，国内口腔护理产品市场竞争也愈演愈烈。面对着众多的机遇和挑战，高露洁公司深深认识到在当今的市场竞争中一个企业在社会公众中的形象是至关重要的，成功的形象推广将对企业的发展起到巨大的推动作用。

二、项目调查

企业形象的推广绝不是发发稿子、做做广告就能达到的。企业在设定宣传计划之前必须对中国的政策、经济形式以及口腔保健的现状等等有深入的了解和把握。为此，高露洁公司通过专业调查公司、公关公司以及在行业主管部门建立的沟通渠道从以下几方面展开了调查和分析：

(1) 中国宏观的经济形势；

(2) 中国政府及行业主管部门的方针政策；

(3) 中国口腔保健的现状；

(4) 行业主管部门在 2001 年展开大规模口腔宣教活动。

在认真总结了调研报告后，高露洁公司分析出：

进入 21 世纪的中国经济将持续健康地发展，面对着“入世”，中国将为众多的国外及在华的合资企业提供良好的外部环境。

中国政府和医药、卫生主管部门制定的方针是“预防为主，大力宣传，提高人民的自我保健意识”。

中国在口腔卫生及保健方面虽然做了大量切实有效的工作，但从全国范围看，还普遍存在口腔疾病患病率高、范围广、治疗资源相当缺乏的问题。而社会大众的口腔自我保健意识及预防意识也普遍薄弱，知识普遍缺乏。

目前，中国口腔保健工作现状不容乐观，据调查显示：中国成人恒牙患龋率为 49.88％，儿童乳牙患龋率为 76.55％，65～74 岁老人的平均失牙数更高达 11 颗，其中西部农村地区情况就更为严重，有的省份 5 岁儿童乳牙患龋率为 80.25％。另据资料报道，中国城市约有 90％的人不会有效刷牙，农村约有 57％的人还没有养成刷牙的习惯，其中由于经济原因的仅占 2％。

三、项目策划

1.“牵手”政府主管部门

高露洁提出的这一口腔保健宣教活动的设想，与中华预防医学会、全国牙防组、中华口腔医学会等全国三大权威专业组织的想法可谓“一拍即合”，随即三大专业协会联合上报卫生部，最终卫生部决定由疾病控制司作为重点支持单位，协调西部各省卫生厅帮助这一活动顺利进行。

2. 确定活动规模

高露洁与三大权威专业组织组建一支宣教队伍，于 2001 年 5～9 月远赴中国西部及西南部的甘肃、云南、陕西、四川、贵州 5 省 29 个偏远市县，首先在以上地区开展口腔健康的宣教活动。

3. 确定活动口号

卫生部及三家专业协会全面同意高露洁棕榄公司策划的活动，并且将

"口腔保健微笑工程——2001 西部行"作为此次活动的宣传口号。

四、目标与策略

1. 公关目标

(1) 公司形象：高露洁是全球知名的口腔护理专家，坚持不懈地帮助中国政府提高国人的健康意识和水平。高露洁是"口腔保健微笑工程——2001 西部行"的先行者和推动者，与中国共同携手发展西部。

(2) 目标公众：中央及西部地区有关省、市卫生组织；卫生部及西部各省卫生厅；西部地区广大现有和潜在的消费者。

2. 公众策略：借势造势

(1) 针对高露洁的品牌形象：借中国政府提出西部大开发、卫生部及行业主管部门举办的"口腔保健微笑工程——2001 西部行"之势，深入推广高露洁是口腔护理的专家和行业先行者的企业形象。

(2) 针对高露洁的产品市场推广：借中国西部老少边穷地区急需提高口腔保健意识、急需优质全效口腔护理产品之势，培养、开发高露洁潜在的消费群体。

(3) 针对媒体宣传：借中国媒体对西部重点报道之势，减少商业宣传，而对高露洁公司形象进行合理、全面、深入的报道。

五、项目实施

1. "口腔保健微笑工程——2001 西部行"北京启动仪式

设计、印刷了本次活动专用的宣传海报、礼品包装、新闻夹、新闻纸、信封、请柬等宣传印刷品，在北京启动仪式和各省的启动仪式上以及宣教场所张贴和分发，保证了活动的统一性，并尽可能地扩大了宣传范围。

特别选在北京卫生部礼堂召开的"口腔保健微笑工程——2001 西部行"启动仪式，邀请了卫生部副部长殷大奎、高露洁棕榄公司大中国地区副总裁兼总经理方宝惠、三家专业协会会长、西部五省卫生厅厅长、国内著名口腔专家、学者等重要人士参加启动仪式。

在新闻发布会中特别设计了两个"亮点"，第一个是由卫生部副部长殷大奎、高露洁棕榄公司大中国地区副总裁兼总经理方宝惠及三家专业协会领导向西部五省卫生厅代表颁发"微笑之牌"；第二个重要环节是由卫生部副部长殷大奎、高露洁棕榄公司大中国地区副总裁兼总经理方宝惠在活动主题背景板上启动一个机关，瞬间霓虹灯照亮了西部 5 省的地图，意味着西部地区将迎来光明、灿烂的微笑。

邀请北京近40家报纸、杂志、电视台记者出席启动仪式新闻发布会，特别为新闻媒介准备了翔实的新闻资料。

新闻发布会后分别安排人民日报、中华工商时报、中国健康报、中央电视台、北京电视台等重点新闻媒体对殷大奎副部长、方宝惠总经理、王贺祥副会长展开了逐一、深入的专访。

2. “口腔保健微笑工程——2001西部行”各省启动仪式

各省启动仪式场地分别选在具有特殊意义或极具城市代表性的广场举行，如在贵州省的活动就选在了中国革命胜利的起点遵义市遵义广场举行。

安排各省卫生厅长，各市卫生局局长、广州高露洁棕榄公司总经理林金星等领导出席，在各省的活动中穿插了丰富、精彩的文艺演出活跃现场气氛，其中尤以“刷牙歌”舞蹈表演获得观众热烈掌声，以寓教于乐的形式深入宣传口腔保健知识。

在启动仪式后安排大规模义诊、专家咨询、宣传品发放等活动，这样的宣教活动在广场中、街道上、操场上、幼儿园中、聋哑学校里、田埂间全面展开。

3. “口腔保健微笑工程——2001西部行”北京凯旋庆典仪式

特别设计、制作包括西部5省活动宣传结果、高露洁公司在中国10周年成果等7块展板，用以在活动中向来宾宣传。

回到北京，在卫生部礼堂召开“口腔保健微笑工程——2001西部行”北京凯旋庆典仪式，再次邀请了卫生部副部长殷大奎、高露洁棕榄公司大中国地区副总裁兼总经理方宝惠、三家专业协会会长、西部五省卫生厅代表、国内著名口腔专家、学者等重要人士参加庆典仪式。

在活动中特别设计了三个“亮点”，第一个是安排了一位西部地区儿童代表来到现场朗读了一封感人肺腑的来信，传达了所有接受口腔保健教育的西部儿童的心声；第二个环节是由卫生部副部长殷大奎、高露洁棕榄公司大中国地区副总裁兼总经理方宝惠启亮了一个立式的大型“高露洁微笑圆牌”，在该牌的正面是“口腔保健微笑工程——2001西部行”路经省份的地图和高露洁公司即将在2002年展开的“口腔保健微笑工程——2002西部行”路经省份的地图，而圆牌的背面则是一张美丽的笑脸；第三个环节是由卫生部副部长殷大奎、高露洁棕榄公司大中国地区副总裁兼总经理方宝惠向西部5省代表颁发成功奖牌。

邀请北京近40家报纸、杂志、电视台记者出席庆典仪式新闻发布会，特别为新闻媒体介绍了由国际著名调查公司提供的本次“西部行”活动统计的专业调查数据。

六、项目评估

1.“西部行”活动本身

据初步的统计，全程活动共组织30多次、累计6万余名听众的口腔保健教育讲座，300多名牙医进行咨询义诊，包括幼儿园小朋友、残疾儿童、小学生、大学生、老年人、农民、工人、少数民族、科技人员等在内的约30万群众直接受益。另据专业调查研究公司在活动前后进行的抽样调查及比照分析显示：“西部行”所经地区人们关于口腔保健的正确认识显著上升，而错误认识则显著下降，对刷牙的好处及日常口腔护理用品的认识也有明显改进。

2.“西部行”媒介宣传效果

“口腔保健微笑工程——2001西部行”活动共收到简报200余份，通过新华社、中央电视台和地方重要媒体等近100家新闻单位的广泛宣传报道，覆盖面达上亿群众。

有效的新闻运作、富有创意的公关活动使口腔护理专家——高露洁棕榄公司的形象逐步树立起来。这次活动为高露洁棕榄公司进入中国10年来持续不断推动健康事业的努力树立了一个重要里程碑，从而塑造了高露洁推动中国口腔保健事业臻于至善的优秀公司形象。

（本案例获第五届中国最佳公关案例大赛金奖）

案例思考题：

（1）高露洁公司的公关策划有哪些特点？

（2）高露洁公司公关策划选择的目标公众是否得当？

第七章　公共关系日常工作和专项活动

学习目标

了解公共关系日常工作和各种专项活动的特点与适用范围。理解各种专项活动的价值与区别。掌握策划与组织各种专项活动的方法。

引导案例

“三高”为中国申奥放歌

2001年6月23日晚，昔日皇家禁苑中舞影翩翩，弦歌阵阵。世界著名三大男高音歌唱家在紫禁城午门广场联袂演出，在“6·23国际奥林匹克日”掀起北京申奥活动的高潮。国务院副总理李岚清和数万热情的中外观众一同观赏了这场精彩的演出。

当晚，三位“歌剧之王”身着黑色燕尾服，站在紫禁城的古老红墙之间的舞台上神采奕奕，他们演唱了近30首脍炙人口的歌剧选段或歌曲。从卡雷拉斯的《我知道这个花园》，到多明戈的《星光灿烂》，到帕瓦罗蒂的《今夜无人入睡》，洪亮且有穿透力的歌声，赢得了在场3万名观众的热烈掌声。昔日这里曾经钟鼓齐鸣，如今西方歌剧在这里缭绕；昔日皇帝曾在此议政，如今三位西方音乐大师在这里纵情高歌。东方建筑的神韵与西方艺术经典得到了完美的交融，古老的紫禁城在一个充满激情的夜晚被唤醒，改革开放的中国以一场东西文化交融的音乐盛会，向世人展示他们积极走向世界的宽阔胸怀。

紫禁城午门广场，“歌剧之王”帕瓦罗蒂、多明戈和卡雷拉斯深情演绎音乐盛典，取得了空前的成功，音乐会电视直接可覆盖全球110多个国家和地区的33亿观众。

公共关系是组织与社会之间的一种协调沟通机制，即运用各种协调、沟通的手段，为组织疏通渠道，发展关系、广交朋友，减少摩擦、调节冲突、化敌为友，成为组织运转的润滑剂、缓冲器，成为组织与各类公众交往的桥梁，为组织的生存、发展创造“人和”的环境。

日常公共关系工作和专题公共关系活动是一个组织公关活动的主要途径与方式，专题公关活动是一次性的、阶段性的，而组织形象更多的要靠日常公共关系工作来维系，公共关系工作既要轰轰烈烈，尽可能有家喻户晓的效应，又需要扎扎实实，有“随风潜入夜，润物细无声”的效果。知名度、美誉度是一架车的两个轮子，缺一不可。而专项活动与日常活动是公共关系的两条腿，少一条就成了跛子。

第一节　公共关系日常工作

公共关系大量的日常工作是同方方面面的社会公众打交道。主要表现为日常接待和编写宣传材料。

一、日常接待

组织在日常运行的各个环节、各个渠道都要时时注意形象问题，处处给人留下好感，才能在内外公众中都留下好的印象。有人说，公共关系在组织中要发挥外交部的功能，要运用各种交际手段和沟通方式，热情地迎来送往，积极地对外联络，为组织开拓关系，广结人缘，为组织的生存和发展减少各种障碍，增加各种有利的机会，创造和谐的公众环境。

有专家认为，公共关系的实质就是建立联系以及联系成功。公共关系日常工作不仅要求协调组织与组织内部员工之间横向与纵向的关系，强调在经营过程中重视内部的团结，调动人的积极性和创造性；而且要求组织注意质量，做好服务，讲求信誉，通过新闻媒介树立形象，建立信任感。长此以往，就会不知不觉地达到公共关系工作的目标，赢得公众的信任，扩大本组织的名声，促进组织的发展。

日常接待工作一般包括接待来访者、拜访别人、写信、打电话等。做好接待工作，要求公关人员首先应具有良好的公关素质，要能够吸引对方，使之愿意与组织打交道；其次，在接待拜访中，还应该掌握一些特殊的沟通技巧，来达到建立联系的目的。

在日常接待中要注意以下原则：①首先要在符合礼貌原则的前提下，迅速问清和摸透上门公众的来意；②其次要明确地给公众以答复。

二、编写宣传材料工作

宣传材料有多种形式，如宣传手册、产品介绍、使用说明书、组织内部印刷品、宣传栏、组织网站等。

（1）宣传手册，内容可以为：主题理念展示；组织简介，组织的历史和现状概略介绍；组织领导人的致辞；系列产品展示；公关活动、促销活动展示；管理组织机构图；组织标志及释义等。宣传手册是日常宣传和股票上市必不可少的最基本的宣传工具。切记不要反复只宣传产品，而忽视其他方面。宣传手册应贯彻CIS设计原则与体现组织文化，并配有相应的照片、图示，标明组织的地址、联络信息等。

（2）产品介绍、使用说明书，如果可以的话尽可能图文并茂，其内容是集中介绍产品的性能、特点、原理、使用方法等。使用方法一定要让使用者可以按说明书正确操作，因为据调查，售后出现问题的家电75%的是由于使用不当而造成的。

以上两类材料的设计印刷应比较精美，文字流畅，风格清新，使传播对象乐于阅读，同时阅读起来也很方便。

（3）组织内部印刷品，如操作规程、岗位公约、质量手册、组织报纸、内部简讯等。

组织报纸是面向全体员工定期出版的印刷品。它的主要内容为有关组织及组织内部的动态性信息。它要反映出国家、行业、本组织的有关方针、政策、指示、意见以及员工工作情况、意见要求，还要有一些员工协作的文化娱乐内容的稿件。

第二节　公共关系专项活动

为了在激烈的市场竞争中赢得有利的社会环境，社会组织常常通过举办一些颇有创意的公共关系专项活动，集中传播组织的信誉，增加公众对组织的理解，从而扩大组织的知名度和美誉度。

记者招待会

记者招待会又称发布会、新闻发布会。政府、企业、社会团体或个人都可以举行记者招待会。记者招待会一般要邀请各新闻媒介的记者参加。

举办记者招待会由组织负责人或公共关系部门的负责人直接向新闻界发表有关本组织的消息，这对组织而言，是积极的宣传活动的一部分。

一、举办记者招待会的“由头”和时机

在决定是否举办记者招待会之前，至少应确认以下两点：

（一）确定新闻价值

要论证欲发布的事实是否具有专门召集记者前来予以报道的新闻价值。也就是说，举行记者招待会必须有恰当的新闻“由头”。

（二）确定最佳时机

组织应确认新闻发表的最佳时机。

对于一个组织来说，举行记者招待会是为公布与解释组织的重大新闻，如在新产品开发成功、经营方针改变或有新举措、组织首脑或高级管理人员更换、新组织开业和老组织扩建或下马关闭、组织合并、组织创立周年纪念日、重大的人身伤亡事故等事件发生时，都可以举办记者招待会，发布这些消息。

二、记者招待会的准备工作和注意事项

（一）确定时机

如果已确认必须要召开新闻发布会的话，那么，就要选择恰当的召开时机。选择召开时机一要及时，二要注意避开重大节日和社会活动。

（二）确定邀请记者的范围

确定邀请记者的范围主要根据公布事件、消息发生的范围和影响而定，如事件或消息只涉及某一城市，一般就只请当地的新闻单位记者参加。

（三）确定发布会的地点

一般可在本单位举行或租用宾馆、大饭店举行。希望造成全国性影响的，则可在首都或某大城市举行。

（四）布置会场

发布会地点确定后，应进行实地考察。此外，在会议召开前，应认真进行会场布置。会场的桌子最好不用长方形而用圆形的，大家围成一个圆圈，显得气氛和谐、主宾平等。但这只适用于小型发布会，大型发布会可采用设主席台席位、记者席位、来宾朋友席位的方式。

（五）统一发布口径

本组织参加会议人员要统一口径。某一消息发布到何种程度，应首先在组织内部统一认识。否则，意见不统一会引起记者的反感，甚至导致报

道失误。

（六）挑选发言人

主要发言人过去通常由总经理或厂长等主要负责人承担，现在常用专门的新闻发言人，因为只有这两种人才能准确地回答有关组织的方针、计划、生产、经营等重大问题。如果是公布某项新产品、新技术，分管技术方面的主要负责人也应出席。主要发言人应头脑机敏、口齿清楚，具有较强的口头表达能力。

（七）准备主要发言和报道提纲

要由专门班子负责起草主要发言，应全面搜集资料，写出通俗、准确、生动、有趣的书面发言稿。另外，应事先归纳出宣传内容的要点和背景，整理成详细的资料，即报道提纲，也可附加照片。材料要编写得系统、简洁，要注意用事实说话，注意不要出现错别字和脱页现象。报道提纲及其他书面材料要预先分发给出席记者，同时预先准备好回答记者问题的基本答案，供主要发言人参考。如果发言中涉及国防工业、军事机构的秘密或重要经济情报，要注意不能泄露机密。

（八）确定会议主持人

会议主持人一般由公关部负责人担任。主持人的言谈要流畅，有时根据内容的需要可以有一些幽默感。主持人要尊重别人的发言、提问，要切实把握主题的范围，勿使大家离题太远。要注意掌握会议的时间，时间一般不宜超过两小时。主持人要引导记者踊跃提问，万一出现冷场，可以让与会者和公关人员作自我介绍，以增加彼此之间的了解，提高大家的发言兴趣。主持人讲话的措辞要典雅而有力度，风趣而不失庄重。主持人应倾听记者的提问和全部意见，促进组织与新闻界之间的相互理解和友好交流。

当招待会气氛非常活跃、记者竞相提问时，主持人应维持好会场的秩序，控制好发言的时间，引导记者深入提问，避免重复的提问和回答。如果预定的会议结束时间已到，但尚未交流完毕时，应在散会前决定下次记者会的时间、地点。

（九）其他具体事务的安排

为了开好新闻发布会，公关人员应预先筹备好视听辅助工具，如相关图表、照片、产品实物、模型样品、沙盘、幻灯、影片、录音带、录像带等。在会后或会前，亦可安排一些现场参观，但参观时间不宜过长，同时也应利用这一时机，让记者采访、摄像。既要安排得周到，又不要勉强。此外，还要准备一些饮料等。

三、对待记者的态度

组织记者招待会必须注意对待记者的态度，接待质量如何将直接关系到发布消息的成败。与新闻界合作应以“真诚、主动”为方针，切不可因为自己的组织在社会上有了一定的声誉就趾高气扬，认为记者有求于己。对记者的接待，不论以何种方式，公关人员都必须时刻牢记记者的双重性。首先，作为人，他希望接待人员对他尊重、热情，并了解他的姓名、供职的单位、专业甚至他的作品；更重要的是，记者是专业人员，他希望给他提供工作之便，如一条有发表价值的消息、一个能拍到新奇照片的机会、一个电视导演感兴趣的生动场面、一条电台记者希望采访到的重要消息等。总之，应尽量满足他们的合理要求。

四、记者招待会结束后的工作

(一) 收集情况、纠正错误

大量收集到会记者发表的稿件，进行归类、分析，检查是否有由于自己失误而造成的谬误，如有应立即设法补救。

(二) 核对发稿情况

对照与会记者的名单，核对是否每个到会记者都发了稿，以供在今后举办记者招待会拟定邀请者名单时作为参考。

(三) 了解与会者反映

收集与会者的反映，总结会议是否有欠缺，找出不足之处，便于今后改进。

赞助活动

赞助是组织为赢得政府、社区及相关公众的支持，创造组织生存和发展的良好环境，出资支持社会福利、社会公益和慈善事业等活动，并以此来证实组织的实力，表明组织承担社会责任，以赢得社会的普遍好感。组织应该重视搞好赞助活动。

一、赞助的目的

(一) 扩大知名度

举办赞助活动并通过新闻媒介的广泛传播，扩大组织的知名度。

(二) 增强信任度

通过赞助的手段证明组织的经济实力，赢得社会公众的信任。利用赞助活动做广告，增强广告的说服力和影响。

（三）提高美誉度

追求社会效益和承担组织的社会责任。关心和支持社会公益事业，表明组织为社会做出了贡献，从而树立良好的组织形象。

二、赞助活动的类型

(1) 赞助体育运动。这是赞助中最常见的一种形式。随着人民生活水平和体育运动水平的提高，人们对体育运动越来越感兴趣。通过对体育运动的赞助，以增强对公众施加影响的广度和深度。

(2) 赞助文化生活。组织进行文化生活方面的赞助，不仅可以培养与公众的良好感情，而且还可以大大提高组织的社会效益和知名度。

(3) 赞助教育事业。组织赞助教育事业，既有助于教育事业的发展，又能使组织得到良好的公共关系，是一举两得的事。

(4) 赞助社会慈善和福利事业。这是组织和社区、政府搞好关系的重要途径，是向社会表明其承担义务和责任的手段。

(5) 赞助各种展览和竞赛活动。

(6) 赞助宣传用品的制作。

(7) 赞助建立某一职业奖励基金。这种赞助具有长期效益和社会效益。

(8) 赞助学术理论活动。

组织举办赞助活动的形式很多，公关人员应善于设计出各种新颖的赞助形式，使组织获得最佳的信誉，改善、发展其公共关系。

三、进行赞助的步骤

（一）前期研究

赞助研究应该从形象战略入手，分析组织的公共关系政策和目标，结合调查制定赞助的方向和政策，以正确指导赞助活动。组织可以主动选择赞助对象，也可以按被赞助者的恰当请求来确定赞助。但不管赞助谁、赞助形式如何，赞助之前都应做好深入细致的调查研究，调查被赞助者的状况，赞助的性质、作用，可能的影响等。在此基础上研究赞助项目的必要性、可行性、有效性。进行赞助的成本和效益分析，以保证组织和社会同时受益，防止各种离组织整体赞助主题太远的现象。

（二）制订计划

在赞助研究的基础上，由公关部制订出赞助计划。虽然，计划要有一定的灵活性，但是一定要把好关，不能谁来找就赞助谁，或凭感情、面子、条子、压力进行。赞助计划一般包括赞助对象的范围、费用预算、赞助形式等。赞助计划是赞助研究的具体化，其作用是做到有的放矢，控制赞助范围，防止赞助规模超过组织承受力，节制浪费现象。计划可以是年度的，也可以是五年滚动的。

（三）审核评定

进行每一次赞助，都应进行详细的分析研究，逐项审核评定，确定其可行性、具体方式和款额以及赞助的时机，以便制订赞助的具体实施方案。大型赞助有时还要经过董事会、主管领导审定批准，进行法律咨询、公证证明。

（四）具体实施

应派出专门的公关人员负责各项赞助实施方案的具体落实。在实施过程中，应充分运用各种有效的公关技巧，使组织能借助赞助活动扩大其对社会的影响。

（五）效果测定

每次赞助活动完成以后，应对照其计划，测定其实际效果，加以总结，对活动不理想的应找出原因。赞助活动的效果应由组织自身和专家共同测评，尽可能做到符合客观实际。每次测评都要完成报告，作为资料存档，为以后的赞助活动提供依据和参考。

四、赞助应注意的几个问题

（1）要优先对各种慈善事业、社会福利事业和活动、公共设施、教育事业进行赞助。这样既表明组织对社会尽责任和义务，又较容易获得社会各界的普遍好感。

（2）要注意留存一部分机动款项，作为遇到临时、重大活动时的备用款。

（3）对各种明显不能满足其要求的征募者，应坦率而诚恳地解释组织的有关政策，但不能屈服于威胁利诱，必要时可诉诸社会舆论和法律，以保障组织的合法权益。

组织展销会

展销会是通过实物、文字和图表以及音像、影视材料等来展销产品的一种促销形式。由于它较为形象、直观，公众一般容易信服、愿意接受。因此，展销会是组织促销产品的一种常用形式。

一、确定时间、地点

展销会时间依据展销内容和规模而确定。展销会地点可以在室内或露天。室内展销显得较为隆重，且不受天气影响，时间相对也不受限制，但布置较为复杂，所需的费用也较高。通常在露天举办展销的可以是大型机械、农产品、花卉等。

二、确定展销会的内容

展销会可分为综合性产品（商品）和专项产品（商品）展销。综合性产品展销会可容纳多家不同产品同时进行展销，如每年春秋两季的广州商品交易会就属这种类型。专项展销会是围绕一项专业或一个专题举办的展销，如汽车配件展销会、家具展销会等。

三、确定展销会工作人员及责任

（一）安排好产品介绍人员

产品介绍人员应对展销产品的性能、构造、使用方法、同类产品的市场价格情况、组织经济实力和产品信誉、组织发展远景等，有较全面的了解，还要有一定的语言表达能力，在服务中应着装整齐、仪容端庄、面带微笑、尊重每一位顾客，可以着绶带，绶带上印有厂家名称，也可佩戴胸卡。

（二）安排团体订货室及工作人员

工作人员应懂得订货知识，并按组织订货的有关规定工作。工作中应热情接待客户，主动介绍订货规定及优惠政策。

（三）安排迎宾礼仪小姐

礼仪小姐既要热情迎客，也要做引导工作。如果是独家举办的展销会，礼仪小姐身上披戴的绶带可以标上组织（企业）名称；如果是多家联合举办，则只写“欢迎光临”即可；如果是由一个部门主办，其他部门参与合办，那么可标有主办部门名称。礼仪小姐还可以为展销会的参与部门或主办单位散发产品宣传单。

（四）广告及新闻报道

宣传报道工作人员要安排展销会的广告制作，要策划各种产品及展销会的广告内容及形式，确定新闻发布的内容、时机、范围和形式。

（五）组织机构

展销会组织机构应分工明确、责任到位。

四、确定展销会的费用预算

具体列出展销会的各项费用并进行核算，有计划地分配资金。

五、公关活动安排

要善于运用一些公关技巧，使展销会办得生动活泼、别具一格。举行展销会开幕式，应邀请有关知名人士出席，并为消费者签名，譬如“书市开业”时请名人、作者当场签名售书，以吸引更多的群众前往参观，也给记者提供好素材。展销厅最好的位置一般在一楼的入口附近，离入口位置越远，楼层越高，参观、购买的人就越少。展销位置不好的组织应设法以一些新奇事物来吸引客人。例如，有一家小厂参加了一个展销会，分到的展销室在六楼的一个偏僻角落，第一天始终门庭冷落。他们进行了研究，想出了对策。第二天一早，参观者一进入展览大楼，就发现有塑料圆牌子洒在地上，捡起来一看，上面写着：“请到六楼右角小室去，您会有意外的收获。”好奇的参观者于是纷纷跑到六楼右角的小室，只见室前有一红纸黑字的海报，上面写着：“拾到小牌者，可打八折购买一件本厂产品。”拾到牌子的人都不肯错过八折的机会，纷纷购买自己中意的产品；没拾到牌子的人，由于受到从众心理的影响，亦纷纷跑去凑热闹。又如服装展销会，可当场进行时装模特表演，吸引参观者。

六、做好展销会的效果测定

为使组织有更好的发展，每举办或参加一次展销会都应做事后效果测定工作，可采取问卷调查、统计参观人数、销售利润、有奖问答等多种方式来进行该项工作。

庆典活动

庆典活动是围绕着重要节日或开幕而举行的庆祝活动，它是提高组织知名度、扩大社会影响的有效形式，现代企业都想方设法地、合情合理地利用它。组织的开业或庆典活动，应遵循“热烈、隆重和节约”的原则。

一、准备工作

（一）邀请宾客

首先要精心拟出宾客的名单，经领导审定后，印制成精美的请柬，并提前两周将其寄送给宾客。活动前三天再电话核实，看有无变动；对 VIP（贵宾）在活动前一天再核实一次。一般邀请宾客的范围：本组织的主管部门领导及各界领导、媒介的朋友；同行部门和直属部门领导及朋友。

（二）拟定程序表

程序包括确定主持人、介绍重要来宾、组织负责人或重要来宾致辞、剪彩或安排参观等。此外，还要印制一些材料，如庆典活动的主要内容、意义，来宾名单和致辞，组织经营项目和政策等。

（三）布置场地

举行仪式的现场可以设在大门口，在场地悬挂开业或庆典会标、庆祝或欢迎标语。因为参加开业活动的宾客一般是站立的，可以在来宾站立处和剪彩处铺设红色地毯，以示尊敬和庄重。会场两边可放置来宾赠送的花篮，四周悬挂彩带和灯笼。还要准备好音响、照明设备，有时还可以准备放飞鸽子、舞狮表演，允许燃放烟花爆竹的地区，也可以视情况进行准备，使整个会场气氛显得隆重而热烈。

（四）安排接待工作

接待工作要事先指派专人负责，同时安排服务人员。重要来宾应由组织负责人亲自接待。必要时组织排列迎宾线。接待室中要求茶杯洁净，茶几上放置烟缸，如不允许吸烟，应用礼貌标语标牌放置在接待室中，提示来宾。

（五）安排礼仪小姐

如果剪彩，礼仪小姐的人数应比剪彩领导人数多一人。礼仪小姐一般应身着礼服。中国人的传统观念认为红色为吉庆象征，礼仪小姐最好是着红色旗袍，身披绶带，绶带上要有开业或庆典标志及组织名称等；发式可以是齐耳直发，也可是典雅的发髻；无论冬夏，只要身着旗袍，脚下就应为瓢鞋，还应穿连裤袜。一般情况下，礼仪小姐要化淡妆。

（六）准备贵宾留言册

贵宾留言册不要用普通签字本，应用红色或金色锦缎面高级留言册。应准备好毛笔、砚墨或签字笔，还要准备好来宾签到处和来宾休息室。

（七）准备馈赠礼品

此时赠送的礼品也是一种宣传性传播媒介，只要准备得当，往往能产生很好的效果。从公共关系的发展考虑，礼品应该具有以下特点：

1. 象征性

所谓象征性，实际包含纪念性。在开业庆典中的礼品应该有纪念意义。人们从礼品的形状及内容上能一目了然地明确它的含义。礼品要讲究“个性”，不搞“大统一”。

2. 纪念性

给人发礼品，是作为纪念，总希望人们能重视它、珍惜它，可以使人不时地想到或向别人提起曾经参加过某个活动、曾经当过某某代表、曾经去过某个地方。

3. 宣传性

可使用自家商品作为礼品，在包装上印上组织标志、庆典开业日期、服务承诺、产品图案或企业宣言。

（八）提前试验音响

了解无线麦克风电磁波的方向性、频率高低、音量大小，不要出现"吱吱"的噪音或间断噪音。线路距离与麦克风连线长短要考虑周全，不要导致讲话者无法进行必要的移动。有时一个麦克风在讲话者之间传递使用，电线太短不方便，电线太长又显得很杂乱。因此，事先应设计好讲话、演示、产品介绍时表演者的路线。如果可能，对移动的演讲者、表演者最好用移动无线麦克风，或尽可能将线的一部分藏在地毯下面，以免绊倒人。

如果为演讲者提供新的服务设施，有关服务人员应熟悉业务与设备，事先做好细致的准备。在会议前一定要向有关人员进行明确的介绍。

二、仪式过程

（一）签到

宾客来到后，有专人请他们签到。如此时组织有关产品经营项目及公司全方位说明的资料，均可发给宾客，扩大组织的知名度。此外，还可以准备两个盒子或碟子，一个装本单位领导或公关部经理的名片，另一个装来宾的名片，这样便于今后联系或制作通讯录。

（二）接待

宾客签名后，由接待人员引领到备有茶水、饮料的接待室，让他们稍事休息并相互认识。本组织人员应在此陪同宾客进行交流，说些对宾客到来表示感谢的话语。

（三）剪彩

如果是大型工程破土动工奠基仪式、工程竣工仪式、公司成立、商场开业等庆典活动，活动开始时都需要进行剪彩。这时，礼仪小姐手托托盘，托盘上可以放置红色方口布，将用彩带扎成的花朵相互连着放在托盘上，剪刀也放在托盘上，同时配以热烈的音乐。当主持人出场时，音乐停止，主持人进行简单致辞，宣读与会来宾名单，并表示谢意。

剪彩开始，由主持人宣布剪彩人员的单位、职务、姓名，主席台上的人员一般要位于剪彩者身后1～2米外。剪彩者穿着端庄整齐的服饰，并保持稳重的姿态，走向彩带，步履稳健，全神贯注，不和别人打招呼。拿剪刀时以微笑向服务人员、礼仪小姐表示谢意。剪彩时，向手拉绸带或托彩花的左右礼仪小姐微笑点头，然后神态庄严地一刀剪断彩带，待剪彩完毕时，向四周观礼者鼓掌致意。

（四）致辞

由主客双方领导或代表致辞。无论是开幕词、贺词、答谢词均应言简意赅、热烈庄重，切忌长篇大论。

（五）节目

典礼完毕，宜安排些气氛热烈的节目，如敲锣打鼓、舞狮子，播放喜庆音乐等。在允许燃放鞭炮的地区，还可燃放鞭炮、礼花、礼炮等，制造气氛。此外，还可以请军乐队演奏。

（六）参观、座谈或聚会

主持人宣布仪式结束，即可引导客人参观工程或组织内部。可介绍主要设施或特色产品、商品以融洽与同行的关系，也可以举行短时间的座谈或请来宾在留言簿上签字。之后，还可以安排舞会、宴会答谢来宾。

（七）赠送纪念品

如果是企业、公司或商场“××周年”庆祝活动，可以准备、制作纪念品赠送给员工和来宾，使员工感到主人翁的优越意识，使来宾们有受到尊重的感觉，以此达到感情的交流。还可以进行职工文艺表演，以示庆祝，也可以举行大型促销活动。

（八）宣布一项赞助或公益活动

现在一些组织还往往利用庆典的机会宣布一项赞助或公益活动，例如捐助希望工程等。

组织参观

一、内部参观

内部参观是指邀请外部公众或内部公众参观本组织的工作现场、设施等，是颇为流行的一种公关活动。当年“揭丑运动”时杜邦集团就是通过组织记者参观来扭转形象、渡过危机的。

（一）组织内部参观的目的

请公众前来参观的目的主要有：

（1）扩大组织知名度，增加组织的透明度，让公众了解组织的宗旨、功能、优点、特色，显示组织的存在有利于社会、有利于公众。

（2）促进业务。通过组织公众参观组织的厂区、生产流程、产品，让公众产生信任感，便于推销产品、谋求投资或相互协作、拓展业务。这类参观要着重表明组织设备精良、技术先进、管理严格、产品质量优良。

(3) 和谐社区关系。组织社区公众参观本组织完善的设施、优良的工作环境、可靠的安全系统，表明组织对社区公众不产生危害，以求得社区公众的理解与支持。

(4) 增强员工或家属的自豪感。可组织员工或家属参观组织的设施、先进的设备，使员工家属感到组织价值、地位的重要性，理解自己的家人，产生自豪感，全力支持员工的工作，激发员工的工作热情。

参观的目的要突出，不能要求一次参观达到多种目的。贪多求快反而会使公众摸不着头脑，影响参观的效果。

(二) 组织内部参观的操作方法

1. 准备宣传册

这类小册子要考虑到一般公众的文化水平、接受能力，应使用简明扼要、深入浅出的语言，把公众关心的问题做一个回答。要注意配有一定的图表或数据，尽量少涉及深奥的专业术语。这种小册子宜在参观一开始时就分发给公众，使公众快速阅读后对参观内容有大致的了解，参观时还可边看实物边对照，免去了记录的麻烦和不必要的提问，并可供公众日后查考。

2. 放映视听材料

有些组织结构复杂、技术尖端，时空跨度大，为了帮助公众理解，观摩实物前可放映有关录像片、幻灯片或电视片，作简要的介绍。

3. 观看模型

有的组织规模庞大、设施分布很广，公众不可能每处都去，或者有些设施不便于公众进入，可以事先制作模型让公众观看。公众观看后，再选择几处认为重要的地方实地观看。

4. 可引导观看实物

由专人引导公众沿着一定路线参观，逐一观摩实物。在重要的实物前，引导者要作讲解，或配备专门的讲解员，讲解时要抓住公众关心的或不易理解的重点，避免长篇大论、滔滔不绝，那样容易使参观者产生逆反心理。参观主要是以物来传递信息，要以让公众目击为主、讲解为辅，不能本末倒置。

5. 中途休息

参观的时间不宜太长，以一天内完成为好。在参观路线的途中，最好设有休息室，备好茶水、饮料供参观者中途小憩。

6. 分发纪念品

参观过程中可向公众分发一些小型纪念品，最好是本组织制造的或刻印有本组织名称的纪念物，让公众一见到它就想起本组织，引起美好的回忆。

7. 征求意见

观摩实物结束，宜在出口处设置公众留言簿或意见簿。有条件的话，最好请参观者座谈观感、提出意见，以便组织改进工作。参观除了平时可进行外，还可以结合一些特殊时机进行，如在开幕式、周年庆典之后组织来宾参观。

二、陪同外出参观旅游

陪同参观旅游是一项交际型公关活动，要不怕麻烦，具体应该注意：

(1) 不要将时间安排得太紧，尤其是游玩时，应预留一点自由活动时间。有的单位组织外出活动时安排两小时爬泰山，20 分钟游西湖，天下奇景未来得及看就回宾馆了。这种图省事的做法根本没有替客人着想。

(2) 如果是派员陪同客人参观游览，应先将情况介绍清楚，几个参观项目（景点）全去用多少时间，只去重点项目用多少时间，建议去哪些地方，共有多少时间供参观，便于共同定出计划。有的单位陪同外出参观旅游，集合地点说不清，又没有导游，有时竟使队伍走散，出现大家等一个人或几个人的现象。因此，注意事项应一次说清，临时不要改时间，如果商量后一定要改，则一定要反复强调，否则有人可能记住第一次宣布的时间以后就不再注意了。是否可以原路返回也应讲清，因为有的旅游点是另有出口的。

(3) 要去的地方较大时，应发交通图，可放在资料袋中。

(4) 陪同客人参观过程中应边看边介绍情况，不要因为陪同者对参观内容毫无新鲜感，便无精打采，显出不屑一顾的神情，或低着头在前面猛走，不管客人是否对什么事物发生兴趣。有的陪同或催促对方，说没有什么好看的，或站在一旁显出不耐烦的样子，不为客人介绍，却同当地或现场其他熟人聊天，显得非常不礼貌。

(5) 如果客人携带照相机，应介绍组织或现场中的最佳摄影点，讲明哪些部门不允许拍照，请对方谅解并表示歉意。如客人需要留影或照集体合影，应主动配合。因此，陪同人员、办公室或公关人员应学会照相，照相之前问清相机使用注意事项，要突出的主题是什么，特别是留影时的背景，景点、企业牌匾、会议横幅上重点的字与内容应尽可能完整保留。照之前还应问一下机内胶卷是否已经过好，以免浪费时间与感情。尤其应避免因操作不当将相机弄坏，这种情况如不注意，赔偿相机事小，可能因此影响客人后半程的旅游参观情绪。

以上各种专题活动的策划应结合前面章节的调研、策划和后面的 CIS、公共关系礼仪等有关内容，使纵向的方法应用到横向的活动中来。

危机处理

危机处理（ crisis management）是公共关系最重要的工作之一，同时也是公共关系的最大价值所在。所谓危机处理即在危机发生前进行预测，制订预警方案，危机发生时启动应急程序，调动各种应急资源，应对和处理危机事件，帮助组织渡过难关的系列工作。

目前，世界已进入危机高发时期。美国的“9·11 事件”，亚洲的“SARS”流行就是信号。有识之士号召把危机管理意识灌输到全社会，要把危机管理上升到一个国家战略、政府责任的高度来认识。应从宪法上授权政府具有危机管理的权力，并限定其职责。同时制定一部《危机管理法》，把各种危机的管理都纳入到统一的程序和制度中。

在我国，虽然已有一些企业、组织能在危机来临之际处理得很好，但从总体上看，我国组织研究和处理危机方面还有欠缺。有些组织动辄诉诸法庭，以为法律万能，对别人的批评要求百分之百准确，而对自己的问题则文过饰非。这里并不是说法律意识不必要，而是说不能仅仅依靠法律手段来解决危机。具体的危机处理方法如下：

1. 要迅速掌握危机的全面情况

（1）首先搞清是什么人，在什么时间、地点，发生了什么事，事故的原因是什么，按这些要点迅速查明危机的基本情况。有可能的话，可以在目击者的协助下进行调查。

（2）迅速拿出原定计划付诸实施。估计危机可能产生的后果和影响，如人身伤亡的数量、程度，应送什么样的医院治疗，设备损坏的程度及其他财产损失，找到迅速控制事态的最有效方法。

（3）考察事故现场，看危机是否已得到有效控制，若危机还在发展，要迅速查明原因，找到处理危机的方法。

（4）预测危机发展前景、现有解决实施方案的效果及可能造成的影响，如不能制止危机还将如何发展、会引起什么样的新问题。

（5）同事故见证人保持联系，记下其姓名、单位、地址及证件号码，必要时可请公安机关予以协助。

（6）保护现场，收集物证。无论是产品不合格引起的事故，还是其他原因造成的事故都应及时收集物证，组织专家检验、测定。在结果没出来之前，有引起事故嫌疑的产品应通知销售部门暂停出售。这样做时先不要声张，以免造成不必要的形象损害。这个时候要具体问题具体分析。

2. 危机发生后的基本公众对策

危机发生后将会触及各类公众的利益，对此应分别处理。

(1) 对内部公众

首先，应把事故情况及组织对策告诉全体员工，使员工同心协力共渡难关。其次，如有人员伤亡，应及时通知其家属，并提供条件满足家属探视、吊唁的要求，组织周到的医疗和抚恤工作，并由专人负责。如果是设备损失应及时清理。

(2) 对事故受害者

首先，对受害者应明确表示歉意，慎重地同他们接触，冷静地倾听受害者的意见和他们提出的赔偿要求。即使他们的意见并不完全合理，也不要马上与之辩论。即使受害者本身要对事故负有一定责任，也不应马上予以追究或推出门了事，或立刻诉诸法律。应该同他们坦诚、冷静地交换意见，同时谈话中应避免给他们留下推卸责任、为本组织辩护的印象。在处理事故的过程中，要注意不要随便更换负责处理事故的人员和探望受害者的人员，以便保持处理意见的一致性和操作的连续性。

(3) 对新闻传播媒介

危机传播的原则包括：①当危机发生时，将公众的利益置于首位；②当危机发生时，局部利益要服从全局的利益；③当危机发生时，组织应立即成为第一消息来源，掌握对外发布信息的主动权。

具体操作时要求做到：

①应及时向新闻界通报事故的真相。通报时如何措辞应先在内部形成统一认识，统一口径，由事先选好的发言人去讲。

②在说明事故时应简明扼要、通俗易懂，避免使用技术性过强或晦涩难懂、模棱两可的词句。

③应该明确，一旦事件作为新闻报道出去，就将留在公众的记忆中，因此，一定要谨慎行事、实事求是，既不掩盖事实真相，也不随意猜测、添枝加叶、夸大其词。如果有些情况一时不便公开，应妥善说明理由，以获得记者的理解。

④及时组织、召开新闻发布会，有时还需要连续发布。会场不要过小，因事故发生会吸引大量的记者，要做可能来很多人的准备。无论实际来人多少，发布会召开前，应准备好必要的材料，如事件概况，人员、财产损失情况等，以便在会上分发给记者。发言人要针对记者可能提出的问题做好准备。

(4) 对上级领导部门

危机发生后，应及时向组织的直属上级领导部门汇报情况，不能文过饰非，不容许歪曲真相、混淆视听。

(5) 对待社区

对待社区，如果是火灾、毒物泄露等确实给当地居民带来了损失的公关危机，公关部门应登门向当地居民道歉，根据事故的性质也可以挨门挨户道歉。必要时可以在全国性或地方性报纸上刊出致歉广告，直到给以经济赔偿。这种致歉广告应该面向有关公众，告知他们急需了解的情况，明确表示出组织勇于承担责任、知错必改、力图补救的态度。

此外，对在外地发生的危机，如有必要应派人到有关单位去处理。例如，上海某名牌企业“3·15”时被新闻媒介曝光时，马上派负责人乘飞机到北京了解情况，澄清事实，承担责任。

本章小结

专项活动是公共关系提高知名度、美誉度的重要手段。如果说日常活动是为组织形象打基础的，那么专项活动就是组织的亮相，因此十分重要。本章介绍了几种最常用的专项活动。这些活动虽然步骤不同、工作内容不同，但都应注意处理好人流、物流、信息流的关系。

记者招待会必须要有恰当的新闻“由头”，选择最佳的时机，尽量满足记者们的合理要求。庆典是提高组织知名度、扩大影响的活动，应遵循“热烈、隆重和节约”的原则。从拟定名单到最后的馈赠礼品，每一个步骤都应精心设计。展销会要展、销结合，形象、直观，使固定的物与灵活的人有机结合，要办得生动活泼、别具一格。赞助活动事前一定要认真调查研究，做到目的明确、师出有名，通过比较选择，争取最佳效果。参观活动要主题突出，要配合资料讲解，安排紧凑而不紧张。陪同参观的人员要能体谅参观者的心情，为参观者着想。根据实践发展，我们提出危机管理，争取防患于未然。并使危机管理规范化、专门化。危机管理已从处理偶发事件变成正常工作的内容之一了。危机处理不仅时效强，而且技巧性高，现在世界进入了危机高发时期，危机处理作为公关人员的基本功之一就显得更为重要。

这些专题活动是公关调查、策划、CIS、企业文化、创造性思维、传播技巧的综合展示，应融会贯通，运用好相关技巧，而不应就事论事。

复习思考题

1. 怎样组织好庆典?
2. 怎样办好展览会?
3. 怎样策划记者招待会?
4. 案例分析:

塞勒菲尔德事件的教训

英国塞勒菲尔德核反应厂发生的泄漏事故对公司造成了很大的破坏，尽管事故没有对工厂的工人和周围的公众造成放射性危害，但至少损坏了该工厂的经营者——英国核燃料公司的声誉。从人员伤害的意义上讲，事故的损失是很小的，但事故引起了社会的广泛关注。英国核燃料公司所作的糟糕的传播工作导致了社会公众对核安全的不安情绪。

1986 年 2 月 5 日，塞勒菲尔德核反应厂发生了一次非常严重的事故，液态钚储藏的压缩空气受到重压，一些雾状钚从罐中泄漏了出来。工厂多年以来第一次亮起了琥珀色的警报，大约 30 多名非必要人员撤离了危险区，当时只留下了 40 人来处理泄漏事故，以维护工厂其他部分的安全。

英国核燃料公司在宣布泄漏事故时，暴露了公司危机状态下的困境。一方面它向公众表示，要最大可能地让公众了解事实真相，另一方面又每天像挤牙膏一样一点一点地报出消息，这加剧了人们的恐惧。每一条消息都使记者有借口得以进行连续报道。

泄漏事故发生在上午 10：45～11：45 之间。毫无疑问，媒介很快就报道了所发生的事故，因为从工厂蜂拥出来的工人和琥珀色的警报，人们一眼就能看出工厂出了问题，事故的消息随后就传开了。英国广播公司的电视记者詹姆斯·威尔金森介绍说，当他中午给工厂打电话时，工厂的新闻办公室还没有人做好发布事故消息的准备，他们所得到的回答只是些站不住脚的许愿，以致媒介的记者一直提心吊胆地等待着。

工厂所犯的第二个错误是，厂里没有足够的新闻发布来应付外界打来的询问电话。记者们发现他们要排队等候，于是不确定的因素滋生了人们的不安情绪，英伦三岛为此也十分焦虑。

第三个错误则是英国核燃料公司的新闻办公室在正常工作时间后停止办公。詹姆斯·威尔金森说，当探听消息的人在晚间给公司打去电话时，电话总机告之，请留下电话号码，等新闻发布人上班后再回电。

最后，英国核燃料公司不得不开始收集有关信息。他们花费 200 万英镑进行广告宣传活动，邀请公众参观塞勒菲尔德展览中心。这种开放政策是通过一年来对公众看待核工业态度的调查研究所产生的结果，调查表明：对外封闭的核工业，不但会失去公众支持，而且容易引起公众争论。

案例思考题：

1. 英国核燃料公司在危机到来之时，为什么会犯错误？
2. 面对这样危机事件的发生，企业应该怎样处理更合适？

第八章　CIS 战略与公共关系

学习目标

通过本章的学习，能概述 CIS 战略的基本概念和构成要素；阐述 CIS 战略的发展历史；能描述 CIS 战略与公共关系的关系；熟悉 CIS 视觉识别工程；掌握 CIS 系统各构成要素；了解 CIS 战略的发展方向；掌握 CIS 视觉识别的设计要求；了解 CIS 视觉识别系统的作业流程。

引导案例

杜邦公司 21 世纪新形象

杜邦公司 1802 年创办于美国的特拉华州。近 200 年不断的科技飞跃，使杜邦从创业初期的一种产品——黑色火药及 36 000 美元的资产发展成为如今世界上历史最悠久、业务最多元化的跨国科技企业之一，总营业额达 400 多亿美元，在财富全球 500 强大企业中名列前茅，并位居化工行业榜首。如今，杜邦及其附属机构在全球拥有 92 000 名员工，180 余家子公司，生产设施遍布近 70 个国家和地区，服务于全球市场的食物与营养、健康保健、农业、服装和服饰、家居及建筑、电子和运输等领域，为提高人类的生活品质而提供科学的解决之道。目前杜邦在人们心中仍是一家以发明伟大的原材料、生产传统化学品为主要业务的“化学公司”。从 1935 年使用至今的企业口号“生产优质产品，开创美好生活”，专注的主要是杜邦的产品。为了更好地反映公司今后发展的方向，杜邦公司决定对其企业的定位进行调整，使其能反映出企业发展策略的转移以及企业形象的改变。随着 21 世纪的来临，科学在各个方面都日益成为人们日常生活的一部分。而杜邦在科学研究方面具有相当长的历史，调查资料显示，杜邦是为数不多的被公众认为是具有科学实力的公司之一，而且目前杜邦正在将自己发展成为一个增长更快、知识含量更高的公司。杜邦意识到，一个能独特地表述公司精髓的新企业定位，对于加快公司的发展进程极为重要。因此，杜邦公司特别邀请了四家代理公司为杜邦的新定位进行设计。各相关公司为此做了大量的市场调查，并提出了相应的建议。最后，“创造科学奇迹”这一口号脱颖而出。杜邦公司充分认识到，企业的重新定位不仅仅是一个新的企业口号或一个新的广告运动。“创造科学奇迹”这个新定位是一个长期的努力，它独特地描述了公司进一步发展的方向，是杜邦进行企业改革的一个重要部分。

第一节　CI 战略的起源与发展

一、CI 战略的起源

20 世纪末，日趋激烈的“世界商战”的硝烟弥漫了整个地球，日趋高超的市场竞争手段成为企业所刻意寻求的法宝。CIS 战略便是在这种情况下应运而生并得以广泛应用的一种公关战略，也是西方企业为了适应社会化大生产的需要而创立的一种新的管理企业的方法。

CI 战略最早起源于第一次世界大战前德国的［AEG］公司。他们在系列电器产品上首先采用彼得·贝汉斯所设计的商标。这一商标成了日后该企业统一视觉形象的 CI 雏形。1933 年至 1934 年，由英国“工业设计协会”会长佛兰克·毕克负责规划的伦敦地铁，在“设计政策”与识别上堪称世界经典之作。

第二次世界大战以后，国际经济开始复苏，工商企业蓬勃发展，企业经营者深感唯有建立统一的识别系统方能正确传达企业的情报，塑造独特的企业经营理念。自 20 世纪 40 年代后期以来，欧美各大企业纷纷导入 CI。1947 年，意大利事务器械所奥力维提开始聘请专家设计标准字。1951 年，美国国家广播公司（NBC）由高登设计的巨眼标志广泛运用于各种媒体，并以此作为企业进行经营管理的工具之一。被誉为“美国国民共有财产”的可口可乐，以引起视觉强烈震撼的红色，与充满波动条纹所构成的“COCA——COLA”标志，在全球消费者心中成功地塑造了老少皆宜、风行世界的品牌形象。

20 世纪 60 年代至今可以说是欧美 CI 的全盛时期，许多企业纷纷导入 CI，并掀起了一波又一波高潮。

第二次世界大战以后，CI 逐渐传到了日本。它比欧美晚了一二十年，但发展相当迅速。日本第一个开发 CI 的企业是 1970 年的东洋工业马自达

（MAZDA）汽车，为企业识别系统的建立树立了典范。之后，大荣（DAI-El）百货、伊士丹（1SE— TAN）百货、麒麟（KIRIN）啤酒、亚瑟士（ASICS）体育用品等企业纷纷建立CI新形象。最近几年，日本企业导入CI迅速，他们不惜重金为企业设计形象。如日本的美津浓（MIZUAO）体育用品、富士（FUJl）软片、华歌尔（WACOAL）内衣等均是委托美国著名的设计顾问公司——蓝德公司设计的。现在，CI已经成为日本工商企业所不可缺少的无形资财。

二、CI战略的发展

随着市场竞争的不断加剧和公共关系手段的不断完善，CI战略在为企业服务的过程中被不断注入新的内容。同时，由于CI在不同国家、不同企业得以运用的方式有所区别，从而形成了不同发展过程的CI战略。主要表现为欧美国家CI战略的发展、日本CI战略的发展和中国台湾CI战略的发展等。

（一）欧美国家CI战略的发展

欧美国家的CI战略注重于市场营销与竞争导向的视觉传达设计和设计项目的规划与运用。尤其是美国，特别注重CI的视觉识别。他们认定这样一个道理：一个在高速公路上开车的司机，他的视野很狭窄，注意力集中在前方，要求他同时识别路旁的事务是很困难的，但他看路标却不困难，原来美国的马路统一化，使人一目了然。一些美国的企业由此受到启发，如果一个企业能够设立一种标志，使人很容易就能辨别出来，这样，可以为企业扩大影响奠定基础。为此，一些企业为自己设计标志、制定标准颜色，以打出自己的招牌，强化企业的形象，最终达到促销的目的。实践证明，效果果然不凡。如美国麦当劳的标志是黄色的“M”拱形，这一标记无论在世界哪一个角落出现，人们都会一眼识别，因为这一标记在人们的心中印象太深刻了；再如前面所提美国可口可乐的标记是方形红色的招牌中有一条白色的波浪图形。美国企业所特有的标记为企业进入市场、参与竞争、扩大影响、树立形象、寻求发展奠定了强有力的基础。尤其在国际市场的竞争中，美国一些企业以其独有的标志展示自身的形象，为国际市场的扩大和竞争能力的加强提供了有力的手段。

欧洲的一些企业在CI战略的运用上与美国企业有着共同的特点，如法国酒“人头马”“XO”标记和一句广告词“人头马一开，好事自然来”、法国“皮尔·卡丹”服装、德国的“奔驰”汽车等等。

（二）日本CI战略的发展

日本虽然开展与应用CI战略的时间较晚，但起点高、发展快，一开始便显示出了不凡的气概。日本CIS专业公司PAOS社长中西元男多年致力于推广并身体力行实践诸多CI案例，他曾将日本CI的发展过程分为四个阶段。

第一阶段，70年代前期。这时CI设计开发的主要内容在于视觉传达设计的标准化，力求设计要素与传达媒介的统一性，使得标志、标准字及标准色都能充分运用在企业中，当时比较有代表性的企业主要有马自达汽车、大荣超级市场等。

第二阶段，70年代后期。这时的CI方向在于重整企业理念与经营方针，以活跃士气、带动生产、创造利润。这一时期表现为“医疗式CI”。目的在于保证企业的健康发展，实现企业的战略目标。比较有代表性的企业有松尾百货、KENWOOD和小岩井乳业等。

第三阶段，80年代前期。这一时期以员工的意识改革和企业体制改善为主，这是对企业现有状况的强化。与第二阶段比较，这一时期比较注重防患于未然，以健全企业体制。这是一种“预防式CI”的形式。比较有代表性的主要有NTT麒麟啤酒和石桥轮胎等。

第四阶段，80年代后期。这时的CI注重深入了解企业本身经营资源与经营方针，再将其充分利用，以扩大与竞争对手之间的差异性。这一时期可以说已经确定了独树一帜的“日本型CI”战略了。

（三）中国台湾CI战略的发展

我国台湾CI战略的发展也经历了不同时期，主要表现为以下三个阶段。

第一阶段，1945年至1970年。这时最早引进CI的企业，以台塑为先驱。他们设计出波浪形外框，形成企业标志。但由于当时市场竞争不激烈，刺激不动市场的扩大，所以CI没有发展起来。

第二个阶段，1971年至1980年。由于出口业的发展，市场上需要对一些企业的产品给予识别，因此CIS开始萌发。这时的CIS普遍偏重于视觉设计而非整体性的表现。

第三个阶段，1981年以后。这一阶段分为前后两个时期。前期为1985年以前，台湾企业集团通过大规模的纵向整顿与合并，配合不断扩张的多元化经营战略，形成了一个组织系统的庞大企业集团。这些企业集团为建立良好的企业形象，纷纷利用各种渠道来表现自己，其中CIS最受重视，如震旦行、宏基电脑公司等。后期为1985年以后，各种企业都热衷于导入CIS，几乎平均三、四个月就有一家企业在进行设计规划，或对外传播CIS。这是由于内外双重因素的影响。从内在的因素来分析，当时的台湾由于市场竞争的加剧，很多企业从单向生产型迅速转变为市场经营型。从外在的因素来分析，由于国际市场的开放，企业非常重视产品的品牌在国际上的影响，从而为使企业产品进入国际市场提供帮助。

(四) 中国CIS战略的发展

改革开放的春风吹绿了华夏大地，社会主义市场经济的发展，给企业带来了勃勃生机，这是中国公共关系事业的开始，是中国企业CIS战略得以发展的基石。1985年以后，当中国的公共关系向纵深方向发展，企业的CIS战略也应运而生，这为企业形象的塑造平添了一种新的技法。

我国较早实施CIS战略的是一些经济发展较快地区的企业，这些企业在开展公共关系活动的同时，非常注重企业和产品的包装，注重品牌的效应，注重企业内外部的整体表现。这一切都应归功于CIS的引进和应用。

位于珠江三角洲的广东神州燃气具联合实业公司是国内较早导入CIS的企业。早在1986年，该公司就开始了品牌宣传。到了1990年，神州公司全面导入CIS系统，努力在社会环境中营造一个鲜明的企业形象。以后，CIS战略的应用逐渐在全国一些公共关系事业较为发达的地区得到了一定程度的推广，但其普及程度还不高。从1993年开始，在一些已经应用CIS战略并取得良好经济效益的企业的带动下，全国各地的企业开始了对CIS战略的全面认识和理解，不少企业更是下决心导入CIS，塑造企业的整体形象，策划企业的发展战略，为企业适应市场经济的发展、参与国际竞争创造条件。

第二节　CIS战略的基本内涵

一、CIS战略的定义

CI是英文Corporate Identity的缩写，字面意思是“团体的同一性或个性”。corporate的名词形式是corporation，意思是社团、公司、企业等；identity的动词形式是identify，意思是识别、鉴定等。所以CI也可译为“企业或机构的识别”。

CI在发展的过程中不断得以完善，从而形成了CIS（Corpo－rate Identity System）——“企业的识别系统”。CIS战略比CI战略更系统、更完善。它是美国式的CI传到日本，经过多年的补充和完善后形成的日本式CIS战略，从而把完善企业形象的手段向前推进了一大步。

CIS的基本结构涵盖了企业内部各成员、各环节、各方面的综合要素，也涵盖了企业与其外部进行联系与沟通的各种要素，从而构成了企业CIS机能结构的复杂性和综合性。

根据 CIS 战略的基本内涵，CIS 的定义可表述为：将企业、机构的经营理念与精神文化，透过整体的识别系统，传达给社会公众，促使社会公众对组织产生一致的认同感和价值观的一整套识别系统。它的机能结构图如图 8-1。

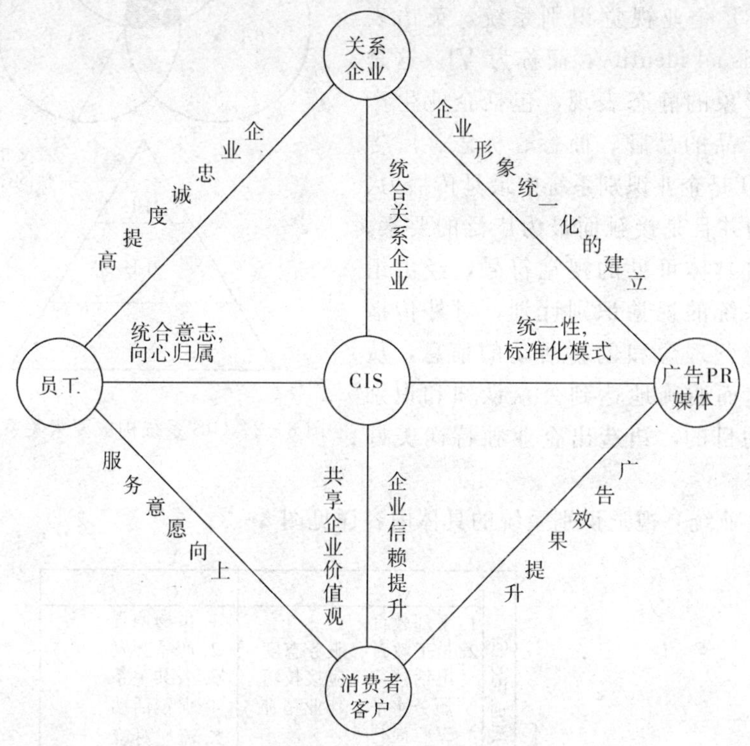

图 8-1　CIS 的机能结构图

二、CIS 战略的构成要素

以企业统一识别系统为核心的 CIS 战略，其基本内容从总体上看主要由以下三大部分构成：

（1）企业理念识别系统，英语表述为 Mind Identity，简称为 MI。这是企业文化在意识形态领域中的再现，主要表现为企业生产经营的战略、宗旨和精神等。MI 是企业识别系统中的灵魂和原动力，属于思想、文化层面。企业可以通过它由内向外扩散企业精神和经营思想，启动认识识别的目标，使之成为塑造企业形象的源泉。

（2）企业行为识别系统，英语表述为 behaviour identity，简称为 BI。这是企业所有工作者行为表现的综合，企业制度对所有员工的要求及各项生产经营活动的再现等。BI 是以企业精神和经营思想为内蕴动力，显现出企业内部的管理方法、组织建设、教育培训、公共关系、经营制度等方面的创新活动，最后达到塑造企业良好形象的目的。

（3）企业视觉识别系统，英语表述为 visual identity，简称为 VI。这是企业形象的静态表现，包括企业生产经营产品的品牌、商标、标志、广告等。VI 是企业识别系统中最具传播力、感染力并且是接触面最为广泛的要素。它透过具体可见的视觉符号，经由组织化系统的视觉识别计划，对外传播企业经营理念和创新活动的信息，从而快速而明确地达到公众认知和识别企业的目的，塑造出企业独特而美好的形象。

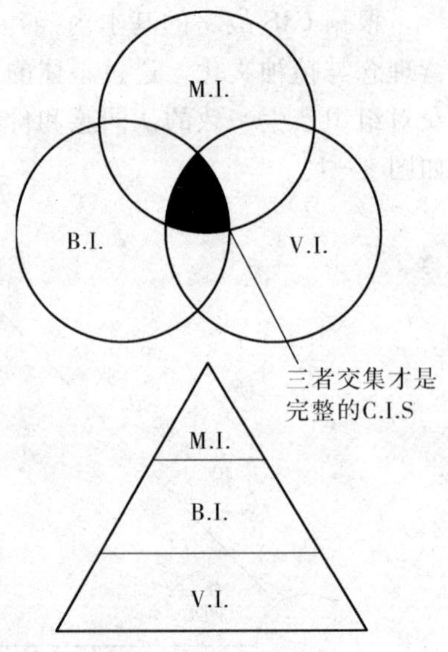

图 8－2　CIS 系统构成要素关系图

企业统一视觉识别系统的具体内容详见图 8－3。

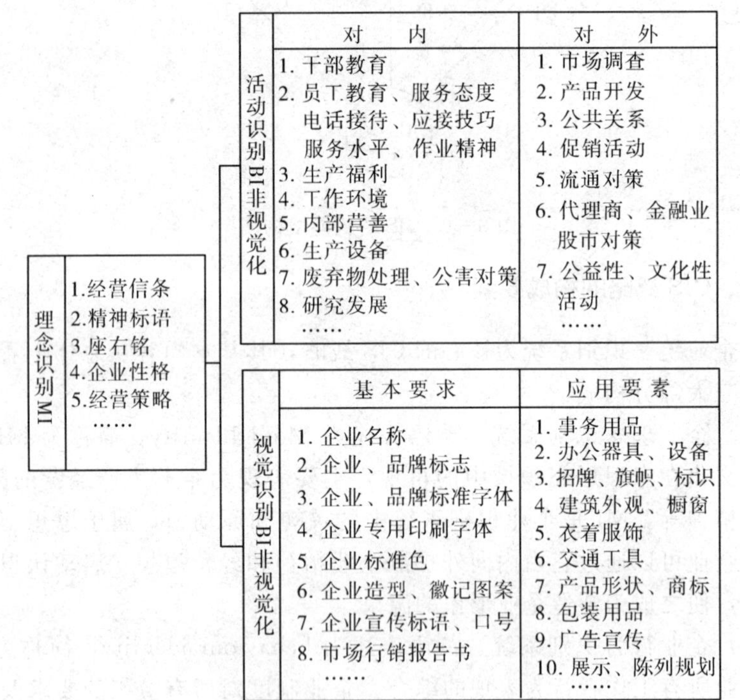

图 8－3　CIS 系统组织内容图

第三节 CIS战略与公共关系的关系

CIS战略与公共关系既有联系又有区别，对此我们进行如下分析：

一、CIS战略与公共关系的联系

(1) CIS战略与公共关系有着共同的发展基础，即市场经济的发展所带来的社会经济与社会生活的变化。从20世纪70年代起，世界经济进入了一个“印象时代”或称“感性时代”。随着现代商品经济的发展和人们生活水平的提高，在大同小异、琳琅满目、令人目不暇接的商品货架前，富裕的顾客们显得比以往任何时候都犹豫不决、吝啬小气。商品的功能特点和包装已越来越难以唤起消费者的购买热情。消费者的需求从“量的满足”到“质的满足”，又发展到“感性满足”，其消费行为已由“目的消费”转化为“手段消费”。消费者的购买行为已不再仅仅取决于一般的生理需求，它还取决于对某个企业、某种产品的综合印象和感知。这种印象和感知就是公众心目中的企业形象和产品形象。这种形象综合了企业在历史规模、产品品种、质量、产量、企业技术水平和管理水平、价格和服务等多方面的信息要素。购买这种商品，能给消费者以某种信任、荣誉、感情、性格、爱好等方面的满足，这一切都是产品的“第二价值”。创造产品第二价值的手段就是公共关系和CIS战略的发展。

(2) CIS战略与公共关系有着共同的发展条件，即市场经济的进步所带来的企业竞争手段的加强。市场竞争由产品竞争、价格竞争、技术竞争发展到现今的信誉竞争、品牌竞争、形象竞争等。在技术差别和价格差别日益缩小的今天，消费者对厂家和产品的选择是极其微妙的，有时仅仅是一念之差，这其实就是企业形象的差别，它集中体现在顾客对企业的认识上，进一步说，构成了顾客对企业的整体识别系统。从社会公众对企业的整体印象上来分析，这一整体识别系统表现为企业的知名度和信誉度的扩大与加强，这是企业公共关系的要求，其目的在于树立良好的企业形象；从企业期望给社会公众留下的印象来分析，则表现为CIS战略，这是企业吸引社会公众关注并使公众识别企业的重要手段，也是企业参与市场竞争的一张王牌。

(3) CIS战略与公共关系有着共同的追求目标，即树立良好的企业形象。公共关系以完善自身为基础，以信息传播为手段，以树立形象为目标。CIS战略以经营理念为主导、以规范行为为己任、以统一识别为表现、以追求完美为目标。事实上，公共关系中所要求的完善自身和CIS战略中所要求的规范行为都是在经营理念的思想指导下所开展的活动；公共关系中所进行的信息传播和CIS战略中所进行的统一识别，都是渴望社会公众能够对企业的各项工作认可并接纳；而树立形象和追求完美是两者共同的目标，即都是为了企业更好更快地发展。

二、CIS战略与公共关系的区别

CIS战略与公共关系区别表现在：

（1）两者工作的着眼点不同。CIS战略偏重于主体自身，从企业形象的内涵到外在的表现进行统一的规划，通过对主体的全面设计来完善；而公共关系则十分强调主体——组织或企业与客体——社会公众之间的关系，注重通过公共关系的各项工作去协调环境，一方面使自身适应环境，另一方面努力使环境有利于自身。

（2）两者的工作所采取的方法不同。CIS战略与公共关系都需要运用到传播手段，但CIS战略的信息传播一般表现为组织对社会公众的单向性传播，并在一定的历史条件下没有太大的变化；公共关系的信息传播呈现出多元、双向、动态的特点，这是一种双向对称的传播，即主体与客体之间的双向沟通。双向沟通理论是现代公共关系的精髓与核心。

（3）两者传播的表现形式不同。CIS战略主要是主体形象传播范围的一个概念，传播的内容均是正面的、恒定的，其传播的信息一般较容易控制，能够以不变应万变；而公共关系则不仅仅是形象传播的概念。近、现代公共关系的功能一直在演变，在组织的传播沟通中，公共关系的传播范围随时代的发展而发展，随机构和环境的变更而变更。在公共关系的工作中，企业组织除了要传递正面的信息之外，还要注重处理各种负面信息，预测、分析和研究各种不可控制的环境因素，灵活应变、不断创新，使组织或企业自身同外部环境保持动态的平衡。

（4）两者传播所发挥的功能不同。CIS战略注重于形象传播中的认知、识别功能的发挥。identity含有“同一物的确认”之意，即从每一个角度来看都具有统一性和一致性，从而使一个企业的表现形式同其他企业的表现形式截然不同，使组织机构鲜明可认。而公共关系除了要争取社会公众的认识和了解之外，更重要的是如何争取社会公众的理解、信任，建立一种和谐的公共关系环境。公共关系认为识别和了解虽然是前提，但仅仅是形象传播中的初级层次；如何影响公众的观点、态度和行为是形象传播中更深层次的问题，这是CIS工作力所不能及的。

（5）两者投入的方式不一样。CIS是一项战略性工程，强调全面导入，一次性投入。经过一系列的决策、规划、设计，形成系统的标准化的企业标志，其中涉及企业中一切可视事物的文字、图像、色彩、尺寸等传播品质，诸如企业名称、产品品牌、商标、徽记、证章、信笺、信封、账册等办公用品系列；包装盒、纸袋等包装系列；企业刊物、手册、简介、宣传品、目录书、海报、纪念品、铭牌等宣传品系列；招牌、橱窗、指示牌、接待室、展厅、大堂或企业庭院等环境布置系列；服装、徽章、皮包、人员的各种服饰用品系列；车辆设备的标志色彩等等。由于CIS战略要求这一切必须严格按照统一的标准进行设计和控制，一经决定就不可改变，因而是一项重要而审慎的传播工程，需要事先有良好的规划和设计，对其实施过程进行严格管理和控制。实施 CIS 要获得好的效果，强调全面性导入，一次性投入，这是一项工程。而公共关系则是一项管理的职能，像计划、生产、财务等各项职能一样，随着企业经营活动的不断运转而不断地投入、长期地计划、不懈地努力，这里强调工作的连续性、效果的累积性，它需要整体策划、不断投入、不断调整。

(6) 两者所要求的限定条件不同。实施 CIS 有比较严格的限制条件，不是所有的企业都有能力或有必要导入 CIS，它要求企业的结构、经营理念、产品和业务等相对定型、稳定，并且有固定的地盘或势力范围。因此，新企业、新产品，或产品进入新市场，企业进人新时期等，企业实施导入 CIS 计划比较合适。此外，CIS 要求高投入，因此财力有限的企业难以负担。这说明 CIS 要求上马的条件性、局限性较强，相反，不论组织机构的性质、类型，不管企业大小，无论何时何地，开展公共关系活动均是适用和必要的。实际上，任何企业都离不开公共关系，唯有良好的公共关系，才能使企业顺利地生存和发展。

CIS 战略与公共关系之间的区别，说明两者具有不可替代的性质与功效。

第四节 CIS 战略工程

一、CIS 理念工程

企业的经营理念是企业经营哲学和企业精神的结合体，它反映了企业为长期战略目标的实现而确立的方针，它构成企业统合员工精神力量的基础，规范企业成员市场行为和社会行为的标准，也是塑造企业形象最基本、最关键性的要素。

理念系统的主要内容包括：经营信条、价值观、精神口号、企业风格、企业文化与方针策略等。在理念系统中，经营信条、价值观等属于核心和基础的地位，并通常用一种很有震撼力的语言表达出来。

如美国 IBM 公司：IBM 就是服务。

美国百事可乐公司：第一永远是最重要的。

美国喜来登集团（中国的长城饭店）：在喜来登小事不小。

日本丰田汽车公司：好产品、好主意。

日本佳能公司：忘了技术开发，就不能称为佳能。

有时，在创意企业的理念系统时，可将企业理念系统中的内容进行有选择地界定，从而构成了企业理念系统的一整套方案。

上海蓝旗服饰发展有限公司的理念系统为：

事业领域：开发男士系列精品，提供专业星级服务。

企业使命：提供中国男士着装品位，传播现代国际服饰文化。

价值观：在蓝旗利润永远位于第二。

蓝旗精神：精益求精，缝制世界品质。

深圳彩虹投资发展有限公司的理念系统为：

企业宗旨：彩虹就是为人类生活增添色彩。

企业精神：追求卓越，从小事做起。

价值观：人与环境的和谐高于一切。

二、CIS 行为工程

行为识别系统是通过具体行动来塑造企业形象的，一般可从企业内部和外部环境两方面着手，而在企业内部员工中树立企业的美好形象是其中的基础，在外部环境中塑造企业的良好形象是其中的发展。

在企业内部，构建企业行为识别是通过建立一系列规章制度及激励——约束机制，而使企业员工在一条有序的轨道上开展各项活动得以实现的。其中活动的内容包含有日常的各项工作和为塑造企业的形象而开展的专项活动。关于约束与激励员工的行为使其统一到企业理念及文化工程的轨道上来，是通过员工手册、岗位手册和营销手册得以实施的。在此基础上开展的教育、引导、协调、沟通工作是对企业各项规章制度的落实所必须进行的前期准备工作，以保证员工整体行为的一致性。

在企业外部，构建企业行为识别主要是通过市场调查、产品推广、公共关系、促销活动、各项沟通活动以及公益文化活动得以实施的。企业要在社会公众中树立良好的形象，一流的产品质量和周到的售后服务是基础，同时还要广泛地开展公关活动和公益文化活动。公关活动对于企业取得社会公众的了解、支持、认同与合作，进行双向沟通是大有裨益的。参加公益文化活动，可明显地提高企业的知名度，赢得社会公众的信任。

三、CIS视觉识别工程

视觉识别系统必须以MI和BI为基础，其宗旨是将MI和BI形象化，以便于向外界传达。根据心理学家测定，在人们日常接受外界刺激所获得的信息中，以视觉感官所占比例最高，达83%左右。如果利用这一特点采取某种一贯的、统一的视觉识别，并通过各种传播媒体扩散，则可以在社会公众中造成一种持久的、深刻的视觉效果，使社会公众能一目了然地掌握所传达的信息，达成识别的目标。

企业在导入CIS的过程中，在对企业标志进行设计并得到认可后，须在此基础上形成VI手册，以建立系统而完备的企业视觉识别内涵，保证对外传播的有效性。

四、CIS系统各构成要素的关系

MI、DI、VI三者构成一个完整的CIS系统，彼此既相互关联、统一，又各具特点，各有侧重。其中MI的重点在心，在精神，它是CIS系统的原动力。BI的重点在人，它是企业中人的因素的综合，是人的主观能动性的反映。VI的重点在物，它是一种媒介或载体，它承载着MI、BI的全部内涵，并通过可视体得以表达。因此，VI是MI的外在表现，而MI是VI的精神内涵；VI是BI的配合体，静态（V1）与动态（B1）相结合，会达到更好的传播效果。这说明，只有三者有机地协调配合，才能构成企业完整而统一的形象。

第五节　CIS战略的作业要求

CIS战略的作业要求主要要分析CIS战略的发展方向和设计程序，以给实际操作中的企业以现实的指导。

一、CIS战略的发展方向

完整的CIS设计规划作业必须针对各个导入CIS的对象不同，首先进行经营实态、市场环境、员工意识与经营目标等全方位的综合分析，之后才能拟定出明确可行的CIS定位及所要对外建立的形象概念，然后据此设计规划经营策略、市场模型、广告推广、教育训练、公关活动与视觉设计等多元整合的规划项目，最后建立名实相符的企业形象。因此，CIS 的设计规划作业繁杂、项目众多，需要各类专业人才协同分工，只有这样，才能达到最终目标。

就企业识别系统而言，标志是系统传达设计的主角，也是情报沟通和资讯传递的核心，更是消费者心目中对企业认知的代表物。因此，面对急剧变化的生活形态、强烈竞争的市场环境、日新月异的潮流走向等诸多变化因素，企业标志是否符合时代的要求，是否能满足消费者的需求并被消费者所认知，是否符合企业的市场定位与企业形象概念，已成为当今企业导入 CIS 进行视觉设计的重要课题。

企业导入 CIS 以后，随着客观环境的变化和企业的发展壮大，也可能会出现 CIS 的主题思想与时代不符的现象。为使企业掌握时代精神，追求卓越，在条件成熟时，可将原有标志加以修正、变更。我们称这种现象为企业的二次完善 CIS。

二、CIS 视觉识别的设计要求

1. 字体的标志

所谓字体标志是指以特定的、明确的字体造型或字体所衍生出来的图案表示企业的精神理念或象征公司的经营内涵。这里的字体标志不仅可以传递企业的一种识别性、事务性信息，而且还是企业经营目的和工作内容、工作性质的总体体现。在当今情报传达要求精简的条件下，字体标志备受重视，尤其是与企业名称相同的字体标志，虽然只有一个设计要素，但却具有两种功能，因为通过它不仅传达了企业名称的信息，而且又表现出图形的标志，达到视觉、听觉同步扩散的功效。

2. 形态的表现

信息传达的快捷有效，要求信息的内涵及其表现形式简单易辨。因此，简洁的图形、抽象化的图案，便成为企业标志设计上的趋势之一。

3. 效果的立体化

在 CIS 的发展过程中，企业识别系统的最初表现形式为二元平面图形，形式比较单调，缺乏立体感。随着 CIS 的不断进步和内涵要求的不断丰富，企业识别系统的设计工作逐渐复杂起来，其表现形式也从二元平面向三元立体效果发展，企业的视觉识别系统内涵更丰富、效果更理想。

4. 从实体到虚体

在日常生活中，人们习惯于观察和接受实体的图形，缺乏辨别背景虚体形态的能力。因而较早的 CIS 设计均在实体表现形式上下功夫。最近，北京国际企化公司为自己的企业设计了一套宣传资料，这套宣传资料均是以背景虚影做衬托来影射其内涵，给人以深刻思考的余地，耐人寻味。应该说，这将是今后 CIS 标志设计的发展方向。

5. 从理性图形到感性图形

从目前市场流行的消费趋势上来看，大众传播、大众消费的时代已经渐渐衰弱。这就需要企业针对某些特定的消费对象、消费习惯和行为特质等，提供某一具体族群所喜欢与认同的形式和形态，使消费者个人意识从中得到充分的肯定和满足。表现在企业的标志设计上就是使其向着更富人性化的方向发展，以适应感性消费时代的要求。

日本的消费市场正在向着高度成熟化趋势发展，商品的价值判断已从“重、厚、宽、大”，转为“轻、薄、短、小”，这些正好和日本的地域环境与风土民情所衍生出来的商品变化相吻合，它促使企业界强调“产品力”的开发研究，“形象力”的塑造与诉求也有所改变。旧有企业繁琐复杂的标志图案，开始向单纯简洁的几何抽象造型发展。如日本三菱集团的企业标志由清新、明亮的三个菱形组成；日本钢管企业集团的企业标志是以强烈的对角线发展而来的 N 字等。

日本服务业的 CIS 工作先于其他行业。在强调“个性化、多样化、差异化”的消费时代，服务业的企业形象塑造也朝着追求自然、生动活泼的方向发展，藉以表达服务业感性、温馨、热情的服务品质。如富士产经传播集团效率性、童趣的大眼睛标志；大同生命保险公司自由、舞动的人形标志；高知银行撕纸趣味的 K 字标志等，这些企业标志均表现出日本服务业的经营者有感于“感性时代”的来临，从而满足了“新世纪、新时代、新人类”的心理需求与价值取向。

三、CIS 视觉识别系统的作业流程

CIS 的设计与实施导入是一个循序渐进的计划性作业，整个计划的进行与推展，应该严格按照原定的方法、时段按部就班地运作，才能达到预期的效果。为此，必须依照企业特性、产品性质、经营内容、导入 CIS 的动机等方面的不同，来制定 CIS 设计流程，并拟定出表现重点。

（一）日本式 CIS 作业流程

日本专门研究 CIS 的知名学者加藤邦宏所著的《CIS 推进手册》一书中，将 CIS 导入计划划分为三大阶段：

1. 调查阶段

把握所设计企业的现状和特质，观测客观事实，分析企业实态的优缺点，以作为 CIS 设计的依据。

2. 企划阶段

以调查结果为依据，配合企业的经营理念、决策方式与表现重点，拟

定具体可行的形象塑造方案。

3. 实施阶段

根据企划内容进行设计作业，形成新的识别系统，建立企业新的形象。

（二）美国式 CIS 作业流程

世界知名的 CIS 专业顾问公司——蓝德公司（LANDORASSOCIATES），在 CIS 设计规划的程序上，将这一过程分为四个阶段：

1. 需求评估阶段

重点包括经营者访谈，印刷、传播媒体的审视，竞争同业的分析，主要消费群的访谈，现存事务的审视等等。通过这样一个评估，从中可以找到企业识别存在的问题及其缺陷，供作分析与企划的参考。

2. 企划设计阶段

主要进行策划定位、状况分析，针对机会点进行策略选择，对冒险性的事物进行评估，并从中选择活动时机。为此，企业必须作一个完整的企划说明与报告。

3. 创意发展阶段

这是为整个形象概念的确立而展开的设计作业阶段。根据各项应用设计项目和基本设计要素，经过精心制作和测试调查，确立完整的、符合企业期望目标的识别系统。

4. 完成导入阶段

将上述设计规划完成的识别系统制成标准化、规格化的手册或文件，作为统一企业形象的工具，并对企业的制作物进行审视、监督，以确立完整的、令人满意的作业系统。

（三）综合式 CIS 作业流程

根据国内外企业导入 CIS 的经验，综合分析各种可能的情况，比较可行的 CIS 作业流程可以考虑把握以下六个方面：

1. CIS 概念确立阶段

主要明确 CIS 导入的目的、意义，导入 CIS 可能给企业带来的效益，确立 CIS 导入的重点，CIS 导入的评估指标与评估体系，成立 CIS 委员会，确定 CIS 导入的执行工作。

2. 企业实态调查阶段

主要在于把握企业的经营状况、外界认知的情况，企业设计的现有情况等。从中确定企业实际形象在社会公众心目中的认知程度。

3. 形象概念确立阶段

用前一阶段调查的内容分析该企业内部情况、外在形象、市场环境与各个设计系统的表现形式，拟定未来企业定位与应有形象的基本概念，作为后续作业的策略与原则。

4. 设计作业展开阶段

将上述基本形象概念转变成具体可见的信息符号。在进行的设计规划时，必须不断进行模拟调查、测试，直至设计表现符合原计划的形象概念为止。

5. 完成与导入阶段

本阶段重点在于排定导入实施项目的优先顺序、策划对外告知活动以及筹组 CIS 执行小组和管理系统。

6. 监督与评估阶段

CIS 的设计规划是前置性计划，要使这一计划真正得到落实，还必须时常监督评估，以确保符合原始设计企业形象的概念，借此让社会公众达成识别认同的效益。若发现原有设计规划有所缺陷，应及早提出修正。

本章小结

本章介绍了 CIS 战略的起源与发展，CIS 战略的基本内涵。CIS 战略，其基本内容从总体上看主要由三大部分构成。CIS 战略与公共关系既有联系又有区别。理念系统的主要内容包括：经营信条、价值观、精神口号、企业风格、企业文化与方针策略等。CIS 战略的作业要求主要要分析 CIS 战略的发展方向和设计程序，以给实际操作中的企业以现实的指导。根据国内外企业导入 CIS 的经验，综合分析各种可能的情况，比较可行的 CIS 作业流程可以考虑把握六个方面。

复习思考题

1. 组织为什么要实施名牌战略？
2. CIS 战略的三种模式分别是什么？它们各有什么特点？
3. 组织导入 CIS 战略应考虑哪些因素？
4. 案例分析（一）

从“传奇”到“创新”——联想公司新标志

2003 年 4 月 28 日，中国的联想集团更换了使用 18 年的标志，启用新的标志。联想公司从 1985 年推出第一块具有联想功能的汉卡时，就开始使用一个状似 5 寸软盘的标志，1988 年在香港上市时，开始使用英文 Legend 作为公司的标志。18 年来，联想公司从小到大，已经变成了一家国际著名的电脑生产商，联想的年产值已经突破了 202 亿元。但是随着事业的发展，旧的标志也出现了问题。一方面，由于计算机工业的飞速发展，5 寸软盘早已退出了历史舞台，新一代的电脑使用者已经无法理解原来标志所反映的高新科技的内涵。另一方面，联想的英文标志在世界上20 多个国家已经被别人抢注了商标，致使联想集团很难依靠自有品牌进入这些国家的市场。联想的新标志是英文 Lenovo，这一标志承袭了国际上一些大公司的传统做法，是一个再创造的过程。其中 Ie 取自原有的 Legend，继承了"传奇"之意。Novo 据说来自希腊语"创新"之意。在英文的后边，还有两个端庄的汉字"联想"。随着中国国际形象的提高，联想电脑在国际上被普遍认同，这两个汉字本身就可以传达联想集团"传奇"、"创新"的理念。而过去所用的软盘形象，已不再适合这一新的思路了。因为计算机技术发展迅速，以某一种硬件作为标志，很快又会过时。联想标志的更换，在国际、国内反响良好，促进了销售工作的进展。

案例思考题：

中国联想集团实施 CIS 战略的特点是什么？

案例分析（二）

全新的企业文化

亚细亚商场非常重视商业文化，已经初步形成了以提高人的群体观念为宗旨，以培养无私奉献价值观念为核心，以优化企业的商品、服务、环境为目标的"亚细亚"商场的企业文化。

(1) 具有鲜明个性的场名、场徽、场服、场歌。场名"亚细亚"，意为"太阳升起的地方"；场徽是一轮光芒四射的红太阳，"ASIA"字样置于太阳正中，象征着亚细亚商场立足中原，辐射全国；场服为西服套装，在袖臂和帽子正前方带有场徽标志；场歌是《心河》，表现亚细亚商场把人类对生活的期待看作一种历史的责任，以此赢得社会的理解和支持，增强了企业的凝聚力。

(2) 培养职工献身于企业的意识。商场提倡"提高人的群体观念"、"把真诚奉献给亚细亚将受到尊重，自私和虚伪将受到唾弃"的企业精神，提出了"无论做什么我们都将竭尽全力"的企业格言，鼓励职工树立"在似金如玉的青春年华拼搏一场，对人民有所贡献"的价值观念和"企业的需要就是我们的志愿"的行为取向。以此培养和教育职工热爱亚细亚，振兴亚细亚，为企业无私奉献。

(3) 创办仪仗队和专业艺术团。每天早晨 8 点半，12 名仪仗队小姐由领队指挥，在商场外左侧广场进行各种队列表演。亚细亚艺术团有专业人员 30 多人，在郑州和河南省及全国一些地方巡回演出。

(4) 实行“半军事化”管理。每天早晨，全体职工在商场外广场或营业大厅内，列队做广播体操。正式开业前，商场领导干部和迎宾小姐，列队站于正门两侧，鼓掌欢迎第一批客人，晚 9 点送走最后一批客人后，营业员进行清扫和商品上柜、上架，为第二天营业做好准备，最后由柜组长领队，排队走出商场。

(5) 独特的店堂设计和布置，六楼为酒楼、餐厅、娱乐场以及廊亭绿化组成一体的屋顶花园，一楼大厅内，有叮咚流水和太阳花点缀的咖啡厅。每层楼中间的天井四周，摆满鲜花。绿化工作做到四季常青。顶楼设置了免费为儿童开放的儿童乐园。整个建筑物庄重典雅，装饰豪华，店内环境幽雅，场所整洁，令人耳目一新。

案例思考题：

(1) 在亚细亚 CIS 中，具体的子系统内容是什么？

(2) 由亚细亚曾经因引入 CIS 取得成功，分析 CIS 的功能是什么？

第九章　公共关系广告宣传

学习目标

通过本章的学习，熟悉公共关系广告的定义、公关广告与商业广告的区别；重点掌握公共关系广告的特点、类型、制作程序；知道公共关系广告的制作原则；了解公共关系广告的效果检测。

引导案例

百爱神香水的成功策划

1988年，上海家用化学品厂推出了美加净百爱神香水，产品一经投放市场便获得了成功，社会各界反响热烈。此款香水广博众爱，根本之处就在于企业在产品推出的过程中，成功运用了广告策略。

美加净百爱神香水是企业为参与国际化妆品市场竞争，花了两年时间研制出来的新产品。香型摹仿1985年法国著名化妆品时装公司姬仙蒂娜隆重推出的香型独特的紫色香水“POISON”（毒药），“POISON”是当前国际流行的名贵香水，被誉为近年来国际化妆品市场最伟大的成就。经科学分析，百爱神香水各项指标均达到或接近POISON香水，受到了有关专家的好评。

为了把百爱神香水成功地推向市场，企业拟定了正确的产品策略和广告策略。首先，在产品包装造型的设计阶段，企业就进行了周密的市场调查和推广策划。经过对POISON香水成功的奥秘进行分析研究，发现其成功在于三个要素：香型独特，品名大胆而奇特，紫色色调具有神秘的色彩。其中品名奇特是其成功的关键。找到了问题的根本所在，企业决定给产品取一个极有创意的名字，考虑到我国国情，“POISON”不能直译为

"毒药"，经过反复挑选推敲，最后选定了谐音的"百爱神"这个既有化妆品特性又有某种特定含义的名字，为了表明其独特而将英文"POISON"作为国际上的专用名词予以保留。

为了激发社会大众的注意与兴趣，造成一定的对产品销售有利的舆论环境，广告策划人员采用了欲擒故纵的悬念手法。在广告刚推出时只强调香型的独特和造型的新颖，而对"POISON"避开不谈，不作任何的解释，以期引起社会质疑的反应。为了配合广告的推出，造成一定的声势，企业又举办了"美加净百爱神香水礼品赠送"活动。如事先预料的那样，广告推出后引起了社会的关注与质疑，不少有识之士纷纷来函，他们认为"百爱神"名字起得很好，不过在翻译"POISON"为"毒药"时似乎欠妥，他们甚至热情地出谋划策。《新民晚报》、《解放日报》在专栏中也刊出文章对"毒药香水"发表看法。一时"百爱神"成了浦东两岸街头巷尾的热门话题，来信之多，范围之广，影响之大，出乎意料。企业随即抓住这个大好时机，实施广告策略的第二阶段，在《解放日报》、《文汇报》、《新民晚报》几家大报上刊登"美加净百爱神香水鸣谢启事"，在电视银屏上通过记者采访厂里调香师释疑的形式，将"POISON"的来由、百爱神香水的特点作了令人满意的介绍和答复。

第一节　公共关系广告概述

一、公共关系广告与商品广告的区别

公共关系广告是组织推销自身形象的一种特殊手段。它不同于一般的商品广告，商品广告是向公众提供商品或劳务信息，以推销商品和提供有偿劳动为目的的传播活动，其传播方式通常是单向的。公共关系虽然也是一种传播活动，但它不以推销产品、商品或服务为直接目的，而是"推销"整个组织的形象，让公众知道自己，信任自己，喜欢自己。而且，传播方式是双向的，不仅向公众传播自己的信息，还要密切关注公众的好恶，根据公众的意愿调整自身的行为。商品广告一般与营利性的工商企业组织有关，公共关系却是任何一个组织谋求生存发展所需要的手段。

公共关系广告不可过于广告化，公关工作若带上过分明显的商业色彩就容易失去公众的信任和好感。但商品广告却可以充分运用公共关系的技巧和方法，而且公共关系的广告会增强广告的吸引力，加深广告的影响。因为，公共关系的加入，会淡化商品广告的商业气息，并使广告带上感情

色彩，易于为公众接受。由此可见，公共关系不是广告，但却能使广告增添魅力。商品广告只适用于商业活动范围，而公共关系则适用于一切领域内的活动。一则普通的商品广告，目的是引起公众对商品的注意和兴趣，旨在促销商品。一则公关广告，目的是引起公众对组织的注意和兴趣，旨在取得公众对组织的好感和信任。商品广告是短期的、直接取得某种经济利益的传播行为；公关广告是持久的、着眼于建立并维系与公众之间情感的传播行为。

二、公共关系广告的特点

公共关系广告是为扩大社会组织的知名度、提高信誉度、树立良好的形象，以求得社会公众对组织的理解与支持而进行的广告宣传活动。其目的并不在于推销产品或服务，而是希望社会公众了解组织、认识组织、接受组织。公共关系广告既属于公共关系活动的一部分，又属于广告的范畴，它集公共关系与广告的特点于一身，形成了一种特殊的广告。其特殊性有：

(1) 特殊的目的。其目的是“推销”组织机构的形象。

(2) 特殊的手段。采用科学引导和教育的方式，让公众了解组织或企业乃至产品及服务。

(3) 特殊的观念。在目标的选择上注重长期性和系统性。

三、公共关系广告的类型

我们从公共关系广告的不同内容来确定其类型：

(一) 组织广告

组织广告是传播组织自身各种信息的广告。作为一个经济组织，组织的广告就是指企业广告，其重点是宣传企业的自然状况，介绍企业的经营方针，解释生产经营目的和消除误解。其目的是让更多的社会公众了解企业，树立良好的企业形象。

(二) 响应广告

响应广告是指组织或企业为响应社会或其他企事业单位的号召，支持公益事业的发展，以求社会各界公众的理解与支持而进行的广告。它又可划分为两种形式：其一是对政府的某项政策、措施或者当前社会活动中的某项重大事件以组织或企业的名义表示响应；其二是对某新开张或有重大庆典活动的组织或企业，以同行的身份刊登广告以示祝贺。响应广告强调的是企业与社会生活各个方面的关联性和公共性。

(三) 创意广告

创意广告是组织或企业以自身的名义率先发起某种社会活动，或提倡某种有意义的新观念的广告。一般来说，创意广告要有明确的主题和目标，以表明组织或企业对社会活动的关心、支持。

4. 形象广告

形象广告是塑造企业的形象，以建立某种观念为目的的广告。这类广告的宣传目的，是要建立或改变一个企业或一个产品在社会公众心目中的原有地位，建立或改变一种消费意识、树立一种新的消费观念，从而使社会公众倾心于该企业或该企业的某项产品。

第二节　公共关系广告的制作程序

一、公共关系广告的制作原则

公共关系广告宣传的主题内容可以不同，所追求的公关目标也可以不同，但公共关系广告应遵循的原则有：

（一）实事求是的原则

即公关广告应避免弄虚作假，要真实地、客观地进行公关广告设计、编写与制作，以争取得到更多的社会公众的信赖。

（二）独具风格的原则

独具风格的原则，即应在特定的公关主题下形成组织或企业自己独特的风格，以加深社会公众对本组织或企业的印象。

（三）富于创新的原则

即要求公关广告在具体内容、分析角度、运用手法等方面，新颖别致、富于创新意识，以给予社会公众一种清新的活力和奇特的美感。

（四）寻求佳时的原则

寻求佳时的原则，即公关广告必须时机选择得当，否则将事倍功半。

（五）避免商迹的原则

即公关广告必须避免与商业广告雷同，应体现出公关活动的特点，应从维护社会公众利益的角度出发，树立组织或企业的形象，以给组织或企业发展带来长期的社会效益。

（六）注重效果的原则

这里的效果是指商业目标的实现、企业或组织自身的发展和社会整体效益的扩大。

二、公共关系广告的制作程序

一般来说，公关广告的制作程序有以下步骤：

（一）确定主题

制作公关广告时要根据其内容确定主题，明确公关广告的目标。以建立企业信誉为主题的公关广告，其目的在于追求企业的整体形象；以公共服务为主题的公关广告，其目的在于扩大企业的知名度，让社会公众相信企业的经济实力和高尚的社会风格；以经济贡献为主题的公关广告，其目的在于加深社会公众对企业经济情况的了解，凸显企业经济活动的成就以及对国家、对社会的贡献；以追求特殊事项为主题的公关广告，其目的在于引起广大公众、社会有关人士和新闻机构的兴趣与好感。

（二）选择媒体

公关广告应用的主要媒体是报纸、杂志、广播、电视。选择广告媒体的目的，在于求得最大的经济效益和最好的社会效益，即力争少花钱、多办事、办大事，以求得传播信息的最大量和传播效果的最大范围。正确地选择媒体，一般要考虑以下因素：

（1）媒体的性质。不同的广告媒体，有不同的性质与特点。公关广告媒体选择得合适，公共关系活动效果就会显著；反之，会弱化公关活动的效果。

（2）广告内容的特性。不同的公关广告，应依据其内容的不同来选择不同的广告媒体，以保证特定的社会公众能够看到、听到、读到。

（3）社会公众的习惯。不同的社会公众在职业、兴趣爱好、文化程度、知识结构及生活习惯等方面各具特点，从而形成了对媒体的不同接触习惯。企业选择公关广告媒体时，要根据特定的目标公众对媒体的接触习惯，选择他们愿意接触和接受的广告媒体。

（4）广告目标的要求。企业在选择广告媒体时，必须要考虑公关广告目标与企业社会活动及经济活动的结合。

（5）企业自身的实力。各种广告媒体，其费用支出不尽一致，企业在选择公关广告媒体时，应量力而行。换句话说，应依据企业自身的财力来合理地安排公关广告活动，选择适当的传播媒介、适当的刊播时间、适当的刊播空间。

（三）构思写作

公共关系广告的写作需要很高的公共关系技巧。公关广告的结构一般分为三大部分，即标题、正文和结尾。

（1）标题。公关广告对标题的要求是：醒目、通俗、自然、亲切，能吸引人。公关广告标题切忌使用双关语、文学典故或晦涩的文字。

（2）正文。正文是公关广告的主体，广告所要表达的一切意思都寓于正文之中。公关广告对正文的要求是：开门见山、直截了当、具体真实、易于记忆、富有魅力。

（3）结尾。更多的公关广告是没有结尾的，只有少数特殊的广告才有结尾。作为公关广告，如果有一个漂亮的结尾，将会使人们回味无穷。

三、公共关系广告的效果检测

（一）公共关系广告效果的测定特点

公共关系广告效果的测定与商业广告截然不同，其特点表现在：

（1）广告效果的测定目的不同。商业广告直接宣传产品，广告效果的测定主要是观察其产品的销售情况；而公关广告不直接宣传产品，广告效果的测定主要是观察其传播效果如何。

（2）广告效果的测定手段不同。一般来说，销售量的增长幅度是商业广告的效果；而公关广告只有通过公关调查、民意测验等方法，掌握确切的数据资料才能得以计算。

（3）广告效果的表现形式不同。商业广告的效果直接表现为经济效益；而公关广告的效果并不直接表现为经济效益，它有时更注重社会效益的实现，并对经济效益的提高起一定的促进作用。

（二）公共关系广告效果的测定内容

公共关系广告的传播效果是以社会公众对广告的收看、收听、认知、记忆等因素为依据进行调查、计算的。公关广告传播效果的测定内容包括：注意率、阅读率、认知率和记忆率等。对公关广告传播效果采取的主要调查方法有：问卷调查、抽样调查、走访调查等。

作为测定公关广告传播效果的公关调查与作为公关工作基本步骤之一的公关调查有所区别，它表现在：它们所调查的范围不同；它们所要达到的目的不同。

本章小结

公共关系广告是为扩大社会组织的知名度、提高信誉度、树立良好的形象，以求得社会公众对组织的理解与支持而进行的广告宣传活动。其目的并不在于推销产品或服务，而是希望社会公众了解组织、认识组织、接受组织。公共关系广告既属于公共关系活动的一部分，又属于广告的范畴，它集公共关系的特点与广告的特点于一身，形成了一种特殊的广告。商品广告一般与营利性的工商企业组织有关，公共关系却是任何一个组织谋求生存发展所需要的手段。

公共关系广告的类型有组织广告、响应广告、创意广告、形象广告。一般来说，公关广告的制作程序有：确定主题、选择媒体、构思写作。

公共关系广告效果的测定特点表现在：广告效果的测定目的不同、广告效果的测定手段不同、广告效果的表现形式不同；公共关系广告的传播效果是以社会公众对广告的收看、收听、认知、记忆等因素为依据进行调查、计算的。公关广告传播效果的测定内容包括：注意率、阅读率、认知率和记忆率等。

复习思考题

1. 公共关系广告与商品广告的区别是什么？
2. 试述公共关系广告的制作原则。
3. 公共关系广告效果检测的内容包括哪些？
4. 案例分析

中央电视台曾经播过一条吸烟危害健康的公益广告，广告画面上，在醒目的位置上显示出“吸烟”两个大字，背景是吸烟危害健康的组合画面，“烟”字半边的“火”将一支香烟点燃后熊熊地燃烧着，烧出了一连串惊人的数字，全世界每年因吸烟所引起的死亡人数达到 300 万人，占全年死亡人数的 5%，世界上每 10 秒就有 1 人因吸烟而丧命，我国 15 岁以上男性吸烟率为 61%……深沉的画外音进一步做了本质的解释：吸烟是继战争、饥饿和瘟疫之后，对人类生存的最大威胁。

案例思考题：

（1）本广告是采用什么样的创意诉求策略？

（2）这则广告从本质上说明了什么问题？

第十章 公共关系礼仪

学习目标

了解公共关系礼仪的含义和基本原则；掌握公共关系人员公共关系交谈礼仪中的语言交谈、非语言交谈、聆听艺术；学习日常交往中的见面与介绍礼仪、握手礼仪、交谈礼仪等基本礼仪；学习礼仪中的宴请礼仪；学习礼仪中的接待次序礼仪。

引导案例

（一）

武汉市与日本某市缔结友好城市，在某著名饭店举办了一场大型的中餐宴会，邀请本市最著名的演员到场助兴。这位演员到达后，费了很多时间才找到了自己的位置。当他入座后发现与其同桌的许多客人，都是接送领导和客人的司机，演员感到自尊心受到了伤害，没有同任何人打招呼就悄悄离开了饭店。当时宴会组织者并没有觉察到这一点，一直等到宴会进行中主持人邀请这位演员演唱时，才发现演员并不在现场。幸好主持人灵活，临时改换其他演员顶替，才算没有出现冷场。

（二）

高职毕业的李先生陪同学到一家知名企业求职。李先生一贯注重个人修养，从他整洁的衣服、干净的指甲、整齐的头发上看，就给人一种精明、干练的感觉。来到企业人事部，临进门前，李先生自觉地擦了擦鞋底，待进入室内后随手将门轻轻关上。见有长者到人事部来，他礼貌地起身让座。人事部经理询问他时，尽管有别人谈话的干扰，他也能注意力集中地倾听并准确迅速地予以回答。同人说话时，他神情专注，目不旁视，从容交谈。这一切，都被来人事部察看情况的企业总经理看在眼里。尽管李先生这次只是陪同学来面试，总经理还是诚邀李先生加盟这家企业。现在，李先生已成为这家企业的销售部经理。

第一节 礼仪的含义

社会主义市场经济的发展，极大地促进了人际交往，而人与人的交际应酬，不仅仅是一种出自本能的需要，更是适应社会发展、个人进步的一种必不可少的途径。在此背景下，作为交际艺术的礼仪自然迅速升温，备受人们的青睐。学习礼仪、应用礼仪，已经是大势所趋。

要真正了解礼仪，有必要先来明确礼仪的基本含义。

一、礼仪的内涵

（一）礼仪的概念

礼仪是对礼节、礼貌的统称。它是指在人际交往中，自始至终以一定的、约定俗成的程序、方式来表现的律己、敬人的完整行为。

礼仪，是由一系列的、具体的、表现礼貌的礼节所构成的。它不像礼节那样只是一种做法，而是一个表示礼貌的系统、完整的过程。

（二）礼仪的其他表述

为了更完整、更准确地理解“礼”，采用礼仪这一概念来对此加以表述，是最为可行的。站在不同的角度上，往往还可以对礼仪这一概念做出种种不同的解释。

从个人修养的角度来看，可以说，礼仪是一个人的内在修养和素质的外在表现；

从道德的角度来看，礼仪可以被界定为为人处世的行为规范，或曰标准做法、行为准则；

从交际的角度来看，礼仪可以说是人际交往中适用的一种艺术，也可以说是一种交际方式或交际方法；

从民俗的角度来看，礼仪既可以说是在人际交往中必须遵行的律己敬人的习惯形式，也可以说是在人际交往中约定俗成的示人以尊重、友好的习惯做法。简言之，礼仪是待人接物的一种惯例；

从传播的角度来看，礼仪可以说是一种在人际交往中进行相互沟通的技巧；

从审美的角度来看，礼仪可以说是一种形式美，它是人的心灵美的必然外化。

了解上述各种对礼仪的诠释，可以进一步地加深对礼仪的理解，进而更为准确地对礼仪进行把握。

二、礼仪的分类和特征

（一）分类

根据使用对象、适用范围的不同，大致将礼仪分为政务礼仪、商务礼仪、服务礼仪、社交礼仪、涉外礼仪等几大分支：

政务礼仪亦称国家公务员礼仪，是指国家公务员在执行国家公务时所应当遵守的礼仪；

商务礼仪主要是指公司、企业的从业人员以及其他一切从事经济活动的人士，在经济往来中所应当遵守的礼仪；

服务礼仪是指各类服务行业的从业人员，在自己的工作岗位上所应当遵守的礼仪；

社交礼仪亦称交际礼仪，是指社会各界人士，在一般性的交际应酬之中所应当遵守的礼仪；

涉外礼仪亦称国际礼仪，是指人们在国际交往中，在同外国人打交道时所应当遵守的礼仪。

在上述礼仪的五个主要分支中，政务礼仪、商务礼仪、服务礼仪主要是按照行业划分的，并且是人们在工作岗位上所应遵守的，故可称之为行业礼仪或职业礼仪；而社交礼仪、涉外礼仪的划分，则主要是以交往范围为依据，所以两者均可以称为交往礼仪。

上述几种礼仪，涉及人类交际活动的各个主要方面，因此，礼仪主要以这些方面构成自己的基本内容。

（二）礼仪的特征

与其他学科相比，礼仪具有一些自身独有的特征，这主要表现在其规范性、限定性、可操作性、继承性、时代性等五个方面。

（1）规范性。礼仪是人们在社交场合待人接物时必须遵守的行为规范。这种规范性，不仅约束着人们在一切交际场合的言谈话语、行为举止，使之合乎礼仪，而且也是人们在一切交际场合必须采用的一种“通用语言”，是衡量他人、判断自己是否自律、敬人的一种尺度。

（2）限定性。礼仪主要适用于交际场合，适用于普通情况之下的、一般的人际交往与应酬。在这个特定范围之内，礼仪是适合的。离开了这个特定的范围，礼仪则未必适用。比如古人所讲的“举案齐眉”的故事，夫妻之间不可能天天这样相敬如宾，人们日常生活中这种正规礼节就少一些。

(3) 可操作性。礼仪以简便易行、容易操作为第一要旨。礼仪的这些特点，使其易记易行，能够广觅知音，被人们广泛地运用于交际实践，并受到广大公众的认可。

(4) 继承性。礼仪的形成和完善是历史发展的产物，是经过不断地去粗取精，剔除糟粕，吸取精华，最后逐渐固定下来的。礼仪一旦形成，通常会长期沿袭，经久不衰。特别是诸如尊老敬贤、父慈子孝、礼尚往来等一些反映民族传统美德的礼仪，传续至今，并仍将为子孙后代不断继承和发扬光大。

(5) 时代性。礼仪具有时代性，随着时代的发展而发展。随着社会交往的日益频繁，礼仪已经渗透到了社会生活的各个方面，表现出了较为强烈的时代特色。封建社会遵从的是君臣父子夫妻之礼，而今天讲求的是人与人的平等，其礼仪的内容在本质上已远远不同了。

第二节　公共关系礼仪的基本原则

在日常生活之中，学习和应用礼仪，需要掌握一些有普遍性、指导性的礼仪规律。这些礼仪规律，即礼仪的原则，可以归结为以下八条，它们同等重要，不可缺少。掌握这些原则，将有助于更好地学习礼仪，运用礼仪。

(一) 遵守的原则

在交际应酬之中，每一位参与者都必须自觉自愿地遵守礼仪，用礼仪去规范自己在交际活动中的言谈举止。对于礼仪，不仅要学习、了解，更重要的是要会运用，要将其付诸个人的社交实践。任何人，不论身份高低、职位大小、财富多寡，都有自觉遵守、应用礼仪的义务；否则，就会受到公众的指责，交际就难以成功。

(1) 遵守公德。公德指公共道德。它直接反映出社会公民的礼节、礼貌、道德修养程度和水准。其内容包括：①爱护公物；②遵守公共秩序；③救死扶伤；④尊重老人、妇女；⑤爱护儿童；⑥在邪恶面前主持正义；⑦爱护、保护动物；⑧保持环境卫生，等等。

(2) 遵时守信。遵守时间、讲求信用，是建立和维护良好社会关系状态的基本前提。人际交往时，遵守规定或约定的时间，不得违时，更不可失约。守信就是要讲信用，千万不可言而无信。限定时间的聚会或社交活动应按照规定的时间稍微提前或准时到达。

(3) 真诚友善。人际交往中的真诚，是赢得对方信任和尊重的前提。

真诚坦荡、友善待人，是人际交往应当遵循的基本原则。

（4）谦虚随和。虚心、不摆架子、不自以为是、不固执己见，容易被对方所接受。

（二）自律的原则

从总体上来看，礼仪规范由对待个人的要求与对待他人的做法这两大部分所构成。对待个人的要求，是礼仪的基础和出发点，学习、应用礼仪，最重要的就是要自我约束、自我控制、自我反省。古语云“己所不欲，勿施于人”，若是没有对自己的严格要求，遵守礼仪就无从谈起。

（三）敬人的原则

孔子曾经对礼仪的核心思想有过高度的概括，他说：“礼者，敬人也”。这就要求人们在交际活动中，要敬人之心长存。只要不失敬人之意，哪怕具体做法一时失当，也不能算是失礼。

（四）宽容的原则

宽容原则的基本含义，是要求人们在交际活动中运用礼仪时，既要严于律己，更要宽以待人。要多容忍他人，多体谅他人，多理解他人，而千万不要求全责备，斤斤计较，过分苛求，咄咄逼人。在人际交往中，要容许其他人有个人行动和独立进行自我判断的自由，对不同于己、不同于众的行为耐心容忍，不必要求其他人处处与自己完全保持一致。这实际上也是尊重对方的一个主要表现。

（五）平等的原则

在具体运用礼仪时，允许因人而异，根据不同的交往对象，采取不同的具体方法。但是，与此同时必须强调指出：在礼仪的核心点，即尊重交往对象、以礼相待这一点上，对任何交往对象都必须一视同仁，给予同等程度的礼遇。不允许因为交往对象彼此之间在年龄、性别、种族、文化、职业、身份、地位、财富，以及与自己的关系亲疏远近等方面有所不同，就厚此薄彼，给予不同待遇。这便是社交礼仪中平等原则的基本要求。

（六）从俗的原则

由于国情、民族、文化背景的不同，在人际交往中，实际上存在着“十里不同风，百里不同俗”的局面。对这一客观现实要有正确的认识，不要自高自大，唯我独尊，以我划线，简单否定其他人不同于己的做法。必要之时，必须坚持入乡随俗，与绝大多数人的习惯做法保持一致，切勿目中无人，自以为是，指手画脚，随意批评，否定其他人的习惯性做法。遵守从俗的原则的这些规定，会使对礼仪的应用更加得心应手，更加有助于人际交往。

（七）真诚的原则

礼仪上所讲的真诚的原则，就是要求在人际交往中运用礼仪时，务必待人以诚，言行一致，表里如一，只有如此，才更容易获得对方的好感，被对方所理解、所接受。与此相反，倘若仅把运用礼仪作为一种道具和伪装，在具体操作礼仪规范时口是心非，言行不一，则往往不会取得好的效果。

（八）适度的原则

这是要求应用礼仪时，必须注意技巧，合乎规范，特别要注意做到把握分寸、大方得体。凡事过犹不及，运用礼仪要真正做到恰到好处，只有勤学多练，积极实践，此外别无办法。

第三节　交往基本礼节

从事公共关系活动的人员，仅仅把握好自己的语言、服饰和仪表是不够的，他还必须熟谙和掌握社交场合中最基本的见面、介绍、交换名片、交谈、宴请、舞会等基本礼节。

一、见面礼

在公共关系的社交场合见面时，最重要的是称谓和致意。称谓的礼仪我们将在语言礼仪一节中介绍，这里我们主要来介绍一下常见的致意礼节。主要有握手礼、鞠躬礼、抱拳礼、合掌礼、点头礼。

（一）握手礼

握手礼是社交场合中最常使用、适应范围最广泛的见面致意礼节。它具有和平、友好、祝贺、感谢、慰问、鼓励等多种含义。

（1）握手的正确姿势。伸出右手握住对方的右手。握手时应面带微笑，上身微微前倾，两脚立正，距离对方约一步左右。握住对方的手只需上下摇晃三下即可松开手。

（2）握手的先后顺序。一般来说，伸手的基本顺序是：上级、女士、长辈和主人在先，下级、男士、晚辈和客人应先问候，见对方伸出手后，再伸手与其握手。在上级、长辈、女士面前不可贸然先伸手。男女初次见面，女士若不想握手，可以以点头礼代替，男士不能先伸手，这样不但失礼，而且有占人便宜之嫌。如果在社交场合，对方忽略了握手的先后顺序，先伸出了手，我们应立即回握，以免出现尴尬局面。

（3）握手的时间。一般以三五秒为宜。初次见面握手时间不宜过长，老朋友见面握手时间可长些。与女士握手时间不宜过长，拉住女士的手不放是很不礼貌的。

(4) 握手时应保持手的清洁卫生，以不干净或湿的手与人相握是失礼的行为。若对方已伸出手，可以向对方说明这一点。

(5) 握手时，男性不可戴手套，女性也只可戴薄薄的装饰性手套。

(6) 在许多人同在的社交场合，如要握手，可以根据距离的远近依次相握，不要伸出双手同时去握，也不要与人交叉握手，宁愿等他人握完了再握手。

(7) 军人戴军帽与人握手时，应先行举手礼，然后再握手。

(二) 鞠躬礼

鞠躬礼是在我国较为常用的一种礼节形式，我国的邻邦日本、韩国、朝鲜也都特别盛行这种礼节。

鞠躬礼有两种：一种是三鞠躬，敬礼之前应脱帽或摘下围巾，身体立正，目光平视，身体上部向前下弯约 90 度，然后恢复原样，如此连续三次。另一种是一鞠躬，较多用于社交场合，行礼时身体上部向前倾斜约 15 度左右，随即恢复原态，只做一次。受礼者若是长者、宾客、女士，可不鞠躬，可用欠身、点头、微笑致意以示还礼，其他人均应以鞠躬礼相还。

我国鞠躬礼主要用于演员或谢幕、领奖、婚礼、悼念等场合。

(三) 抱拳礼

抱拳礼即我们通常所说的作揖礼，常在武侠电影或电视剧里看到这样的礼节。抱拳礼只需双手抱成拳头放在胸前，上下摆动几下即可。抱拳礼具有名族性，所以一般用于国内的社交活动场合，如春节团拜会、国内产品营销会、祝贺喜事等。

(四) 合掌礼

合掌礼在我国不很普遍，它是亚洲国家的一些佛教常用的礼节。

合掌礼需双掌并拢，举至鼻尖，双掌均微微动几下。受礼者还礼一般也采用这种方式。合掌礼有站合、蹲合、跪合三种形式。

我国云南等佛教徒聚集的地区，合掌礼使用得较为广泛。

(五) 点头礼

点头礼即颔首致意，表示对人的礼貌，通常用于比较随便的场合，在碰到同级、同辈或有一面之交、交往不深的相识者的时候，点头致意即可；遇到领导、长者、女士也应先礼貌地点头致意，待对方伸出手后再行握手礼。

二、介绍礼

(一) 介绍的先后顺序

介绍是指从中沟通，使双方建立关系的意思。社交活动的正常进行，

公共关系学

离不开介绍礼节的运用。

一般来说，先将男性介绍给女性，将年轻者介绍给年老者，将职位低的介绍人给职位高的，将主人介绍给客人，将迟到者介绍给早到者，将未婚的介绍给已婚的。

（二）介绍的类型

根据介绍的对象、场合不同，可作如下分类：

（1）根据社交场合的不同，分为正式介绍和非正式介绍。正式介绍是指在较为正规、郑重的场合所进行的介绍，一般需特别注意礼仪规范。介绍时应采用“请允许我向你介绍……”的说法；而且介绍完，不要马上离去，以避免被介绍双方陷入尴尬局面。非正式介绍是一种比较随意性的介绍，可不必过分拘泥于礼节。

（2）根据介绍对象的不同，有为他人介绍、自我介绍、他人为你介绍三种形式。为他人介绍之前，最好了解双方是否有结识的愿望，切不可冒昧引见；介绍时应遵循介绍的顺序规则，自我介绍是跨入社交圈、结交更多朋友的好办法；当主人忘记介绍，而你又想结识周围的人的时候，最好的办法就是作自我介绍；自我介绍的内容可以简单些，只需介绍自己的姓名和工作单位，如“我是王兰，在北京大学工作，认识你很高兴。”他人为你介绍，是别人将你介绍给对方，这时你作为被介绍人应站在另一被介绍人的对面，待介绍完毕，应说“你好”、“见到你真高兴”等语言，也可顺势递上自己的名片。

三、交换名片

交换名片是人们交往中常用的一种方式，使用时有许多讲究。名片通常在三种情况下使用：

一是在社交的礼节性拜访中；二是在常有商业性质的横向联系与交往中使用；三是在某些表达感情或表达祝贺的场合中使用。

交换名片时应按照“先客后宾，先低后高”的原则进行，当与多人交换名片时，应按照职位高低或者由近及远的顺序进行，切忌跳跃式进行，以免让对方有厚此薄彼之感。

递接名片通常是在自我介绍或经人介绍后进行，接受他人名片时应毕恭毕敬，马上说一声“谢谢”。如果可能的话，最好用半分钟左右的时间从头至尾默读一遍对方名片上的内容，不懂之处可以当即向对方请教，而不可以有意识地读出声来，可重复一下对方名片上所列的职务或单位，以示仰慕。接受别人名片之后，理应随即将自己的名片递过去，如果到处寻找或错把别人的名片递过去，则是严重的失礼。

在递名片时，应用双手捏住名片的两个角递上，名片上的字体应正面朝向对方，目的是让对方能够直接读出来。这时应和对方说："请多关照"、"请多指教"等等，以示客气。看过名片应郑重地放好，若随手一放则是对对方的不恭。

四、交谈礼节

交谈是一种相互交流感情的双边或多边活动，是社会交往中沟通思想、交流信息、加深友谊的重要手段。要使交谈取得较好的效果，就必须遵守下列交谈礼节：

(1) 谈话前，必须首先弄清对方的身份、谈话的意图，以免使自己在谈话中处于被动地位。

(2) 交谈时应以真诚热情、不卑不亢、宽容大度的态度待人。坦诚的态度往往能使双方相互信任、倍感亲切，这是交谈成功与否的关键。

(3) 交谈过程中对别人提出的要求，回答时要实事求是，量力而行，给自己留有余地。凡允诺别人的事情，则不能失信，若有变故，应致歉并说明原因。

(4) 交谈过程中，无论对方态度如何，均要采取和悦的态度，要善于控制自己的情绪，以免双方争吵起来。

(5) 交谈时，不能你坐着对方站着交谈；声音应轻、柔、软，少打手势，特别是幅度大的手势；不打听对方的私事，不涉及别人的短处。

(6) 交谈过程中，不要一味地自己讲，要注意对方的情绪，给别人讲话的机会；三人以上交谈时，应同时兼顾，不要使任何人有受冷落的感觉。

(7) 交谈过程中，不要经常看表或钟，如有急事需要终止交谈时，应致歉并说明原因。

五、宴会礼节

举行不同的宴会，是社交活动中联络感情的一种重要手段。不管是你被别人宴请还是你宴请别人，都必须遵守一定的礼仪规范。

(一) 主持宴会的礼仪

(1) 做好准备。无论举行哪一种规格的宴请，都必须事先做好精心的安排，大小事情要考虑周全，避免因考虑不周而造成失礼。需要准备的事情有：确定宴请规格、确定宴请人数、确定宴请地点、确定宴请形式、发请柬、安排宴会的程序。如果是正式宴会，还应有对服装的要求，这一点必须在请柬中加以注明。正式宴会还要安排好席位。

(2) 做好客人的迎来送往。所有的客人到来时，都应临门迎接；离去时，都应热情话别。不能厚此薄彼。

(3) 灵活把握宴会的气氛，避免出现不愉快的场面或出现冷场。

(二) 参加宴会的礼仪

(1) 应邀后应作答复。被邀请后，无论去与不去都要作答复，让主人心中有数，便于其做安排。

(2) 赴宴的准备。如果需要送花或送礼，都要提早做好准备。

(3) 准时赴宴。一般应尽量准时或稍早一点到达，让大家等你是一种极不礼貌的行为。如确实有事无法按时到达，应及早通知主人，以免大家空等。鸡尾酒会的时间可灵活掌握。

(4) 抵达致意。到达时应向主人问候致意，再向其他客人问候致意。如果是冬天，抵达后要将大衣、帽子、手套等脱去。

(5) 入席就座。应根据主人的安排，找到自己的座位，不可随意乱坐。入座时，应让年长者、地位高者、女士优先；然后自己以右手拉开椅子，从椅子的左边入座。同时，应与同桌客人点头致意。入座时，不可双手托腮或随意地翻动菜单、摆弄餐具。

(6) 席间礼仪。①宴会开始，应停止交谈，听主人致辞，以示礼貌。同时，可将餐巾对折，折口朝外，平铺在自己的双腿上。②社交宴会上，如果主人请客宽衣，男宾才可脱下外衣搭在椅背上；不然，无论怎样，都不能当众拉松领带、脱下衣服。③主人向客人敬酒，客人应起立回敬，喝过酒后，方能坐下。④吃菜、喝汤的声音不宜过大；嘴里有东西时不要说话；剔牙要有一定掩饰，女性剔牙最好去洗手间进行。⑤席间，服务员给你斟酒，不要把杯子拿起来，而应放在餐桌上。每次喝完酒后，要把酒杯放回原处，不要乱放。饮酒要适度。⑥席间，如不小心弄脏别人的衣服，应致歉，并递上手帕或餐巾纸，千万不要自己在别人身上擦，尤其是对异性。⑦善于席间社交。每个人在宴会上都应该而且善于与同桌的人交谈，特别是左右邻座。如果男性身边坐的是女性，男性切莫让其感到被冷落。在整个宴会上一声不吭是不礼貌的。但是也不要整个宴会上只同一个人交谈，似乎对其他人全然不感兴趣，这同样是不礼貌的。⑨退席时机的把握。不要选择在席间别人说话时退席，以免引起误会。如果自己确有要紧的事必须先走，可向主人悄悄告辞，不必惊动太多客人，以免影响整个宴会气氛。退席时，应向主人致谢。

附：一般宴会的座位坐序（仅以方桌坐序为例）

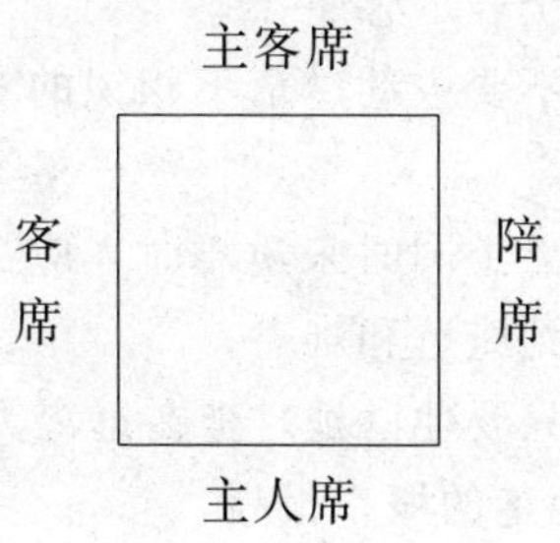

六、舞会礼节

舞会是人们喜欢的社交活动，它不仅可以作为沟通的手段，还可以陶冶性情，锻炼身体，丰富人们的文艺生活。

（一）舞会的基本规范

（1）仪容服饰。参加舞会前，无论男女都应修饰、装扮自己。女性的服装以亮色调为主，可以浓妆；男性的服装以深色调为主，宜穿西服。参加舞会应穿皮鞋，不能穿凉鞋和运动鞋。

酒后不宜参加舞会；参加舞会前不要吃韭菜、大蒜等刺激味大的食物。

（2）精神饱满，举止文明。在舞会上应舞姿得体，谈吐文雅。切忌大声喧哗、大声谈笑。走路应轻柔，不要吸烟。入座要文雅，应询问是否有人才能入座，否则坐了入了池的人座位是极不礼貌的。跳舞时，如不慎踩了舞伴的脚，应致歉。正式舞会上，忌两人跳舞时过分亲昵；跳舞时最好不要过多谈话，更不要和舞伴之外的人说话。

（二）邀舞的礼节

（1）通常是男士邀请女士共舞，不论认识与否，均可邀请，女士一般不要拒绝，如果感到累了，可予以说明并允诺下曲再跳，该女士此曲就不得再和他人共舞。当女士拒绝后，男士不得再强迫。舞毕，男士一般要送女士回座。

（2）不要邀请有男友在场的女性跳舞，以免引起误会。

（3）男士若特别喜欢和某一女士跳舞，要注意察言观色，当见女士有劳累之感或不耐烦时，要适时而退，否则会使自己陷入尴尬境地。

（4）通常情况下，两位女士可以共舞，这意味着她们没有舞伴。但两位男士不能共舞，因为这意味着他们不愿意向在场的女士邀舞，这是对女士的不尊敬。

（5）如果是女士邀请男士跳舞，男士一般不得拒绝。如果实在不会跳舞，可予以说明，并向女士表示感谢。

(6) 不会跳舞的男士不要主动邀请不相识的女士共舞，这会使双方都很难受。

(7) 女性当遇到两位男士同时来邀舞时，应都予以拒绝。选择其中任何一个，都会使另一个感到尴尬和难堪。

(8) 无论是男是女，只要他（她）坐在远离人群的地方，就最好不要去打扰他（她），否则遭拒绝的概率很高。

(9) 如果有人邀请你所带的舞伴跳舞时，应表现得大度一点，切忌说一些不礼貌的话。

(10) 整场舞会不要只盯着一个舞伴不放，那样会使对方感觉你别有所图。

第四节　公关语言

人们常说“言为心声”。在开展公关活动的过程中，谈话既是公关人员与公众之间交流感情、增进了解的重要手段，也是给公众留下美好印象的重要方面。为此，公关人员必须掌握一定的语言设计技巧。

一、公关交谈语言

语言交谈是公关活动中传播信息的重要手段。它以语言为媒介，使公关人员与公众得以沟通，实施公关活动。语言交谈中是否注意礼节，语言运用是否恰当，直接关系到信息沟通的效果。所以公关语言要求以语言的“礼”吸引人，以语言的“美”说服人。

如何进行语言交谈，一直是古今中外人们谈论的一个重要话题。《论语》曰：“言之无文，行而不远。”古希腊亚里士多德在他的名著《雄辩术》一书中指出，口头交谈有三个要素：谈话者、主题和听话者。要达到“施加影响的目的”，就必须注意这三个要素。在现代社会中，人们（包括公关人员）在语言交谈中首先必须掌握好的就是语言礼仪。语言礼仪是指人们在交谈中所应该注意的礼节、仪态。一般来说，它集中体现在礼貌语言的使用和谈话时的表情及声音上。

（一）礼貌语言的运用

在任何社交场合，诚实和热情都是交谈的基础，只有开诚布公的谈话才能使人感到亲切自然，气氛才会融洽。要知道，与任何人进行面对面的交谈，都是一种对等关系。以礼待人，才能显示出自身人格尊严，又可以满足对方的自尊需要。为此，交谈中要随时随地有意识地使用礼貌语言，这是文明人应当具备的基本素养，也是以敬人之心表示尊重的基本方式。比如，“请”字最能体现对人的敬意，有事相托时，不要忘记说“请”字，万一需要使用祈使句时，加上一个“请”字，也会使命令的口气缓和许多；接受别人任何服务，感谢他人时，不要忘记说声“谢谢”；万不得已需暂时离去或打断对方，或自觉不周到处，应说“对不起”。有人总结说，“嘴边三句话，人间大道理”。在交往、交谈过程中勤用礼貌用语，日久天长，必见功效。

礼貌用语的作用是不可忽视的。人们见面时要互致问候与寒暄，如“你好”，“早安”，“好久不见，近况如何”，“能够认识你真是太高兴了”等等，尽管这些问候与寒暄用语的本身并不表示特定的含义，但它却是交往中不可缺少的。既能传递出表示尊重、以示亲切、给予友情的信息，同时又显示出自己懂礼貌、有教养、有风度，从而有利于形成一种和谐、友善的良好“人际气候”。

说到礼貌用语，美国人说话、写信、打电话都少不了“请（please)”字。“请坐”，“请转告”，“请您先走”，“请多费心”，“请及早复信”等等。打电报时，他们宁可多付电报费，也不省掉“请”字。因此，美国电信总局每年从这个“请”字上就可多收1 000多万美元。

日本人说话离不开“谢谢”。据统计，一个在百货公司工作的日本职员，一天平均要说571次“谢谢”，否则就不是一个好的职员。经验表明，人们都愿意光顾洋溢着亲切和尊重他人气氛的商店。

英国人最常用的词汇是“对不起”。凡事稍有打扰，便先说一声“对不起”。警察对违章司机进行处理时，先要说声“对不起”，两车相撞时，相互说声“对不起”。在这样的气氛中，双方的自尊心都得到了满足。

我们的祖先也给我们留下了许多的宝贵的敬语。如表示尊敬之意可用：请问，敢问，借问，动问，请教，指教，见教，求教，讨教，赐教，等等；打扰之时，可用：打扰，劳驾，相扰，劳神，费心，烦劳，麻烦，辛苦，费神，难为，偏劳等等。如果我们在语言交往与交流中恰当使用这些词汇，交谈一定能形成亲切友好的气氛。

（二）声音的讲究

交谈过程中，说话者的语速、音质和声调，也是传递信息的符号。同一句话，说时和缓或急促，柔声细语或高门大嗓，商量语气或颐指气使，面带笑容或板着面孔，效果大相径庭，要根据对象、场合进行调整。

说话是一种艺术，要想把话说得好，正确地表达自己的意思，首先就必须发音正确、清晰易懂，否则就会影响内容的表达。清晰易懂的发音，可依赖平时的练习，多注意别人的谈话，多朗读书报；交谈时克服紧张情绪，讲话不急不躁，就会做到这一点。其次说话的速度不宜太快，亦不宜太慢。说话太快会令人应接不暇，反应跟不上，而且自己也容易疲倦。有些人以为自己说话快些，可以节省时间，其实说话的目的，在使对方领悟你的意思。此外，不管是讲话的人，或者是听话的人，都必须运用思想。说话太慢，也会使人着急，既浪费时间，也会使听的人不耐烦，甚至失去谈下去的兴趣。因此，谈话中要注意使自己谈话的速度适中，据说每分钟讲 120 个字左右是最适宜的。最后要注意的是语调。人们说话时常常要流露真情，语调就是流露这种真情的一个窗口。愉快，失望，坚定，犹豫，轻松，压抑，狂喜，悲哀等复杂的感情都会在语调的抑扬顿挫、轻重缓急中表现出来。语调同时还流露出一个人的社交态度，那种心不在焉、和尚念经式的语调绝不会引起别人感情上的共鸣。语调虽重要，但在谈话中却常常被忽视，人们往往只注意辞令如何风趣，内容如何美妙，却忘了语调要如何动人，结果使思想的传递受到损失，效果受到影响。在社交场合，为使自己的谈话引人注目，谈吐得体，一定要在声音的大小、轻松、高低、快慢上有所用心，这样才能收到好的效果。比如：放低声调总比提高嗓门说话显得悦耳得多；委婉柔和的声调总比粗厉僵硬的声调显得动人；发音和缓总比连珠炮式易于使人接受；抑扬顿挫总比单调平板易于使人产生兴趣……但这一切都要追求自然，如果装腔作势，过分追求所谓的抑扬顿挫，也会给人华而不实的感觉。自然的音调是最美好动听的。

（三）不良习惯的克服

文雅的谈吐，固然在于辞令的修饰，但最基本的一条却是词能达意、通顺易懂，即说出的话让人觉得顺耳、动听，让人听得清楚，听得明白。让人听得费劲、不舒服的话影响谈话情趣，还会使人怀疑你的实际才能，甚至引起反感和恼怒。因此，在选择词句时应以朴实自然为好，多使用一些明白晓畅的口语白话。这样，既合乎人们的习惯，易于被理解、被接受，还不会给人以卖弄做作之感。

另外，有些人喜欢在交谈中插入少许外文或方言土语，其效果优劣恐难一概而论，这主要取决于双方的趣味，假如趣味相投，便不足为怪，否则恐难受欢迎。一般说来，在与两个或两个以上的人一同交谈时，以不用为佳。因为多数人不习惯这种“中外合璧”的谈话方式。当然，偶尔一两个外国语用得恰当的话，也可以为谈话增一分色彩，但要注意，引用的外语要以对方能心领神会为宜。否则不仅是隔靴搔痒，还会无形中造成隔阂。如果的确有必要说，那就要用得恰当，并且要注意正确地发音。

同样，在社交场合，大家都应该尽量使用普通话，换句话，即方言应尽量避免。但也要认识到，我国幅员辽阔，语言庞杂，方言的形成有其地理上的因素，相互间的语言障碍一时还很难完全消除。所以对于别人的乡音，要有一种雅量。遇有不尽明了的言语，不妨多问一声，切忌讥讽或揶揄。有一些人在和熟人谈话时较为正常和自然，偏偏在遇到陌生人或新朋友时，为了给人一种特别的印象而堆砌词藻，显得矫揉造作，结果事与愿违。还有些人常常不知不觉地在谈话中插入一些毫无意义的口头禅，虽然并不伤大雅，可有时却会说者无心、听者有意，使自己的谈话对象产生错觉，或者被自己所伤害。比如："知道不"，"你懂吗你"，教训人的口气十分明显，而且还会令人感到暗含轻视的意思。"没什么了不起"，对谁都这么说的人，是不是有点目空一切？"是吗"这是典型的"怀疑一切"的态度，会使谈话对象的自尊深受伤害。以上这些口头禅最好是自觉地弃而不用。

二、交谈技巧

（一）正确认识自己

人人都可以成为一个善谈、健谈的人。但首先要消除胆怯心理，克服内向心态，打消顾虑，增强信心。每个人在社会上都有一席之地，每个人在与人交往、交谈中都有要说的话。须知"言为心声"，只要是发自内心，态度真诚的话，都会打动人心。有些性格内向的人往往以自我为中心，在交谈时先想到：人家会怎么看我，我是否会失态。这种心理状态不利于谈话的深入。最好的谈话心理应该以谈话内容为中心，打消顾虑，稳定情绪，自然地加入谈话。如果感到与人交谈缺乏内容，话题很少，语言枯燥，可以平时多看报纸、杂志、书籍、电视，关心时事、艺术、体育等等，随时留意周围所发生的事，同时多和他人谈话，谈的次数多了，就可以贮存知识以供将来谈话之用，日积月累，久而久之，一定会感到话题多了，内容充实了，词汇也丰富了。此外，在与人交谈时，应力争主动，尽可能先提出自己最得心应手的话题，放开来讲述，以表示有信心与人交谈，从而克服胆怯心理。

最后要注意的是，谈话的姿态也会反映出一个人的性格和心理。胆怯内向的人，谈话时往往双肩紧并、下垂，腰部弯曲，显示出一副紧张、卑屈的样子。因此，切忌采用这种姿态与人谈话。谈话分站、坐两种。如果站着与人交谈，说话时要挺胸、收腹，全身重量均匀地分配于两足，使重心稳定。这样，会感到自己的肩膀似乎宽了些，人也显得生气勃勃，泰然自若。如果是坐着谈话，要注意谈话距离宜保持在一臂之内。双脚要平放于地面，不宜交叠双腿，在身份高者面前，更不宜跷着二郎腿；坐时背部要紧靠椅背，肩膀平正，腰部挺直。相信，良好的姿态会使人增强信心。

（二）交谈技巧

交谈时除注意语言美、声音美之外，姿态美也很重要，也就是说在谈话中语气、语态、神色、动作、表情等都要专心致志，聚精会神，合乎规范，一心敬人。

1. 谈话时要正面视人

交谈中，目光注视对方是一种起码的礼貌，以表示对谈话的兴趣和对对方的尊重，同时也可以为愉快和谐的谈话气氛创造条件。美国 NBC 的著名节目主持人芭芭拉·华特曾说："对全神贯注和我谈话的人，我以为是可亲近的人"，"没有其他的事比这更重要了"。假如是个有心人，也一定会发现，交谈一方有时偶尔把目光随意转向一旁，会引起另一方的注意，对方可能会因此认为你对谈话不感兴趣而不愿再继续交谈下去。当然，注视并不等于凝视，直勾勾地盯着对方，或目光在对方身上左右上下乱扫，甚至还跑到对方身后去，这只会使对方透不过气来或惶惑不安，有话也说不出来。一般来说，如果两个人在室内面对面交谈，目光距离最好在 1 米至 2 米之间，目光注视对方胸部以上、额头以下部位。有时可能会出现谈话双方目光对视的情况，此时不必躲闪，泰然自若地徐徐移开就可以了。

还需要指出的是，仅仅注视对方还远远不够，还要注意能够让对方感受到你对谈话的态度。任何有经验、有教养的人，在与人交谈时，都不会忽略应当引起谈话对象的谈话兴趣。称道对方，关怀对方，对对方所说的一切，表示出浓厚的兴趣，都可以提高对方的谈话兴趣。如果是许多朋友在一起交谈，讲话的人不能把注意力只集中在其中一两个熟悉的人身上，要照顾到在场的每一个人。同时，谈话过程中对对方的谈话应有所呼应，由此话题才可能谈得更广、更深，相互间的感染也就越多，甚至在心理上达到某种程度的默契。所以，谈话时，首先要做到的是双方应互相正视、互相倾听。不要东张西望，左顾右盼，更不宜看书看报，或者面带倦容，哈欠连天。也不要做一些不必要的小动作，如玩指甲，弄衣角，搔脑勺，压指甲等等，这些动作会使人感到你心不在焉，傲慢无理。

2. 谈话要尊重别人

社交场合，参加谈话是众人的一种义务，如果对于所议论的某个主题可以提出若干意见，就该讲出来；如果谈话只是为了娱乐，当然也要尽本分。不能只静坐聆听别人的谈话，而自己却一直三缄其口。当然，谈话并不是独白，如果只顾自己发表意见，而不愿听别人说话，甚至不容别人插话，发表看法，交谈就变成了"一言堂"。"一言堂"的谈话方式，或许可以显示口才，但结果往往事与愿违，别人可能认为你自高自大，蔑视他人的存在。所以虽然常常发言可以加深别人的印象，但长篇大论地说下去，容易使人厌倦而不耐烦。为此，自己每次“发言”所用的时间从总体上讲，宜短不宜长，通常自己讲一两分钟之后，就应相机把“讲坛”主动让于他人。要是碰上别人“发言”过久，或是意欲发表个人见解，应耐心等候。他人讲话结束之前，千万不要打断别人讲话。一次生动活泼的谈话，要求每个交谈者要注意做到不但自己说，也要让别人说。聪明的谈话者，往往不急于发表自己的意见，而设法让对方开口，谈他所关心的问题，吸引对方与自己交谈。

此外，为表示对交谈一方的尊重，交谈时要尽量让对方把话说完，不要轻易打断对方的谈话，要有耐心，这是一种基本修养。尤其是对方谈兴正浓时，突然打断对方，一是可能使对方思路中断，二是可能使对方被突如其来的“拒绝”弄得不知所措，下不了台。如果有紧急事件发生，或确实有必要打断对方，要在对方说话的间歇，以婉转的口气，很自然得体地将自己的话简短说出，如“你的看法的确有道理，不过请允许我打断一下”，或“请让我提个问题好吗”……这样就不会让人感到你轻视他或不耐烦了。恰当的插话，会引起对方的注意，停止自己的言谈，让你先说。但插话如果违背对方原意，未听明白就下结论，或插得不着边际，或抢过话头，显示自己高明，则似乎欠妥，闹不好还会引起争执，不欢而散。在参与多人交谈时，应不时地同其他人聊上几句，不要论远近亲疏，凭衣帽或印象取人，对有的人一见如故，谈个不休；而对另一些人则一言不发，不闻不问。这样既是对他人的不尊重，也会让其他人觉得你缺乏教养。

交谈中还经常会遇到不同意对方的某个观点，或对方谈话中出现明显错误说法的时候，怎么办呢？在正式的社交场合，一般以表示疑问或商讨的语气提出为宜，以免伤害对方的自尊心。比如，若不同意对方的某个观点，可以说：“我对这个问题倒也十分感兴趣，只不过好像我不这么认为”，“你刚才的某个观点好像很新，能否再详细地解释一下”，等等。假如认为对方的某个观点和说法根本是错的，可以说：“在我的记忆中，好像这个问题不是这样的”，或者说“我在某本书上看到的好像与你讲的不完全一样”……虽然语言非常婉转，但这足以使对方明白其中的意思。遇到别人真的犯了错误，又不肯接受劝告和批评时，别急于求成，往后退一步想想，把时间延长些，隔一两天或一两个星期再谈。否则，双方的固执不仅使谈话没有进展，反而伤害感情。一般说来，如果不是讨论性的交谈，不要与人争辩。对方若是反驳你的意见，大可不必急躁、恼怒，从容说出自己的道理便可。企图与别人争胜是拙劣的想法，有时越是想做到这点，越是想逞口舌之利，就越不能使对方成为朋友。总之，要学得谦虚些，随时考虑别人的感受，让大家都觉得你是一个可以谈话的人。

事实上，人们谈话时都有一个目的：想知道别人对某件事情的意见是否和自己相同。人们总是希望别人能和自己一样对事物有同样的看法。如果谈话时双方意见一致，就会感到安慰，相反，如果发现对方意见和自己略有出入，或大不相同时，会感到这是一种刺激。因此，想与对方作进一步探讨。所以，当听到别人意见和自己相同时，要立即表示赞同。不要以为这样做，会被人认为是随声附和。不出声，容易使人误以为不同意。同样，当听到别人意见与你不一致时，也要立即表示什么地方不同意（当然要注意方式），不要迟疑。

3. 谈话要看对象

交谈不是一味地发泄自己的感情和情绪，而是一种合作的程序，所以必须考虑交际对象。交际对象是最直接的对话语起制约作用的环境因素。说话人的言语行为总是围绕着听话对象进行，以他们能接受为前提，而不能逾越他们的思想、感情、知识所能及的范围。不同的对象，因年龄、性别、职业、社会地位、人生阅历的不同，对同一句话会产生不同的反应，甚至会导致截然相反的反应。所以，在交谈过程中，所说的话要符合交际对象特定身份的要求，从称谓到措词组句，从交谈话题、谈话语气到表达方式等，都应尽量合乎交谈对象的特点，做到恰当得体。

交谈的第一道程序就是问候和寒暄。但问候和寒暄必须考虑到交际对象的特点，否则不仅无礼，还可能使双方处于一种尴尬的局面。例如，中国人见面时喜欢问“吃饭了吗”，这本是一句很普通的问候语，并没有准备请客吃饭的意思，但对不懂这一习惯用语的外国人来说，就完全可能理解为打算与他一同进餐。又比如，中国人见面时喜欢说“你气色真好，又白又胖”，“你发福了”，以表示对对方的友好，对方也往往会以“你也一样”，“多谢”来表示谢意。但西方人恐怕就有不同的看法，他们怕被人说“白、胖”，因为往往身体黝黑是健壮的标志，而身体白胖则表明体弱，对他们而言，说“胖”就有一种贬低人的意思。同样，外国人见面时常说的“见到你十分荣幸”，“你今天打扮的格外迷人”，“你真是太漂亮了”之类的客套话，中国人并不习惯。所以，同样是问候，不同的对象，就要有不同的说法。

说到交谈话题、方式的选择，有这样一个故事：在一只游船上，来自各国的一些实业家边观光边交谈。突然，船出事了，并开始慢慢下沉。船长命令大副：“赶快通知那些先生，穿上救生衣，马上从甲板上跳海。”几分钟后，大副回来报告：“真急人，谁都不肯马上跳。”于是，船长亲自出马。说来也怪，没过多久，这些实业家都顺从地跳下海去。“你是怎样说服他们的呀?”大副请教船长，船长说，“我告诉英国人，跳海也是一项运动；对法国人，我说跳海是一种别出心裁的游戏；我同时警告德国人，跳海可不是闹着玩的；在俄国人面前，我就认真地表示：跳海是革命的壮举”。“你又怎样说服那个美国人呢?”“那还不容易”，船长得意地说，“我只说已经为他办了巨额保险”。这纯粹是笑话，然而笑话里包含了一个浅显的道理，即说话的内容和方式应尽可能地合乎对方的心理需要，这样才会取得令人愉快的效果。同样，交谈的方式也影响着交谈的气氛，对一般市民用枯燥而又严肃的逻辑推理方式与之交谈，会使对方感到不知所云、莫名其妙；而对知识层次较高的人用“海阔天空”式的聊天方式与之交谈，会使对方听而生厌、无所适从。这一切都说明正确选择谈话的主题和方式是重要的。当然，为了使谈话更富有创新和吸引力，还可以在已经拥有的话题中，挖掘、发现新的感兴趣的话题，使交谈双方始终在一种享受乐趣的气氛中继续他们的交谈。关于交谈的话题与内容，有一些要求是必须注意的：

(1) 为能创造一个愉悦和谐的谈话环境，在公共社交场合，应选择大家都可以介入又都方便发表意见的话题，即寻求共同的经验范围。如现场气氛、环境布置、天气、当日新闻、国际形势、文艺演出、体育比赛等，切忌只谈个别人知道或感兴趣的事，或只与个别人交谈而冷落其他人。

(2) 不要涉及令人不愉快的内容，如疾病、死亡、荒诞、淫秽的事情。奇闻趣事，有助交谈的气氛，但不宜从头到尾用奇闻趣事消遣，更不要用笑话影射在座的人，否则很不通情理。最好交谈一些轻松愉快的问题，把快乐与人分享，把苦恼留给自己。这一做人的常识亦应在选择谈话内容时得到体现。

(3) 话题不要涉及他人的隐私。如对女士不问年龄、婚否、服饰价格等；不用身体壮实、保养好等模糊用语来形容女士的身材。对男士不问钱财、收入、履历等；不随便谈论他人的宗教信仰和政治信仰，以免犯忌讳。同时不要随便散播和听信蜚语。

(4) 遇到不便谈论的话题不要轻易表态，应当转移话题以缓和气氛。涉及对方反感的话题应及时表示歉意。一般不宜用批评的语气谈论在场者和其他相关人士，也不要讥笑他人，更不能出言不逊，恶语伤人。

(5) 男士一般不参与女士圈内的话题议论，与女士谈话时要宽容、谦让、尊重，不随便开玩笑，也不可与女士无休止地攀谈，否则会引起对方的反感和旁人的侧目。

4. 谈话要看准时机，留有余地

“言贵精当，更贵适时”。不该说的时候说了，是操之过急；该说的时候没说，是错失良机。把握住说话的适宜时机，是说话得体的重要因素。比如，在听话人心情比较平和的时候去反映情况或提出批评建议；在双方的感情和认识差距稍小了以后再开口劝说。高明的推销员从不直接向持拒绝态度的顾客推销商品，而是先迂回，套近乎，排除了对方的“武装”之后，再劝人家购买推销的商品。这样，往往会获得成功。

交谈过程中还要注意说话应留有余地。比如，在交谈中，遇有需要赞美对方时，应措词得当，注意分寸，赞美的目的在于使对方感觉到你真的钦佩他（或她），用空洞、不切实际的溢美之词，反会使对方感到你缺乏诚意。若一名公关人员热情友好地接待了一位公众之后，得到了“你的接待真令人愉快，你的热情给我留下了深刻印象”的评价，显然比“你是一位全世界最热情的人”的赞誉会入耳得多。所以称赞要适度，过分的讨好、谄媚则近于肉麻。特别是对上级领导，在社交场合更不宜毕恭毕敬说些奉承话。对晚辈或地位比较低的人，也不要用轻视、冷淡的口吻说话。总之要注意分寸。

再比如，要使谈话得以继续，并且产生较好的效果，可适度地选用一些幽默风趣的语言，或讲一些笑话。适当地运用幽默的语言，不仅能够活跃气氛，而且能够启人心智，吸引听众，更好地与他人沟通和交流。但凡事要有个限度，使用幽默语言、讲笑话，也要因人而异，要分时间、地点、场合，要有分寸。比如有的人喜欢嘲笑他人的生理缺陷和短处，特别是对男女之间的话题更是津津乐道。其实，这不但不能表现自己的风趣和幽默，反而说明了自己的轻薄与无聊。要知道，优雅的举止风度是以友善和为他人着想这两项原则为基础。这种揭短的“幽默”伤人太深，不但不道德，于己也未必有益。所以一定要注意把握好分寸，把话说得留有余地。现实生活中，很难不求人，也很难不被人求，所以无论求别人办事，答应为别人办事，还是拒绝他人，都要注意把话说得留有余地。此外，表扬人，批评人，调解事端，解决冲突，应付尴尬局面，调息不满情绪，乃至布置任务，汇报工作等，都有个语言艺术问题，都应当留有余地。

5. 其他注意事项

在参与多人交谈时，应表现出对谈话内容兴趣很大，而不必介意其他无关大局的地方，比如对方有浓重的乡音，读错了字或记错了日期等，只要不妨碍交谈的进行，没有必要当面去指正。不要在对方谈兴正浓时，突然凑到某个人耳边窃窃私语，这容易引起别人的反感，有可能使谈话者产生误会：有什么事不好当着大家讲？如果确有私事要说，不如请他到另一边再谈。撇开众人，只跟一小帮人交谈，也说明还不善于与大家打交道。

当遇到自己的熟人正在一起交谈时，如果打算加入，一定要事先征得同意，比如问一下“我能够有幸加入吗”或“不打搅吧”？得到许可后，方可加入。不要以为是自己熟人，就可随便加入别人的谈话。加入之后，应甘当配角，不可自己一加入就口若悬河，滔滔不绝地唱起主角，以致影响交谈者的兴致。一旦发现自己加入后，原来的交谈者都缺少了兴致，应及早退回，不要因此让别人产生不好的印象。在碰到有人想加入自己的交谈时，通常应来者不拒。如果自己确有私事，不适宜外人介入，应及早婉言相告，比如可以说“对不起，我们有点私事想单独谈谈”，或者说“我们过一会儿再谈，好吗”？一旦有其他人加入自己的谈话，就不要有意冷场，或是使用隐语、暗示等，使他人无所适从。此外，在交谈过程中要始终注意不要扮演喋喋不休、逢人诉苦、无事不晓或一言不发的角色，这些都不利于交谈的进行，更不利于在众人面前建立良好的形象。

三、交谈中的聆听技巧

（一）交谈中聆听的作用

一般人在交谈中，倾向于以自己的意见、观点、感情来影响别人，因而往往谈个不停，似乎非如此无法达到交谈的目的。实际上，与人交谈，光作一个好的演说者不一定成功，还须作一个好的听众。也就是说，在谈话中，任何人都不可能总是处于说的位置上。要使交谈的双方双向交流畅通无阻，就必须善于倾听他人的谈话。善于聆听的人，懂得“三人行，必有我师”的道理，能够利用一切机会博采众长，丰富自己，从而能给别人留下讲礼貌的良好印象。

外国曾有谚语“用十秒钟的时间讲，用十分钟的时间听”。社会学家兰金也早就指出，在人们日常的语言交往活动（听、说、读、写）中，听的时间占54%，说的时间占30%，读的时间占16%，写的时间占9%。这说明，听在人们交往中居于非常重要的地位。

在人们面对面的交谈中，讲与听是对立统一的，认真地去听，可以收到良好的谈话效果。认真聆听对方的谈话，是对讲话者的一种尊重，在一定程度上可以满足对方的需要，同时可以使人们的交往、交谈更有效，彼此之间的关系更融洽。聆听从消极的一面讲是一种礼貌，是对别人的尊重；从积极的一方说是一种鼓励，是褒奖对方谈话的一种方式，有助于提高谈话者的兴致。因此，能够耐心地倾听对方的谈话，等于告诉对方“你是一个值得我倾听你讲话的人”，这样在无形中就能提高对方的自尊心，加深彼此的感情。反之，对方还没有把将要说的话说完，你就听不下去了，这最容易使对方自尊心受挫。

听，可以了解对方（现在讲话者）是否真正理解你（刚才讲话者）说话的含义。听，可以获得必要的信息，提供最新的情报资料。注意聆听别人的讲话，从他说话的内容、声调、神态，可以从中了解对方的需要、态度、期望和性格，他们会自然地向你靠近，这样你就可以与更多的人进行思想交流，建立更为广泛的人际关系。

注意倾听别人讲话，还可以同时思考自己所要说的话，整理自己的思路，寻找恰当的词句，以完善地表达自己的意见，给人鲜明的印象。一般来讲，听比说快，听话者在听话过程中总有时间空着等待，在这些时间空隙里，应该回味讲话人的观点、定义和论据等，把讲话人的观点和自己的观点作比较，预想好自己要阐述观点的理由，设想可能有的其他观点等等。因此，从某种意义上说，在社交场合受大家欢迎的人，人人都爱与之交谈的人，并不仅仅在于他能说会道，更重要的是他会听。因为交谈中只有既讲又听才可以满足双方的需要，也只有如此，才能使交谈顺利进行。如果只顾自己讲，不想听对方说，则一定是交谈中的“自私者”，当然也是不受欢迎的。

（二）交谈中的聆听礼仪

交谈中善于聆听的确有许多好处，但要真正做到洗耳恭听，仅仅对人抱有尊敬之心还不够。也就是说，听不光要用身，还要用心，用整个身心。但有些人做不到这一点。他们听时心不在焉，或左顾右盼，或处理他事，或摆弄东西，或不时走动。这种方式最易伤人自尊心，使说者不愿再说，更不愿讲心里话，因此无法收到较好的效果，还会影响到双方的关系；也有的人，听时虽然很认真，但却挑其毛病，或者频加批判，或遽下判断，或发出争论，这种方式使人讲话不得不十分小心，字斟句酌，同时也担惊受怕，不敢吐露真情，从而影响交谈正常而深入地进行。这两种听的方式都不利于交谈的进行。其实最好的听的方式，是要站在对方的立场去听，去反映，去认识，去理解，去记忆，因为这种听话的方式，既能使听者集中注意力全神贯注地听，又能较好地理解说话者的原意，使对方受到尊敬和鼓舞，愿意讲真话、说实话，并发展彼此友好的往来关系。

除了听的方式外，在聆听对方谈话时还要注意以下方面。首先宜选择一个安静的环境进行交谈，以减少外界噪音的干扰。如果交谈环境不理想，比如外界干扰、噪音太大，或者室温过高、过低，要尽力设法摆脱。同时保持冷静，不受个人情绪和当时气氛的影响。这样才能保证有效地倾听。其次要设法使交谈轻松自如，不要使对方感到拘束，不可显示出不耐烦的样子，也不要过早地作出判断，因为过早地表态往往会使谈话夭折。要少讲多听，不要随意打断对方。还要注意听其内容，而不必过多地考虑对方的谈话技巧。

聆听时要注意谈话者的神态、表情等非语言传播手段，这些往往会透露出话外之意，不仅如此，还要多注意自己的“身体语言”。在他人讲话时，应尽可能地以柔和的目光注视对方，以便与对方进行心灵上的交流与沟通，这样做，会使对方感受到无声的鼓励或赞许，可以赢得其好感。当然，善于聆听的人光会用眼神还远远不够，还要学会用声音、动作去呼应，也就是说要随着说话人情绪的变化而伴以相应的表情，如身体稍稍倾向于说话人，面带微笑等。在说话者谈到要点，或是其观点需要得到理解和支持时，应适时适量地点点头，或是简洁地表明一下自己的态度。当然，只是在关键地方点点头就可以了，不必频频点头。同时，还可以通过一些简短的插话和提问，暗示对方对他的话确实感兴趣，或启发对方，以引起感兴趣的话题。当然，如果对对方的话题不感兴趣，且十分厌烦，那就应该设法巧妙地转变话题，但须注意方式。当有多人在一起交谈时，要学会用目光适当照应在场的其他人，很快地交换一下目光，以鼓励那些不爱开口的人说话。此外，要善于从别人的话语里找出他没有能明白表达出来的意思，避免产生误解，此时也可用一两个字暗示对方。或恰当地提出问题，以表明聆听得十分认真，并力求理解他讲的含义。要强调的是，最高明的“听众”是善于向别人请教的人。如与人交谈时，能向其请教一两个他擅长且不避讳的问题，一定会使其自尊心得到莫大的满足。但要注意向人请教绝不能避实就虚，强人所难。

最后，需要强调指出的是，人们在交谈、交往中所处的不同社会角色地位以及交谈双方之间的不同关系往往影响倾听。一般来说，在交谈双方社会地位相同时，能以完全平等的态度进行交谈，在这种情况下，双方比较容易倾听对方的谈话。在交谈双方社会地位不相同时，往往有两种情况：一是听者的社会地位高于谈话者。比如上级对下级，师长对晚辈、学生等。在这种情况下，听者一定要特别注意听的诚意与态度。通常下属找领导谈话，一定有其原因，领导必须以关心、真诚的态度认真地听，即使对方发牢骚、抱怨，也不要冷淡待人，更不能责备。了解了对方的真实愿望、意见、想法后，可据此作出确切的判断，给予合情合理的答复。肯花时间认真倾听下属意见的上级，是真正关心他人、值得信赖的人。二是听者的社会地位低于谈话者。比如下级对上级，晚辈、学生对师长等。在这种情况下，一般人都会认真地听，有时可能还要在本上记几句。遇有不懂之处，可请对方作适当的重复与解释。切忌唯唯诺诺，点头哈腰，显出一副卑躬屈膝的样子。因为谈话双方无论社会地位相差多么悬殊，在人格上是完全平等的。保持平等的态度才能使谈话得以顺利地进行。

一般而论，任何人都会对诚心诚意倾听自己谈话的人产生感激之情，从而开启心扉，倾吐真情。所以，在交谈过程中，不仅要让自己的话说得更得体，还要注意用聆听来赢得对方。善于倾听，是谈话成功的一个要诀。

（三）交谈中要善于提问

谈话过程中，不仅要注意倾听，还要善于提问。恰当的提问可从对方那里了解到自己不熟悉的情况，或将对方的思路引导到某个要点上，有时还可以打破冷场，避免僵局。

提问既然是为使交谈有效、深入地进行下去，就要注意内容，不要问对方难以应付的问题，如超乎对方知识水平的学问或技术问题等，也不应询问人们难以启齿的隐私，以及大家都忌讳的问题等等。有的人在交谈中就不注意这一点，不管什么事情都要打破沙锅问到底，这样做的结果是既不尊重对方，也不尊重自己，谈话只能不欢而散。提问的方式也不能忽视，查户口式的一问一答只能窒息友善的空气。为此，提问的人应对发问进行方式设计。比如接待一位东北客人，若这样问："你是东北人吧?""你刚到北京吧?""东北比北京冷吧"，等等，对方恐怕只好一次又一次地重复"是"，这不能怪客人不健谈，而是这种笨拙的发问也至多能回答到这种程度，不妨换一个问法："这次到北京有什么新的感触?""东北现在建设得怎么样？有什么新闻?"这样的问话，对方不但可以介绍一些你所不了解的事，还会使客人能充分叙述自己的感受而使气氛自然融洽。所以，设计巧妙的提问，不仅能起到投石问路的作用，还能使交谈沿着自己希望的轨道向深处展开，达到相互沟通的目的。有的人问话一出，便立即打开了对方的话匣子，双方相见恨晚，成了好朋友；有的人问话一出，却使对方无话可说，形成难堪的场面。可见，提问是一种艺术，对拉近人与人之间的距离起着很重要的作用。

如果提出的问题对方一时回答不上来，或不愿回答，不宜生硬地追问或跳跃式地乱问，要善于调整话题。如果对方是因为羞怯而不爱说话，那就应当问点无关的事，比如问问他工作或学习的情况，等紧张的空气缓和了，再把话题纳入正轨。

（四）结束谈话

在社交活动中，无论是谋职、谈判，还是结交朋友、处理业务，都要和人交谈，这就涉及怎样结束谈话。如果能做到恰到好处，就会令人回味无穷，如果处理不好就会把事情弄糟。所以，怎样结束谈话是有技巧的。

一般来说，要避免分歧，再结束谈话。谈话在尚未获得结论或一致意见的情况下，突然结束谈话是不明智的，不利于解决问题和人际交往。分手时更不能讲使对方讨厌的话题，出现分歧时，应主动作出让步，比如可以转换一个话题，把有分歧的话题暂时放一放，谈一些别的，待气氛缓和了再把谈话告一段落，这样能增加双方的亲近感。有时，谈话的开头很好，双方谈得很投机，都处于兴奋状态，如果此时没有什么新的话题，就应该及时结束。有些人不大注意这一点，认为前边既然谈得好，后面一定会更好，殊不知交谈的内容已快枯竭了，如果再接着谈，只会变得枯燥无味。

除了在内容上注意外，还要注意掌握好谈话的时间，使谈话能顺其自然地结束。要注意观察对方对结束谈话是否有心理准备，可以预先留一点时间，为结束谈话创造一定条件。否则，在没有思想准备的情况下，突然终止谈话，会给人粗鲁无礼的感觉。如果在特殊的情况下，只能作短促的交谈，宜事先声明。在把握时间的同时，还可以多留意对方的表情。比如当对方因对谈话内容不感兴趣，或因别的事需要告退，又不好直说时，往往会做出某些暗示，像频频改变坐姿，心不在焉，东张西望，心神不安，摆弄自己带的东西，或不时看看自己的表，对说的话也不作出积极的反应等等，这时就该结束谈话了。如果置这些不顾再继续谈下去，就会令人反感了。

最后要注意的就是结束谈话后如何打招呼。一般分别时，双方都应主动打招呼，以增加感情。比如谈话结束了，主动谈话一方可以说："非常感谢您给了我许多教诲和帮助"，另一方则可以说："不必客气，以后有什么需要我帮忙的，尽管说。"还可以面带笑容地说"欢迎您再来"，使人感到轻松、自然，令双方都感到满意。

第五节　公关形体语言运用

现代人都比较注重自己的风度。风度具体指的是一个人优雅的举止。在公关活动中，公关人员往往身负重任，所以更有必要检点自己的举止动作。根据商务礼仪的惯例和规范，公关人员为了培养出好的风度，必须刻意训练自己站立行的姿势、手势动作和面部表情，同时注意克服不良的习惯。

一、站、立、行的姿势

（一）站姿

优美而典雅的站姿，是发展人的不同质感动态美的起点和基础。良好的站姿应该是直立，头端，肩平，挺胸，收腹，梗颈。具体要求上，男女略有不同。

1. 男士站姿

男士站立时，应将身体的重心放在两只脚上，头要正，颈要直，抬头平视，挺胸收腹不斜肩，两臂自然下垂，从头到脚成一条线。双脚可微微分开，但最多与肩同宽。站累时可向后挪半步，但上体仍须保持正直。这种站姿从外观上看有如挺拔的青松，显得刚毅端庄、精神饱满。男士站时须注意：

(1) 一般在任何场合都不宜斜靠在门边或墙上。两腿交叉站立也是十分不雅的，这是一种轻浮的举动，极不严肃；同时这种交叉腿的动作，也是一种防卫性信号。有时一只脚踝紧靠在另一条腿上，而以脚尖或脚掌触地，也会给对方一种缺乏自信、紧张的感觉，至少是不够大方。所以如果去谋职，千万不要有这种动作。既然出去工作，就要表现自己的能力和信心，因而应采用开放式姿态——两脚分开，两腿成正步或一前一后，抬头挺胸，眼睛看着对方，给人以坦率、自信的感觉。公关人员在公众面前，也不要采用两腿交叉的姿势，否则双方难以达到心理沟通。

(2) 站立时，手不宜插在腰间，这是一种含进犯性意识的姿势，如在男女之间，这种姿势还有“性的侵略”的潜意识。

(3) 不可双手插于衣裤袋中，实在有必要时，可左手或右手插于左或右前裤袋，但时间不宜过长。

(4) 与人站立谈话时，浑身扭动，东张西望，斜肩叉腰均属轻薄浮滑举动，应注意避免。

2. 女士站姿

女士要想使自己具有优雅迷人的站姿，关键要让自己的双脚、双膝、双手、胸部和下颌等五个部位都处于最佳的位置。

双脚的脚跟应靠拢在一起，两只脚尖应相距10厘米左右，其张角为45度，呈“V”字状。两只脚最好一前一后，前一只脚的脚跟轻轻地靠近后一只脚的脚弓，将重心集中于后一只脚上，切勿两脚分开，甚至呈平行状，也不要将重心均匀地分配在两只腿上。

在正式场合双膝应挺直，而在非正式场合则伸在前面的那一条腿的膝部可以略为弯曲，以为“稍息”。但是不论处于哪一种场合，双膝都应当有意识地靠拢。这样的话，方能确保双腿自上而下的全方位并拢，并使髋部自然上提，避免出现双腿“分裂”、臀部撅起等极不雅观的姿势。

双手在站立时若非拎包、持物，则最好是将右手搭在左手上，然后贴在腹部，同时应当注意放松双肩，使双肩自然下垂。不要耸肩、斜肩、或是弯臂、端肩。在非正式场合双手自然下垂贴放在身体两侧未必不可，但在正式场合这样做，就毫无美感可言了。不要把手插在口袋或袖子里，也不要双手相握，背在身后。前一种做法显得自由散漫，后一种做法则看起来老态龙钟。

胸部在站立时应略向前方挺出，同时要注意收紧腹肌，并挺直后背，使整个身体的重心集中于双腿中间，不偏不斜。这样的话，不仅能使自己看起来精神振奋，线条优美，而且也不会出现凹胸、挺腹、弓背等难看的姿势。下颌要微内收，脖颈要挺直，双目要平视前方，以便使自己显得自然放松。不要羞于抬头正视于人，好像做了“亏心事”一样，也不要下颌高扬，用鼻孔“看人”，给人以目空一切之感。此外，还要避免探脖的恶习。

总之，公关小姐在正式场合最优雅动人的站姿应当是：全身直立，双腿并拢，双脚微分，双手搭放在腹前，抬头、挺胸、收腹、目视前方。

需要指出的是，在公共场合站立过久，难免有些疲惫。如果此刻需要休息，那就应当去寻找一张空闲的椅子，然后坐下来。切不可因没有熟人在场，而满不在乎地放松对自己的严格要求。不要倚墙而立或随便找个边边沿沿凑合着靠一靠，站不像站、坐不像坐。要是在此刻再偷偷地交替着将鞋子半穿、半脱趿拉着，为“辛苦”的双腿放风透气，那就太不“秀气”了，应坚决避免。尤其不能允许的是在他人面前弯下腰去拾捡东西，拾掇鞋袜，或是当众敞开双腿蹲下。

在站立或行走之际，突然弯下腰去“办事”，前俯而后撅，对于周围的人来说，都是不够尊重的。有鉴于此，在迫不得已需要当众拾捡东西、提上鞋子、拉展丝袜之时，应当姿势优雅地蹲下身去。在公共场合蹲下去时，有两点切勿遗忘。一是不可以双腿敞开而蹲，在国外，这种姿势是公认的最不淑女的动作。二是尽量不要面对或背对他人而蹲，若是在他人面前侧身而蹲，就不必担心妨碍于人了。

要使自己的蹲姿文明得体，最重要的是使自己蹲下来之后，双膝以上并拢在一起。具体的做法有三种：第一种叫高低式。即左脚在前着地，右脚居后，脚尖点地；左膝高、右膝低，膝部以上并拢；右腿支撑身体，臂部自然向下，上身尽量保持直立。第二种叫交叉式。即右脚在前，全面着地，右小腿垂直于地面；左腿在后与右腿交叉，左膝从右腿下面向右侧伸出，左脚在右脚后面以脚尖点地；膝部以上紧紧并拢，并合力支撑着身体；上身略向前倾，臀部自然下垂。第三种叫作单膝点地式。即右腿在前，弯曲下蹲；左脚在后，脚尖点地，左膝着地，双腿紧贴，臀部向下，身体的重心落在右腿上。最后一种方法实际上是半蹲半跪，它主要适合于穿超短裙者。

（二）行姿

即人们行走时的姿态，它是以优雅、端庄的站姿为基础的。一般来说，行走时步履应自然、轻盈、敏捷、稳健。有人总结了以下几个要点：

（1）最基本的行姿是使自己的脊背和腰部伸展放松，并使脚跟首先着地。行走时移动的中心是腰部，而不是脚部，所以行走应被首先视为腰动，而不是脚动。应当上体前驱，借以带动脚动。

（2）行走时腿不伸直是无法走出漂亮的姿势来的，因此在走动时务必要使膝盖向后方伸直。如果膝盖伸直了，腿也就自然而然地随之伸直了。

（3）行走时要有一定的节奏。行走时双肩要放松，双臂要伸直，手指要自然并拢并略为弯曲，然后还应当使两只手臂一前一后地摆动。双臂摆动应以肩关节为轴，手臂与上身之间的夹角不要超过30度，双臂各自摆动的幅度不应大于40厘米。走路时双臂不动或同时向一个方向摆，或摆幅过大，都不雅观。另外，行走时的步幅同样是有规律的。在一般情况下，公关小姐往往穿高跟鞋，故步伐小一些，一步走30厘米左右，才会显得高雅迷人。同时行走的速度也应当不紧不慢，保持节奏感。同样，对于男士，按其步伐也能判断出他们的气质、性格。男士的步伐会毫不掩饰地向人流露：你是什么样的人，你目前的精神面貌如何。若想给人以严肃、威严的印象，挺起腰板，摆平脑袋，步伐大而稳健；若想给人以儒雅、谦和的印象，则可以放慢、放轻脚步；若希望让人觉得你年轻，富有活力，尽可能地增加步履节奏感。无论怎样，不要拖沓萎靡。

（4）行走时应使脚尖略为展平，脚跟首先触地，通过后跟身体的重心移送至前脚，促使身体前移。须注意的是，行走时的注意力应集中于后脚，而不是向前跨出的那只脚上。

（5）行走时应上身挺直，目视正前方。在腰际以上，不允许摆摆晃晃。同时成一直线前进，不左右摇摆。

在日常生活中，人与人不同，走路姿态不可能呈现一个模式；每个人的行姿很多情况下还与其年龄、职业、着装及所处场合有关，尤其是女士。例如，同一位女士，穿旗袍配高跟鞋和穿长裤配平跟鞋，行走时步伐的大小和速度便有所不同。穿旗袍配高跟鞋，相对而言行走时步伐要小，速度宜慢，以示其文雅和含蓄。而穿长裤配平跟鞋时，步伐则应当大一些，速度快一些，以示其活泼与洒脱。

在公关活动的具体实践中，行姿也有不少特殊之处，公关人员需加以掌握。

例如，与人告辞或退出上司的写字间时，不宜立即扭头便走，给人以后背。为了表示对在场的其他人的敬意，在离去时，应采用后退法。其标准的做法是：目视他人，双腿轻擦地面，向后小步幅地退三、四步，然后先转身，后扭头，轻轻地离去。又如，在楼道、走廊等道路狭窄之处需要为他人让行时，应采用侧行步。即面向对方，双肩一前一后，侧身慢行。这样做，是为了对人表示“礼让三分”，也是意在避免与人争抢道路，发生身体碰撞或将自己的背部对着对方。作为公关人员，应当懂得稳重大方和不妨碍他人的重要性，所以在公共场合，即使遇上急事，也不要轻易表演“百米冲刺”。稍微快走几步则是许可的。不要走起路来用力过猛，尤其是公关小姐穿着钉有铜跟的高跟鞋行走时不要忘记这一点。这种声音对你可能妙不可言，对于别人则绝对是属于噪音的。

（三）坐姿

指人们就座时和坐定之后的一系列动作和姿势。一般来讲，坐姿应当高贵、文雅、舒适自然。基本要求是：腰背挺直，手臂放松，双腿并拢，目视于人。

公关人员在就座时一定要做到不紧不慢、不慌不忙，大大方方地从坐椅的左后侧接近它，然后不声不响地轻轻坐下。不要大大咧咧地一把拉过椅子，“扑通”一声地把自己扔进坐椅里。落座时搞得响声大作，是没有教养的表现。若是走向他人对面的坐椅落座，可采用后退步接近属于自己的坐椅，尽量不要背对自己将要与之交谈的人。公关小姐若坐下之后所要面对的是异性，则通常应当在入座前用手将裙子拢一下，显得娴雅。要是面对一位异性坐定之后，才大模大样地前塞后掖自己的裙摆，难免会失之于庄重。

谈到坐姿的基本要求，男士和女士是不同的。通常男士入座后，人体重心要垂直向下，腰部挺起，上身垂直，不要给人以“瘫倒在椅子上”的感觉。坐时，大腿与小腿基本上成直角，双膝应并拢，或微微分开，两脚平放地面，两脚间距与肩同宽，手自然放在双膝上或椅子扶手上，头平稳，目平视。需要侧坐时，应上体与腿同时转向一侧，头部向着前方。如有需要，可交叠双腿，但一般是右腿架在左腿上。要注意的是，“4”字形叠腿方式和用手把叠起的腿扣住的方式，是绝对禁止的。叠腿、晃动足尖则更显得目中无人和傲慢无礼，公关人员应该忌之。此外，在坐椅上，不能两腿叉开，伸得老远，或是把脚藏在坐椅下，甚至用脚勾着坐椅的腿，这都是非礼的举措，也会给人传递错误的知觉感受，造成不必要的麻烦。

在交谈过程中，一旦发现对方身体前倾，双手摆在膝上，或双手抓着椅子时，千万不要误会对方是对谈话感兴趣，正相反，这是想尽快结束正在进行的话题的最明显标记。应设法采取措施，免得这一姿势进一步延伸。

女士的坐姿是否优美，是影响印象的重要因素。通常女士可采用的坐姿有如下几种，除了在双腿必须完全并拢，尤其是膝部以上必须完全并拢这一点相同之外，它们之间的区别主要在于坐定之后的腿位与脚位有所不同。

（1）双腿垂直式。具体要求是，双腿垂直于地面，双脚的脚跟、膝盖直至大腿都需要并拢在一起，双手自然放在双腿上。这是正式场合的最基本坐姿，可给人以诚恳、认真的印象。须注意这种坐姿脊背一定要伸直，头部摆正，目视前方。如两膝张开，会给人很散漫的印象。

（2）双腿叠放式。这种坐姿要求上下交叠的膝盖之间不可分开，两腿交叠呈一直线，才会造成纤细的感觉。双脚置放的方法可视坐椅的高矮而定，既可以垂直，也可与地面呈45度角斜放。脚尖不应翘起，更不应直指他人，采用这种坐姿时，切勿双手抱膝，且不能两膝分开。穿超短裙时应慎用。

（3）双腿斜放式。坐在较低的椅子上时，双脚垂直放置的话，膝盖可能会高过腰，较不雅观。这时最好采用双腿斜放式，即双腿并拢之后，双脚同时向右侧或左侧斜放，并且与地面形成45度优美的“S”形。当坐沙发时，这种姿势最实用。须注意两膝不宜分开，小腿间也不要有距离。

（4）双脚交叉式。具体做法是双腿并拢，双脚在踝部交叉之后略向左侧或右侧斜放，坐在主席台上、办公桌后面或公共汽车上时，比较适合采用这种坐姿，感觉比较自然。应当注意的是，采用这种坐姿时，膝部不宜打开，也不宜将交叉的双脚大幅度地分开，或是向前方直伸出去，否则可能会影响到从前面通过的人。记住，不造成对别人的困扰是基本礼仪中最基本的一项。

（5）双脚内收式。其做法是，两条小腿向后侧屈回，双脚脚掌着地，膝盖以上并拢，两脚稍微张开，这也是变化的坐姿之一，尤其在自己并不受注目的场合，这种坐姿显得轻松自然。

（6）脚踝盘住收起式。椅子较低时，除了可斜坐之外，还可以将脚踝盘起，往椅子下面靠，但像沙发这样下面没有空间的椅子，就不可采取这种姿势，若是柜台或酒吧内的高脚椅，就可以采取这种坐姿。

须强调的是，公关小姐在乘坐汽车时还应注意坐车的姿势。要想在上汽车时显得稳健，端庄，大方，做起来并不难。上车前应首先背对车门，款款坐下，待坐稳后，头和身体进入车内，最后再将并拢的双腿一并收入车内，然后方才转身，面对行车的正前方，同时调整坐姿，整理衣裙。坐好之后，两脚亦应靠拢。下车的姿势也不能忽略，一般应待车门开后，转身面对车门，同时将并拢的双腿慢慢移出车外，等双腿同时落地踏稳，再缓缓将身体移出车外。

除以上介绍的女士就座的基本方法外，女士就座时还要注意以下两个要点。第一，在正式场合就座时，背部要保持挺直。不应倚靠在椅背上，尤其是不应把头靠在椅背上。第二，应注意就座后双手旋转的位置。一般坐下之后，双手可自然地旋转于双腿之上。双手一左一右地扶住坐椅两侧的扶手，双手分别放在两腿之上，双手抱膝，双手插在两腿之间，双手垫在臀部下面，双手抱在胸前，双手抱在脑后，双手前伸趴在桌上或以手抚摸脚等动作，都是不雅观的，也是非常失礼的。

面对不同的情况，可以选择不同的坐姿，以适当的坐姿来表示对他人的尊重和敬意。比如说，当前去拜访长辈、上司或贵宾时，自然不宜在落座后坐满座位，甚至就像与家人拉家常一样架起“二郎”腿。若是只坐座位的二分之一，那么对对方的敬意无形中会溢于言表。当然，也没必要只坐椅子边上，那样会显得有些过于虚伪了。在与来宾会晤时，如双方对面而坐，最好彼此间有1米左右的距离，使双方在调整各自的坐姿时不至于腿部“打架”。如双方并排而坐，则有必要目视对方，以示恭敬。此时最好的办法是上身微侧，双手叠放于侧过身来较近一侧的那条腿上，双脚亦同时并拢，向同一方向倾斜。

二、手势动作

手势动作是人际交往中使用范围最广的一种体态语言。要培养好的仪态，对它就必须了解。

（一）要了解手势动作的含义

手势动作极富表现力，但同一动作在不同的国家和地区可能表示不同的含义。因此，在对外交往中不能随意乱用。

竖大拇指　中国人认为竖大拇指表示赞赏、夸奖，暗示某人真行。而在美国、英国、澳大利亚等国，这种手势则有三种含义：搭便车，表示OK，骂人；而在希腊，这种手势意味着“够了”、“滚开”，是侮辱人的信号。将大拇指指向自己，是自夸的意思，而跷向别人，通常是看不起人的表示。一般来说，在社交场合，不宜将拇指翘向自己或别人。这样做，往往给人一种很粗鲁的感觉。

OK手势　在欧美通常表示同意，暗示赞成或欣赏对方的观点。在日本则表示“懂了”；在缅甸、韩国表示“金钱”；在印度表示“正确”；在泰国表示“没问题”；在巴西，常以之指责别人作风不正；在突尼斯表示“无用”；在印尼表示“不成功”；在地中海国家，常用它来影射同性恋。

V手势　通常表示胜利，暗示对工作或某活动充满信心。这种手势要求手掌向外。若是手掌向内，就变成侮辱人的信号了。

“右手握拳伸出食指”手势　在我国，它表示“一次”或“一”，或是“提醒对方注意”的意思；在日本、韩国等国表示“只有一次”；在法国是“请求，提出问题”的意思；在缅甸表示“拜托”；在新加坡表示“最重要”；而在澳大利亚则表示“请再来一杯啤酒”。

（二）使用手势动作要规范、适度

根据商务礼仪的惯例，在商务活动或公关活动中表示“请进”、“请随我来”、“再见”之意时，都有规范的手势。例如，表示“这边请”的意思时，应右手五指并拢、伸直，掌心向上，腕关节伸直，手掌与前臂成一直线，以右手掌尖微指被请之人，然后以之指明方向。在这里，掌心向上，是为了表示虚心和待人的敬意，若是掌心向下，则有傲慢无礼之嫌。试想为别人引导方向时，掌心向下地挥手一指，给人的感觉会如何呢？五指要并拢、伸直，手掌与前臂要成一条直线，主要是为了视觉上的美观。

通常手势的使用宜少不宜多，尤其要避免一种手势反复地使用，以免使人感到单调、厌烦；使用任何一种手势时，其幅度不宜过大，否则就会显得过分；同时不要下意识地滥用手势，不然会使对方曲解，甚至认为缺乏教养。

还有，与人相处时不要以手势动作来“评论”人。在公共场合遇到不相识的人，不应当指指点点，尤其是不应当在其背后这样做。这种动作通常会被理解为对对方评头论足，是非常不友好的。此外，根据常规，用带尖的锐器指向别人也是不礼貌的。例如，把刀子递给别人时，不能用刀尖直指对方，而应把刀子横着递过去。在餐桌上，用刀、叉或筷子指着别人让菜也是不够友善的。

最后要强调的是，公关人员在社交场合不能用手挖耳鼻，剔牙，挖眼屎，修指甲等。这些手势动作会被对方看作是对交往无兴趣，蔑视对方，缺乏教养的表现。

三、面部表情

公关人员在与公众打交道时，对其面部表情的基本要求就是热情，友好，诚实，稳重，和蔼。

（一）正确运用眼神

面部表情中起主导作用的是眼睛，眼睛对内心情感的传达主要是靠眼神。为此，公关人员要学会正确地运用眼神。

要学会看，公关人员在与人交际、谈话时，应注视对方的眼睛，以获知对方真正的感受，并将自己的心情袒露给对方，以达到心灵的交流。根据商务礼仪的惯例，在交谈时不正视对方，不是心不在焉，就是心中有鬼。用眼睛表情达意时须注意两个礼仪方面的问题。第一，注视的时间。交谈过程中，有些人让人感觉舒服，有些人则令人不自在，甚至让人感觉不值得交往，这主要与注视的时间长短有关。与对方目光接触的时间超过了全部谈话时间的三分之一时，要么是被认为很吸引人，要么是怀有敌意。因此对于不太熟悉的人，不可长时间地盯着对方的眼睛，以免引起对方的恐惧和不安。如果感觉与对方谈得来，可以一直看着他，引起他意识到你喜欢与他交往。他可能也会回报，以建立良好的默契。这样的谈话，起码要有百分之六十以上的时间注视对方。不难想象，如果谈话时心不在焉，东张西望，或是由于紧张、羞怯不敢正视对方，目光注视的时间不到整个谈话的三分之一，那就不容易被人信任。当然，注视时间的长短还要考虑到文化背景，对南欧人，注视对方过久可能会造成冒犯，故不能照搬。第二，注视的位置。注视对方不同的位置，传达的信息是有区别的，造成的气氛也相异。不同的场合和不同的交往对象，目光所及之处应有差别。比如公事注视，是指人们在工作交往中，联系业务、洽谈生意及外事谈判时，目光所及区域在额头至两眼之间。这种注视给人一种郑重、严肃的感觉。如果同对手谈判，采用公事注视，对方会认为你对工作认真、严肃，同时也很看重对方，有诚意，因而会慎重考虑你的意见，你在一定程度上也就拥有了控制权。再比如社交注视，这是在舞厅、茶话会、宴会及朋友聚会时，目光所及区域在两眼到嘴之间。这种注视会令人感到舒服，也很有礼貌，较前者在气氛上要缓和多了。

要学会用眼神表示对他人的尊重与友好。眼神能很好地表达出对他人的尊重，例如俯视带有权威感，且有诲人之意，仰视表示尊敬与景仰。因此与人交往时，尽量不要站在高处自上而下地俯视于人；面对长辈、上司和贵宾，站立或就座时应选择较低位置，自下而上地仰视对方，往往会赢得对方的好感。

当与两个或两个以上的人共处时，不应当只看着自己的熟人或是与自己谈得来的人，而冷落了其他人。即使是在接待尊卑有序的许多客人时，在重点照顾好高位尊者的同时，也应当适当地与其随员和下属进行眼神的交流。面对有男有女的几位客人时，对异性和同性要“一视同仁”，若是与异性谈话两眼炯炯有神，与同性谈话两眼黯淡无光，那是无法与客人达到真正的心灵沟通。

在正式场合，要克服不良的看人习惯，尤其是面对不太熟悉的人时，有的眼神容易引起误会或麻烦，所以要特别注意。不要盯住对方的某一部位“用力”地看，否则是愤怒的最直接表示，有时也暗含挑衅之意；不要浑身上下反复地打量别人，尤其是对陌生人，特别是异性，这种眼神很容易被理解为有意寻衅闹事；不要窥视别人，否则是心中有鬼的表现；不要用眼角瞥人，这是一种公认的鄙视他人的目光；不要频繁地眨眼看人，反复地眨眼，看起来心神不定，挤眉弄眼，失之于稳重，显得轻浮；不要左顾右盼，东张西望，目光游离不定，否则会让对方觉得用心不专。

（二）以微笑面对宾客

五官中，嘴的表现力仅次于眼睛，嘴的开合，嘴的向上、下运动都能传递一定的信息，如撅嘴表示生气，撇嘴表示鄙夷，努嘴表示纵容，咂嘴表示惋惜等，这些口形的含义早已人所共知，公关人员是不宜采用的。

在公关活动中，为了表示对交往对象的友好与尊重，公关人员的最佳表情应是面带微笑。微笑是一种人人皆知的世界语。微笑传达的信息常能促进双方沟通，融和双方感情，比如当谈话取得一定效果，谈判达成一定协议时，双方会心地微微一笑，常常能弱化或消除存在于心中的戒忌和隔阂，增进理解和友谊。日本航空公司的空中小姐，仅微笑一项，就要训练半年之久，这足以说明微笑对人际交往的突出效用。要掌握好它，要紧的诀窍只有一个：发自真心，有诚意。微笑既不是奴颜婢膝地曲意奉承，强作笑颜，也不是例行公事似的皮笑肉不笑，或是笑的夸张放肆。微笑的基本做法是：不发声，不露齿，肌肉放松，嘴角两端向上略为提起，面含笑意，亲切自然，使人如沐春风。其中亲切自然最重要，它要求微笑出自内心、发自肺腑，而无任何做作之态。也只有这种发自真心和诚意的微笑，才能使一切与你接触的人都感到轻松和愉快。

本章小结

本章介绍了公共关系礼仪的概念、公共关系礼仪的原则，公关语言艺术和交往的基本礼节，重点介绍了公关语言的设计过程中的交谈、聆听等基本要求，形体语言是最重要的公关语言，本章还重点讨论了站、立、行、手势及面部表情等形体语言。

复习思考题

1. 你认为日常交往中应有哪些基本礼节？
2. 交换名片时应注意哪些礼节？
3. 简述交谈中的语言设计。
4. 简述交谈中聆听的礼仪。
5. 体态语言在交往中有何重要意义？

6. 简要说明聆听的基本要求。

7. 论述公关语言设计的重要意义。

8. 案例分析：

周恩来的人格魅力赢得中国外交

周恩来不仅有自己系统的外交思想，而且在长期外交实践中形成了自己颇具特色的外交风格，特别是他的人格魅力，这种外交风格和人格魅力也成为新中国外交的一种无形资产和鲜明的有影响力的旗帜。

周恩来的外交风格可以概括为如下方面：原则坚定，策略灵活，实事求是，调查研究，光明磊落，说话算数，团结多数，广交朋友，平等协商，以理服人。也有人把他的外交风格作了如下概括：高瞻远瞩，首创精神，平等协商，求同存异，坚持原则，以理服人，光明磊落，言行一致，调查研究，多谋善断，广交朋友，热情真诚，洞察形势，真知灼见，豁达大度，放眼未来等等。还有人把周恩来的外交风格归纳为：服人以理，待友以诚，立言以信。无论对周恩来的外交风格怎样概括，从他的实际表现中可以看出，以下的特色是十分鲜明的。首先是高度的原则性。这是所有研究者一致公认的。他在外交过程中对于中国应该支持什么、应该反对什么，从来态度鲜明，这使外界乃至整个世界对中国的立场不会产生任何误解，而他关于反对殖民主义、反对霸权的立场，给世界留下了极为深刻的印象。其次是他不卑不亢的态度。在众多的外交场合中，作为一个泱泱大国的领导者，他既自尊、自信，又谦虚自处、平等待人的风格，为中国赢得了广泛的赞誉，被称为“没有大国架子的大国风度”的人。再有是他“言必信、行必果”的言行一致作风。周恩来时时用这些古训告诫自己，因而在国际上被称为可以认真与之打交道的人，这不仅在国际舞台上增加了中国发言的分量，而且为中国争取更多的可以信赖的伙伴扩大了基础。此外，在周恩来的风格中，平等协商、平等待人的特点也是非常突出的。纵观其外交历史可以看出，周恩来一贯倡导和坚持平等协商的风格。凡是双方或多方共同的事情，他考虑到各国制度不同，思考问题的方式不同，认为只有在双方自愿和同意的情况下才能求得问题的解决，其办法只有平等协商，而不能仗势凌人。在对外交往中，他总是以平易近人、和蔼可亲的态度与对方平等协商。一定程度上可以说，正是由于他的这种态度，为我们新中国赢得了更多的朋友和可以信赖的合作伙伴。

对于周恩来个人的人格魅力和风采，人们无不给以充分的肯定和高度的评价，认为他的音容笑貌，举手投足，一言一行，都能给对方留下极为深刻的印象，他不仅受到中国人民而且受到世界各国政要由衷的钦佩和高度的赞扬。对于这些，我们只要看一看 1998 年开始发行的《周恩来与中国外交风云》的电视纪录片，就可以充分领略到他的魅力和风采，他不仅使我们中国人而且使所有东方人都为之感到自豪。

1963 年周恩来总理在访问非洲国家时，曾应邀顺访突尼斯。在对方举行的宴会上，突尼斯总统布尔吉巴在致辞中讲述双方的友好之后，突然公开批评起中国的某些政策来，使席间的气氛骤然紧张起来。按照外交惯例，这种行为是一种不友好的做法。但是，周恩来总理既没有离场也没有抗议，而是不动声色地注意听下去。因为他很了解布尔吉巴为人的特点，也考虑到他们可能有什么方面的需要而这样做。周恩来总理当时所想的是，既然他请我们来，本意是要发展同中国友好关系的。他便在后来的致辞中，一方面强调中国是爱好和平、为世界和平而努力的国家，另一方面也强调，正如刚才布尔吉巴总统所说，我们两国之间并不是在所有问题上都意见一致，但这种不一致并不妨碍我们两国间建立友好关系，也不妨碍我们为共同的和平目标而努力。周恩来总理的讲话不卑不亢，既强调了双方的共同点，肯定了对方发展友好关系的目的，同时也坦诚承认我们双方之间存在分歧，但这种分歧在为争取世界和平和友好的前提下能够获得解决。会议气氛一下子缓和下来，布尔吉巴也很受感动，因为他感到，周恩来总理在这种场合下，不仅没有去批判他的讲话，反而能够听取不同的意见，能够充分肯定他的积极方面，实在是有大国总理的气度。在友好的气氛下，第二天的会谈进行得很顺利，两国很快达成共识，在所发表的联合公报中，宣布两国正式建立外交关系。

案例思考题：

通过本案例，你认为周总理在新中国刚刚成立时，为拓宽我国的国际生存空间，在一系列外交中体现了怎样的礼仪素质？

第十一章　公共关系新闻传播

学习目标

了解什么是新闻传播？什么是新闻价值？什么是新闻制造？什么是撰写新闻稿的要诀？理解公共关系新闻传播的特征。掌握选择新闻媒体的原则和依据。

引导案例

1036——传情五环

电台“城市之声”员工为台庆5周年设计了一个方案：立足将“城市之声”5周年台庆与申办奥运活动相结合，通过电子传播媒介，传达“城市人盼奥运”的城市之声电台的时代强音，并把这一理念传遍全世界。

围绕“一首歌曲——五个‘1036’系列活动”策划主题，进行城市之声5周年台庆活动。一首歌曲即是以都市人热心申奥为主题，并将其作为一条主线贯穿整个台庆活动始终。五个“1036”意指与主题有关的五个系列活动：1036个五岁的孩子亲手绘制的图画；1036米长的都市人亲笔签名横幅；1036个市民支持申奥的声音；1036封孩子亲手寄出的信；1036张录有主题歌的CD光盘，在送给1036名市民之时，传递城市之声支持申奥的热忱。活动的实施与网络活动相结合，从而扩大影响与传播范围。

第一节　新闻传播概述

一、新闻传播

“沟通”是公共关系中最重要的一环，公关专家 Philip Lesly 等人指出：“沟通对于公关这门学问的兴起有很大的贡献，也是公关中最突出的层面。”因此，有关沟通上的实务性技巧，是公关工作中最需要具备的知识。

一般所运用的公共关系沟通模式包括了新闻传播、广告、事件等方式。利用新闻传播的方式向公众提供信息，为组织创造良好的舆论氛围，是公共关系传播的首要沟通方式。大多数人认为，公共关系是一种传播活动。通过大众传播媒介同公众取得广泛的联系和沟通，是组织公关工作最突出的特性。

所谓新闻传播，是指新闻工作者将每天发生的有价值的新闻，通过大众传播媒介告知于社会公众的一种传播形式。因此，同新闻媒介打交道，借助新闻媒介的力量树立自身的美好形象，传递组织的信息，以求得公众的好感和了解，是组织公关活动中常见的内容，也是最常用的方式。毫无疑义，新闻最重要的特点是必须真实，真实是新闻的生命。新闻不是文学，不允许夸张和想象，只能是事物真实面貌的反映。在真实的前提下注意消息的新鲜和及时。新闻应该是最近发生的事情，过时事件就失去了新闻价值，不能再引起人们的关注。即使仍可使人产生兴趣，但毕竟没有多大意义了。新闻还应该是新奇的，即使刚刚发生，也不会引起人们的注意。因此，新闻应该抓住特殊性，力求与众不同。掌握了新闻的特点，再加上对新闻的敏感性，就能够在日常生活中发掘新闻题材，运用新闻手段进行传播了。

二、新闻传播的特征

相对于公关活动中的各种传播形式，新闻传播有其自身的特征，它表现在：

1. 新闻传播具有客观性

新闻传播是新闻机构从第三者的立场报道新闻，不带主观色彩，可给公众留下客观、公正的印象，容易得到公众的信任，比组织自我宣传的效果好。

2. 新闻传播的免费性

新闻传播可能是组织提供的新闻素材被新闻机构证实后通过新闻媒介与公众见面的，或者是新闻记者自己挖掘的有关组织素材，这种传播一般不需要付费，相当于组织的免费广告，因此，也被称为“免费传播”。不过，目前我国新闻机构存在严重的行业不正之风，有偿新闻传播多，影响了新闻传播的信誉。

3. 新闻传播的可信性

一方面，新闻传播媒介覆盖面广，新闻传播的对象不只是组织的顾客，还包括社会各阶层，影响面广。另一方面，新闻传播媒介对所传播的信息具有“授予地位”，社会上每天发生的事情非常多，能被新闻媒介报道出来的只是其中很少的一部分，因此，一条信息经过新闻机构的重重筛选被报道出来，这一事实本身就表明此信息是重要的、有典型意义的。若能被多家新闻机构争相报道、连续报道，其社会影响更大。

第二节　公共关系新闻活动的开展

一、发现有价值新闻

新闻素材、新闻稿件能否被采用，主要取决于所提供的消息是否有新闻价值。所谓新闻价值，从公共关系学的角度分析，是指构成公共关系新闻的事实和材料本身所具有的能够满足社会公众对公共关系新闻需要的素质。某一事件是否具有新闻价值，判断因素有以下几点：

(1) 真实性。新闻报道绝不能主观臆断、弄虚作假、欺骗公众，虚假的报道不仅有违新闻的宗旨，也有损于组织的形象和声誉。

(2) 时效性。时间近、内容新，这是判断新闻质量的重要标准之一，但是，新闻并非只是最近所发生的事情，确切地说，应该是事件的各种新发展阶段，重点不在于事件何时“发生”，而在于事件何时被“得知”或“更新”。例如，第二次世界大战虽然已经距离今天有半个多世纪，但是有关战时的许多机密，都是迟至最近十几年、甚至最近几年才一一解密公布，每次公布都能成为新闻。

(3) 重要性。对于某一地区或国家的政治、经济和社会生活产生一定影响的重大事件，具有很高的新闻价值。如北京成功申办 2008 年奥运会、全国党代会、全国人民代表大会，都是各种新闻媒介争相报道的重点，也是社会大众关心的焦点。但重要性是相对的，有时像挤公共汽车这类司空见惯的小事也会因时间、地点、人物及其他因素，变成具有重大新闻价值的事件。

(4) 接近性。所报道的事实与准备接受这一信息的公众在心理距离和空间距离上越接近越好。因为公众关切的是他们熟知的人物、地方与事件(需求)。所以，著名的报人 James Bennett 二世就曾告诉《纽约前锋报》巴黎分社的记者们说：“(巴黎) 罗浮街上发现一条死狗，比中国一场大水灾还更能引起 (巴黎) 读者兴趣。”(李茂政：《当代新闻学》，台北：正中书局 1987 年版)

(5) 特殊性。或者说新奇性。“物以稀为贵”，越新奇的事物、越少发生的事情，突破常规的事物变化等，就具有特殊的新闻价值。例如，有一家加油站设置了一座五星级的厕所，让顾客在加油的时候，可以去享受一下一个五星级公厕所带来的舒适感。这就是一则具有特殊性的“新闻”，加油站设置五星级的厕所，您会不会也想去看个究竟呢？

(6) 人性或趣味。新闻界对于人性或趣味性的故事、题材，通常有很高的兴趣。例如，能够赚人热泪、令人心生感动、或具有幽默性的新闻，常常能引起阅听人的关注、兴趣或满足阅听人使用媒体的休闲娱乐性需求。有关人性或趣味性的题材包括了金钱、英雄崇拜、生活兴趣、悬疑、科技进步等。例如主人翁浪漫、传奇的爱情故事，往往能吸引很多人的注意；《大染坊》剧中主角讨饭出身，因为智能、勇气和奋斗精神，最后成为一代企业巨子的故事，就极具人性，令人感兴趣。

上述因素中，真实性和时效性是新闻价值必备的因素，而重要性、接近性、特殊性、人性或趣味是新闻价值的选择因素，任何一个事件，只要具有两个必要性因素或几个选择性要素，就具有新闻价值，就可能成为新闻而被报道。

对组织可能有价值的新闻事件：

具有新闻价值的事件各种各样，不同的组织具有不同的有新闻价值的事件，公共关系人员应善于从组织所发生的各种事件中挖掘新闻事件。对于工商企业来说，下述事件可能具有新闻价值：

(1) 产品生产和技术改造方面的新成就。如新生产线投入使用；新产品试制成功并投放市场，而且填补了国内空白；生产技术有重大突破等。

(2) 企业产值、销售额、利润、出口创汇等方面有重大突破，对国家和地方财政作出重大贡献。

(3) 产品价格的重大变动及因此给公众带来的影响。如四川长虹在彩电业率先发起的几次价格大战，引起了新闻媒体的争相报道。

(4) 企业重大的庆典活动及与名人有关的事件。如厂庆、开工典礼、奠基典礼、邀请社会名流参加的各种活动。

（5）企业积极参加社会公益活动，勇于承担社会责任方面的良好表现。如赞助体育比赛、参加维持社会秩序的活动、为慈善机构捐资捐物、开办希望学校、植树造林等。

（6）企业的重大变动。如企业兼并、联合、股份化、重要的人事变迁等。

（7）企业职工的动人事迹及获得的特殊荣誉。

对于这些事件，如果能从社会和公众利益的角度加以宣传、报道，其新闻价值更高。

二、新闻制造

新闻宣传的主动权不在组织，但这并不表明公共关系人员只能被动地等机会，公共关系人员可以主动制造具有新闻价值的事件，争取新闻传播的机会。所谓新闻制造，是指在组织公共关系工作中人为地制造一些具有新闻价值的事件，以求做好公共关系工作，扩大组织的影响。新闻制造是公共关系工作中艺术性、技巧性最高的活动之一，要靠公共关系人员广博的知识、超凡的想象力、丰富的实践经验。

新闻制造有以下可供借鉴的方法：

（1）就公众某段时期最关注的话题制造新闻。每一段时间总有公众比较关注的话题，如重大体育比赛、重大灾情事件、国内重大政治活动，结合这些话题制造新闻，往往能引起新闻界的关注。2001年是确定2008年奥运会举办城市年，北京申办奥运会是全中国人向往已久的大事，许多组织利用申奥，开展大规模的公共关系活动，宣传效果非常好。

（2）抓住“新、奇、特”制造新闻。新、奇、特是新闻价值的要素，策划具有这些特点的活动，可以吸引公众的注意力。美国联合碳化钙公司新建的52层高的总部大楼竣工了，一大群鸽子飞进了其中一个房间，并把这一房间当做栖息之处。公司公关顾问得知这一消息，立即意识到扩大公司影响的机会来了。在征得公司领导的同意后，首先，他下令关闭房间所有的门窗，不让一只鸽子飞走。其次，用电话与动物保护协会联系，请动物保护协会迅速派人前来处理此事。再次，给新闻界打电话，告诉他们一大群鸽子飞进大楼的奇景，以及动物保护协会将到大楼捕捉鸽子加以保护的消息。新闻界被这一消息惊动了，电视台、广播电台、报社等新闻媒介纷纷派出记者进行现场采访和报道。在动物保护协会捕捉鸽子的三天时间中，新闻界对捕捉鸽子的行动进行了连续报道，消息、特写、专题、评论等体裁交替使用，既形象又生动，吸引了广大读者、观众争相阅读和收看，联合碳化公司的总部大楼也因此名声大振。此时公司领导充分利用在荧屏上亮相的机会，向公众介绍公司的宗旨、经营状况，加深和扩大公众对公司的了解，大大提高了公司的知名度和美誉度。借此机会，联合碳化公司总部大楼竣工的消息巧妙、顺利地告知了公众，公司通过制造新闻，取得了事半功倍的效果。

(3) 有意识地将组织与社会名流联系在一起。通过邀请名人主持剪彩、参加组织庆典、参观组织等活动，利用名人的知名度吸引记者前来采访。天津墨水厂试制成功了一种适合中国书法和中国水墨画用的高级书画墨汁，命名为鸵鸟墨汁。由于墨汁是瓶装液态商品，仅凭看一看、闻一闻无法鉴定其质量、显示其特色。为了使这种新产品能尽快为消费者所了解、接受，天津墨水厂采用了借用名人的做法，他们邀请了北京、天津两市30多位书画家挥毫试墨，墨汁运笔流畅、墨水纯正、不绉纸张、宜于托表，不渗墨汁，质量非常好，各书画家纷纷作画赋诗赞誉，鸵鸟墨汁因此赢得了顾客。

(4) 利用传统节日、纪念日举办公共关系活动。传统节日、纪念日活动年年都是新闻报道的重点，联系传统节日、纪念日开展有新意的公共关系活动，容易引起新闻媒介的关注。中国的传统节日主要有：春节、元宵节、清明节、端午节、中秋节等；现代节日有：元旦、国际劳动妇女节、植树节、青年节、儿童节、建党节、建军节、教师节、国庆节、老人节等。近几年，西方国家的一些节日，如圣诞节、情人节、母亲节等，在中国也流行起来。每一个节日都是组织开展公共关系工作的好机会。

(5) 与新闻机构联合举办公共关系活动。与新闻机构联合举办活动，新闻机构出于自身利益必将全力以赴，也是组织扩大自己影响的好机会。组织可与新闻界联合举办知识竞赛、联谊活动、文艺晚会、各项评选活动等。

制造出来的新闻是公共关系人员精心策划的结果，比一般新闻更能迎合新闻界及公众的兴趣，能明显提高组织的知名度。但制造新闻必须遵循公共关系的基本原则，不能愚弄和欺骗公众，损害公众利益和社会利益。

三、新闻准备

任何一个组织在具体的工作进行中，由于各种情况的不同变化及本身工作的正常需要，经常会有目的地开展各不相同的主题宣传活动。但是一般组织没有新闻传播的主动权，在信息传播活动中较为被动。因此，必须对公共关系新闻传播进行周密策划，以使提供给新闻媒介的资料增加新闻价值；或制造出具有新闻价值的事件，吸引新闻单位报道；或召开新闻发布会，通过新闻界来向公众广泛宣传或解释有关情况。作为公关人员，应对本组织的重大事件了如指掌，以备咨询时对答如流，重要事件还应准备书面材料，在新闻传播时可以提供给记者备查，以免在报道中发生差错。如要召开新闻发布会，要准备发言和报道提纲，准备宣传辅助材料；新闻准备要尽量做到全面、详细、具体和形象。形式应多样，要有口头、文字、实物、照片和模型等。

新闻材料准备好后，应及时寄送给新闻单位，为了提高新闻稿的“命中率”，公共关系人员应注意以下问题：

（1）选择合适的投送对象。不同类型的传播媒介有不同的功能和特点及工作方式，如编辑方针、发行周期、排版、阅读对象等，公共关系人员在投送稿件时必须认真研究这些内容，有针对性地投递稿件。

（2）选择有利的投稿时机。当社会上有重大事件发生时，如召开党政会议，举办大型政治、经济、文化、军事、体育活动等，这些事件便是新闻报道的重点，公众关注的也是这一类事件。组织投送的稿件如果与此无关，很难引起新闻媒介和公众的兴趣。因此，策划新闻宣传、寄送新闻稿件一定要选择新闻“淡季”。

四、新闻稿的撰写

新闻稿是一篇“以传播信息为目的的简单文件”，新闻稿的发送对象是大众媒体的新闻记者或编辑，新闻稿若经这些守门人采纳，会刊登在大众媒体上，就成了我们每天阅读或收视的“新闻”。撰写新闻稿是公关人员一项非常重要的工作。公关人员在撰写新闻稿时，最重要的是要“达成公关目标”。例如，呈现组织正面形象的报道，让目标族群能够接收到这些信息，进而对组织产生正面或良好的印象。一般来说，撰写新闻稿须做到：

（1）稿件必须具有新闻价值，能够被新闻编辑采用刊登；

（2）能提供有关组织的有效信息；

（3）协助媒体记者对组织形成好的观感印象，从而让更广大的群众对组织形成好的印象。

（一）5W：新闻稿的五大元素

新闻稿不是作文，而是新闻事实的陈述。一篇新闻稿最基本的任务，必须让人看得懂、知道事件的来龙去脉，所以必须能完整说明人、事、时、地、故等5个“W”。这5个“W”的内容就是：

- 新闻事件（What：是什么事情？或即将发生什么事情？）
- 新闻人物（Who：谁跟这件事情有关？）

●新闻时间（When：什么时候发生?）

●新闻地点：(Where：在哪里发生?）

●新闻原因（Why：为何发生?）

当然，这五个W的比重绝对不会一样，有的必须详细写，因为那是重点，有的可以一笔带过，因为那是不太重要的信息。从新闻传播学的角度看，一篇能同时包含五个因素的新闻稿，才算是合格的新闻稿。但是从公共关系学的角度出发，只要能被采用，并且能够传达有利于组织的信息，从而达成公关目标的新闻稿，都是合格的新闻稿。

(二）撰写新闻稿的要诀

“所谓新闻，就是会让人一目了然的文字”。一言道出新闻稿的精义。新闻稿的写作，不但强调文句的简洁、顺畅以及易读易懂，更重要的是整篇新闻稿的布局，也就是“新闻写作的形式”。一般的新闻写作方式都是采用“倒金字塔”式的布局，把事件的高潮安排在文章的开头或首段，最重要的部分放在二、三段等，使其重要程度形成一个倒立的塔形，越上方的分量越重，越下方的分量越轻。

这种写作法主要是根据“新闻媒体”的生产及消费特性，因为媒体记者每天要过滤的新闻稿可能高达数百篇，在截稿时间的压力下，记者不太可能详细阅读每一篇新闻稿，如果稿件一开头不能吸引记者，这篇新闻稿难逃被丢进垃圾桶的命运；而且在版面处理时往往会因为版面不够而必须删掉一小部分稿件或内容，这时候编辑通常会从稿件的最后删去，如果重点置于最后，这篇新闻稿很可能无法完成其应有的公关任务。另外，在分秒必争的“快餐文化”社会里，很多读者看报的时间并不长，在这么多的报道中，要立即找出有兴趣的故事，除了标题吸引人之外，整篇报道的第一段可能是他们浏览的重点，因此，如果重点信息放在后头，这些读者很可能只接收到前头的次要信息，“无意间”漏掉组织想要传递给读者的最重要信息。

新闻稿是一篇说明事实来龙去脉的新闻报道，通常由四个要素所组成：

标题：这篇新闻稿是关于什么事?

导言：新闻重点是什么?

躯干：新闻事实的详细陈述。

其他信息：提供新闻稿的机构、提供的时间与新闻联络人的信息。

1. 标题

标题就是新闻稿的主题，告诉人家“这篇新闻稿是关于什么事”，是有关某新产品上市的造势活动，还是五百名劳工上街抗议某企业不当裁员，或者是整体失业率又升了一个百分点。

标题要简洁、有力，公关人员可多参考报纸上的新闻标题。建议最好先写完导言及躯干以后再定标题。原则上，新闻标题是越短越好。最好能简要明确地表达出新闻主题。以下举几个新闻标题为例：

商用打印市场竞争惠普以赛车加强客户关系

万里长城名列最濒危遗址

八成独居长者忧心 SARS 重临

以上简单的标题，都能让人一眼就看出正文要说的事情。定标题就应该这样。其实，报纸或媒体上的标题都是由媒体的新闻编辑把关确定，公关人员在新闻稿上的标题，主要是要让记者或编辑能马上抓住这篇稿子想要说的事实，让他们可以快速决定这件事情值不值得报道。所以好的标题，应该具备吸引记者想要一窥新闻稿究竟的功能，这样才能增加新闻稿被采用、刊登的机会。

2. 导言或摘要

所谓“导言”，指的是新闻稿的第一段，是整篇新闻的浓缩重点。原则上，整个新闻稿的重点都应该在这一段强力表现。新闻稿写得好不好、有没有吸引人的地方，都是看这一段导言。以下我们来看看上述三篇新闻报道的导言：

●商用打印机市场竞争愈演愈烈，行销手法不断翻新。为了加强与客户的互动，日前惠普科技（HP）邀集客户工程师人员组成的 HP MIS CLUB 举行第一次活动，并以赛车的方式将商用打印机导入话题。

●总部设在纽约的世界古遗迹基金会，公布全球一百处最濒危遗址名单，中国的万里长城名列其中。为保护长城，今年八月已由北京市实施全国第一个长城保护法，至于国家级的法律，目前正在起草中，已进入第三稿阶段。

●一项调查指出，超过七成的独居长者担心 SARS 在冬季重临，八成受访者希望可注射预防流感疫苗。

在第一篇导言里，整个重点就是“惠普科技邀客户工程师举办赛车活动”，这是整篇新闻的核心，这是一篇企业的公关新闻，重点不在“何时举办这项活动”，这是公关人员的判断，因为这场比赛最主要不是要邀请人来参加，而是要告诉大众“惠普重视与客户的关系”。

第二篇新闻，重点是“世界古遗址”。显然这是本地读者摘录该基金会的调查报告，然后从中挑出“长城濒临危机”这件大事。如果您是该基金会的一位公关人员，想要向中文世界发布这个消息，很可能也会写出类似的导言内容。

第三篇的新闻重点是“一项针对老年人对 SARS 反应的调查”。这是一项调查结果公布，把香港老人担心 SARS 卷土重来的心情，清楚地表达出来。既简单、清晰又充分表达意思，是相当典型的导言范例。

谈到这里，读者可能产生一个问题：那就是“如何决定新闻的重点”？这是一个涉及策略运用的问题，谨提供以下原则供您参考：

(1) 既然是重点，就一定要有取舍

既然是“重点”。当然会面临“取舍”的问题。我们不可能把所有新闻信息都浓缩到一段导言里去，因为这样一来，导言可能会变得“臃肿不堪”，反而凸显不出真正的重点。我们可以衡量一下“5W（人、事、时、地、故）这五个因素中，哪一个因素比其他重要”？例如，一篇“酬宾疯狂大折扣”的新闻稿，事件本身以及“何时”、“何处”是记者和阅听人最感兴趣的部分，我们就应该把“事、时、地”这些信息排入导言，至于其他如“谁”、“为什么”等信息，则可以列到第二或第三段加以说明。

(2) 导言应考虑到不同媒体的需求

著有《如何撰写新闻稿》的美国新闻公关专家 Peter Bartram 指出：“所谓新闻重点，就是从接稿编辑的角度来看，最重要且最不寻常的事……有时候，对某家报纸来说十分有趣的新闻，到了另一家报纸就被直接丢进字纸篓里”，这是一个很重要的观察，因为不论您想要凸显的重点是什么，最后总是由记者或编辑，根据自己报社的偏好来找出重点，才能对准各媒体的“味”，进而提高新闻稿被采用的机会。

例如，您要发的一篇新闻稿重点是：“某地区男性服饰大型连锁店将于某月某日开张”，您和您的客户都认为“何时开张”最重要，因为您希望越多人知道这个信息越好。但是发给一般地区报纸或强调生活品位的杂志，凸显的重点就应该不同。一般地区报纸对于区内开了这么一家大型连锁店，可能会有报道的兴趣，所以“何时开张”是重点；但是对一个重视男士服饰品味的刊物来说，他们可能根本不在意“又多了一家连锁店”，他们在意的是“这家连锁店有何特色，能为男士提供什么样的消费利益”。因此，新闻重点应该要考虑到不同媒体的需要和兴趣。

3. 躯干

“躯干”是更具体叙述新闻事实的内文，也就是“故事内容”。其功能有二：一是“解释”，就是把导言提到的事实解释得更清楚；另一功能是“补充”，也就是补充导言所没有提到的次要事实或细节，使这篇新闻稿更周全。以下我们来看看上述两篇新闻稿的“躯干”是怎么写的：

*今天也身着赛车服下场，与其他参赛人员较劲的惠普影像打印暨消费通路事业群副总裁黄士修表示，在商用打印市场上，当竞争者还停留在

价格竞争时，惠普率先以产品优势及服务提供消费者不同的选择。

黄士修强调，惠普在产品价值的总体持有成本、投资报酬率等取得市场认同后，应更直接地了解使用者的需求，进一步让使用者了解惠普产品对工作所产生的帮助，及产品带来的价值。所以，他们希望直接与使用者沟通，因此才推出业界首创的第一个 MIS CLUB 以增进双方的合作关系。

接下来我们看另外一篇有关长城被列为濒临危机遗迹的事情：

●长城十多年前就被联合国教科文组织的世界遗产委员会列为世界遗产名录，该组织自 1998 年起，每隔六年会对全球各地区监测，若被列为世界遗产的保护工作有缺失，就会被打入“世界遗产濒危名录”，甚至除名。中国目前还没有任何一处遗产被列入濒危名单，但属民间组织的古遗迹基金会的调查是一个警讯。

世界古遗迹基金会认为，万里长城因自然破坏及游客过多、破损严重而入选一百处最濒危遗址名单，尽管国家文物局人员表示，古遗迹基金会只是民间组织，公布的结果并不权威，但民间组织中国长城学会呼应国外的调查，学会秘书长董耀会甚至表示，“万里长城其实早已不复存在”!

董耀会今年 9 月刚从长城全线考察回来，他说，长城每年都持续崩塌，例如，河北张北县和万全县交界的狼窝沟口长城是省级重点文物保护单位，早在 1984 年时，长一千多米的石砌长城虽大部分坍塌，但倒塌下来的石头仍形成一条又高又宽的石头梁；最近再次考察时，发现所有的石头梁全都不见了，一些地方已变成了挖地三尺取石之后的土坑。

中国长城学会调查，目前明长城主墙体基本完好的只有两千余公里，约占明长城全长的三分之一，还有三分之一的长城墙主体已较大程度地倒塌甚至完全塌毁，另外三分之一的长城已不复存在。董耀会认为，万里长城历史悠久，被一段段肢解，这个奇迹将可能从地球上消失。

4. 其他信息

新闻稿并不是单单在 A4 的纸上写下一篇东西而已，事实上，新闻稿是公关人员与记者之间的一份说明文件，必须能让记者确认发布这份新闻稿的机构、联络人、时间等信息，所以新闻稿除了标题、导言与躯干之外，还应该包括以下的其他信息：

(1) 发稿组织：发稿组织的正式名称、地址、电话、传真、Email 等信息，通常位于左上方。方便让记者马上知道是谁发的。

(2) 日期：通常位于新闻稿的右上方。

(3) 联络人：务必附上新闻联络人的姓名、联络方式（如电话、手机、传真），以利于新闻记者想要知道如何进一步确认或提出任何问题时，可以随时与新闻联络人员取得联系。

(4) 发布请求：所谓“礼多人不怪”，通常在新闻稿下方打上“恳请采纳”、“敬请指教”等拜托记者的简短用语，以表达新闻联系人员对记者的尊重和敬意。

(5) 页码：新闻稿通常以不超过一页 A4 纸张为原则，如果必须增页，则务必打上页码，并于首页末尾注明“续下页”的字样，以免记者漏掉。

(三) 撰写新闻稿的注意事项

1. 精简扼要、通俗易懂

新闻稿不是作文，而是信息。对于信息，我们精简扼要地表达，才能让人知道整件事。除非这篇新闻具有相当的内幕性或爆炸性，可以深深吸引人阅读，否则，一篇一千字以上的新闻稿被全文照登的机会微乎其微。

我们固然不能低估一般阅读者的文化程度，但有一个原则必须把握，那就是我们的新闻稿不是专门写给高级知识分子看的，我们必须为一般水平的读者着想，这意味着公关人员必须尽量避免卖弄文字，避免使用高深的专业术语或艰深字句，而应以通俗化的笔法来撰写新闻稿。

2. 句子与段落要短

Bartram 指出：“短句子比长句子容易了解，这点很明显，不过并不意味所有的句子长度都应相同”，而新闻稿的段落，就是“要让读者有喘息的机会……如果读者一开始就发现他不时会有喘息的机会，读起来会看到的是一场马拉松赛的阅读要容易些”。所以，新闻稿的句子越短越好，每一段落越短越好，整篇新闻稿也是越短越好，只要能说明意思、充分表达想要传达的信息即可。

3. 避免自吹自擂

即使了解新闻稿的写作方法与格式，公关人员还是有可能犯下一些不必要的错误，例如，自我宣传的味道太浓厚，像“独一无二的”、“高人一等的”、“具有关键性的”、“最受欢迎的”等等带有自夸意味的词句，很容易让新闻编辑觉得“吹牛”，也会让新闻编辑很难弄清事实为何。

4. 准备必要的补充资料

新闻稿不单只是单纯的文字稿，还应该准备相关的照片、数字、图表或样品当作补充资料，这些辅助资料可以增加信息的说服力，因为一张图片或表格胜过千言万语。如果图片或表格被记者引述采用的话，将会增加报道的可看度与说服力。

5. 完稿后的检查与测试

写完新闻稿后，不要急着马上发，应该根据以下的建议进行重点检查：

(1) 主题掌握：主题与重点是否都写清楚，有没有漏掉 5W 的哪一个元素；

(2) 目标掌握：新闻稿是否能达到公关目标，例如，推广一项新产品，是否写出了新产品的名称、购买地点、产品特点等重要信息；

(3) 吸引力：标题对记者是否有吸引力；

(4) 是否明确：事情是否交代清楚，是否有含糊不清的地方；

(5) 错误：有无错字、漏字或误用典故成语，数据引用是否正确；

(6) 删减：读起来是否通顺流畅，够不够简洁有力，有没有不必要的重复，段落会不会杂乱，句子会不会太长。

新闻稿做完必要的自我检查后，如果时间允许，我们建议找熟悉的记者朋友作测试。毕竟他们有特殊的职业观点。请他们从专业“守门人”的角度来审视这篇新闻稿是否符合媒体的基本要求，增加这一层的测试和把关，对新闻稿的被采用几率，绝对只有好处没有坏处。

6. 新闻稿创意包装

新闻稿不仅仅是一张纸，更高明的公关专家可能采取某些包装方式，以便让新闻稿鹤立鸡群，不会被淹没在其他新闻稿堆之中。曾经担任迪斯尼公司行销经理的 Eric Schulz，为了让记者对他的新闻稿印象深刻，曾经把新闻稿和新闻资料放在印有小熊维尼图案的饼干桶里。由于这个精心的设计，又与迪斯尼的形象相当符合，使得新闻稿的效果非常突出。因此，他在其著作《行销游戏》一书中宣称：“媒体爱死了这个创意”。有机会的话，读者不妨也动动脑筋，想几个有创意的方式来包装一下您的新闻稿，不仅可以增加新闻稿被采用的机会，又能博得记者们的好感，何乐而不为呢？

(四) 新闻稿的其他形式

1. 电子新闻稿

电视是当前最有影响力、涵盖面最广泛的媒体之一。美国哥伦比亚公司对于电视新闻下了一个注脚：“富视觉性的事略，加上扎实的消息”。电视新闻与其他媒体的新闻，最大的不同之处在于表现方式。例如，广播是用来“听”的，报纸是用来“看”的，而电视新闻是“看”加上“听”，所以电视新闻除了基本新闻写作原则之外，还要注意视觉与文字的配合。

对一则新闻或消息而言，绝大部分的电视新闻报道都不会超过一分半钟，就算是调查性的报道，在时间上也很少超过五分钟。由于时间和画面的限制，电视新闻对信息内容的精简程度要求更为严格；更重要的是，电视新闻要的是“画面”。因此，成功的电子新闻稿应包含新闻价值的卖点，以及具有视觉冲击力的画面。例如，某客运公司司机因为薪资问题进行罢工抗议，司机们拖着饭碗向老板要饭吃，他们之所以用“饭碗”这个“道具”，除了想要突显薪资不合理的主题之外，就是要制造吸引电视媒体注意的画面。试想如果您是电视新闻记者，会不会争抢这个镜头呢?

要抓住新闻摄影记者与大众的目光，对于即将呈现在大众传媒上的新闻镜头，应该要精心设计。Salzman 提出几个设计精彩镜头的重点，包括：

（1）注意背景：画面主题要单纯，周围要避免不必要的杂物。选一个与主题相关的背景。

（2）室外比室内的画面效果好。

（3）确定标语横幅字体要够大，即使远一点也看得见。

（4）别让不希望、会混淆主题重点的东西出现在周围。

（5）考虑把诉求别在衣服上，以免摄影镜头照不到您的标语牌或横幅。

一般而言，电子新闻稿应该包括两个部分：

（1）文字稿（故事脚本）：稿头（类似平面的导言，但较短且较为口语化）、左边为拍摄场景之描述与约略长度、右边则为建议之新闻旁白。并应注明新闻总长度：附加组织名、公关联络人与联络方式。

（2）两轨声音频道的录像带（最好是 Beta—cam）：一轨为拍摄过程的自然收音，方便电视台重新编辑配音；另一轨则为公关人员所制作的旁白。

2. 杂志新闻稿

在公共关系发展的道路上，通过杂志刊登专稿，一直是公关人员偏好使用的主要宣传手法，一篇具有专业说服力的杂志稿，甚至能让一个公司起死回生。公关专家 Bemjamin Sommemberg 以一篇在《读者文摘》上的文章，为美国汤厨公司旗下的胡椒脊农场（Peridge Farm）打下了江山。而 Kent 牌香烟更是靠在《读者文摘》上的一篇文章起家。

杂志是提供深入报道的绝佳媒体，公关人员可以利用它设计规划更具有策略性的信息。然而杂志的缺点是：接触受众比报纸和电视小得多，若无事先规划，便无法成功。杂志的特点是专业性与深入性，所以公关人员在给杂志准备稿件时，应注重其深度，确保稿件能符合杂志的需求。此外，杂志的文稿写法与报纸不同，常常必须以更深刻的角度切入。公关人员除可以自己着手撰写杂志文稿外，也可以邀请常常为该杂志写稿的自由作家，或某领域的专家来捉刀，以增加稿子被采用的几率。提供给杂志的文稿，最好附上较为详尽的背景资料或照片，而且应该考虑杂志一贯的文风来下笔。

3. 广播新闻稿

针对广播电台所撰写的新闻稿，在写作原则上与一般提供给报社的新闻稿大同小异，但由于广播是以口语播出，许多听众可能正在移动或从事其他工作，注意力并不是十分集中，所以，稿件除了用字遣词应该更加精简之外，也要特别注意口语化。近年来，很多公关公司已经开始提供自制的新闻录音带，提高广播电台采用新闻稿的便利性，以增加新闻稿被采用的机会。因此。创意成为广播新闻稿是否能够脱颖而出的关键，例如，善用声音、音乐的特殊性、口语的双关含义，都是吸引广播记者的元素。

4. 读者来信

读者来信的影响力不容忽视。因为它代表公众对于某议题或某事件的一般性看法。公关人员运用读者来信这个专栏来发布信息，可以视为另一种形式的新闻稿，一般而言，读者来信会被刊登的几率可能大于新闻报道(据报社资深人员表示：读者投稿在热门报纸被刊登的比例大约是10∶1)。运用读者来信来发布信息，应该注意的事项包括：

(1) 必须是目前的热门议题：舆论版每天都有，站在报社的立场，讨论的议题旨在突显最新的民意走向。因此，过时或不受大众重视的话题，编辑们不会有兴趣。

(2) 特殊观点或角色观点：热门议题当然有很多人讨论或发表意见，如果一个议题已经被谈了，那必须换一个角度来谈。最受青睐的应该是与众不同的观点、或者是专业的意见。因此在必要的时候，可以选择此议题领域内之学者、专家的立场或角色来发表看法。

(3) 报社立场的考虑：报社有其鲜明的立场或偏好，想要提高投稿被刊登出来的几率，应该选择立场与自己的观点较一致的报社。另外，有些报社偏好采用专业人士或社团负责人的来信，有些报社则会忠实刊登小市民的心声，公关人员最好搞清楚之后再付诸行动。

(4) 报社的相关规定：例如，报社对字数的要求，对来信人真实身份、联络方式和投稿途径等的规定。更重要的是：切记一稿多投，报社最不喜欢这样的做法。

第三节　新闻媒体的选择

一、选择新闻媒体的原则

不同的新闻媒体具有不同的特点。公关人员在实际公共关系活动中，具体选择使用何种媒介，采用何种沟通方式，对公共关系活动的效果具有根本的制约作用。选择新闻媒体的原则有：

(1) 根据公众对象选择媒体的原则。公众是公共关系传播的对象，任何公共关系传播都有特定的目标公众，不同的公众对象适用不同的传播媒介，要使信息有效地传递给公众对象，就必须认真调查、研究公众自身的特征。公众研究应该考虑的方面包括：①公众的经济状况。公众经济生活水平高，有可能接近和使用费用较高的媒介；经济拮据的公众，则多数只能接触和使用费用较低的媒介。②公众的教育程度。一般说来，文化程度高的公众倾向于使用规范严谨的文字印刷媒介，文化程度低的人更喜欢使用生动活泼的电子媒介。③公众的个人地位。包括公众的地区归属、性别角色、年龄成分、心理状况、价值观念等。这些东西更直接地决定他们对媒介的选择习惯。总之，不能通过那些公众根本不喜欢、不选择的媒介把信息传达给他们。而应根据特定社会公众接受信息的习惯，选择不同的新闻媒体，以保证组织的新闻传播达到良好的效果。

(2) 根据公关活动的目标选择媒体的原则。公共关系是以树立组织形象、改善公众环境为目标的传播沟通活动，公共关系目标是组织整体发展目标的重要构成部分。任何公共关系传播都要实现一定的目标，传播媒介的选择和使用只是为了更好地达到这一目标。因此，选择媒体应该以遵循目标导向为核心，即公共关系活动的目标不同，适宜的传播媒介也就不同。例如，为了宣传组织的产品或政策、提高组织知名度的公共关系活动，就必须采用新闻报道、电视广告等传播媒体，因为这些媒介面向广大公众，覆盖面广，宣传效应大。

(3) 根据传播内容选择媒体的原则。根据传播信息内容的特点来选择和使用公共关系的传播媒介和方式，以保证组织的新闻传播达到良好的效果。内容导向原则的含义取决于以下几个方面：①信息内容的复杂程度。那些复杂的信息内容，需要公众反复思索、推敲才能弄明白，就应该使用印刷媒介（如报纸、杂志），而不宜用广播、电视，因为广播、电视的传播效果瞬间即逝。那些含义丰富、生动有趣的事件内容，可采用电子媒介进行形象的渲染。②信息内容的性质。如为宣传产品或理念，宜采用新闻报道或广告。回答个别消费者的投诉，则只需要采用面约商谈或书信解释的方式。处理危机事件，则要以大众传播媒介为主（因其信誉好），辅以其他各种信息传播媒介以具体地解决不同层次、不同方面的问题。③信息的保存价值。需要长久保存、反复利用的信息，宜用印刷媒介，而不宜采用电子媒介，因为电子媒介传播的信息不便保存，需要及时广泛传达而无需长久保存的信息，可采用电子媒介。

(4) 注重传播效果与经济负担的最佳结合的原则。选择传播媒体的技巧和艺术，在某种程度上表现为以最少的费用争取最大的社会传播效果，成功的公共关系新闻传播应该是在有限的经济条件下，充分发挥人的主观能动性，选择最适用的传播媒体，做到少花钱、多办事、办好事，寻求传播效果与经济负担的最佳结合。不同的媒体有不同的功能和特点及工作方式，如编辑方针、发行周期、排版、印刷时间、版面安排、栏目内容、印刷特点、发行范围、阅读对象和发行方式等，传播范围不要求很大时，应考虑选用非大众传播媒体。电视传播效果最好，但费用高昂；其他媒介费用较少，但效果相对较低。注意，这里并不是说只选择付费最少的媒介，而是要使传播成本有成果、有效益。只有那些为达到传播效果必不可少的费用，才是合理的支出。

二、选择新闻媒体的依据

公共关系工作人员在进行传播、选择新闻媒体时，要以组织自身的经济负担能力为依据。要善于进行科学的经济预算，要从组织的整体效益上考虑传播成本问题，要做到量入为出、合理开支。传播成本包括总成本和单位成本。一般说来，大众传播媒体的传播范围广泛，传播的单位成本（信息传达到每一个人所需的费用）比较低廉，但总成本却会很高（新闻报道属于例外，因为它不收费）。没有雄厚经济实力的组织，不应为了追求声势而盲目选用大众媒体。选用非大众传播媒体，尽管单位传播成本较高，但从总成本考虑，是能够承受的。因此，只对本地区有意义的信息就不要选用全国性的传播媒体；只对一小部分特定公众有意义的消息，就没必要非用大众媒体。

本章小结

本章介绍了新闻传播的含义，分析了新闻传播的特征，在此基础上阐述了如何撰写新闻稿、如何选择新闻媒体，从而使学生对公共关系新闻传播的理解更具体，学习目标更加系统与明确。

经典案例

时、空、安、静——奥迪 A8 新产品上市案例

一、项目背景

（一）面临的挑战和机遇

奥迪 A 8 轿车是奥迪豪华轿车系列中价格最昂贵、技术最先进的高档

旗舰产品，也是奥迪与奔驰S级轿车和宝马7系列轿车相抗衡的法宝，是奥迪公司计划2001年向中国市场推出的三款产品之一。

在国内的销售对象是政府高级官员、外交官、商界领袖及社会名流等一批上层人物，因此，奥迪中国所确定的公关目标是利用A 8轿车在豪华轿车领域的特殊地位来增强奥迪品牌在中国的总体形象。

严峻的挑战来自于中国市场，虽然中国消费者对奥迪A 8并不熟悉，但奥迪A 8在国际市场上并不是一款刚推出的新车型。如何把这款车型重新包装、重新定位，并把它的特性介绍给中国消费者，这无疑对罗德公关公司的策划能力提出了极高的要求。

在欧美国家，汽车业界的媒体记者往往具有很深厚的汽车专业知识；中国的专业记者对汽车技术的学习仍需要一个过程，而且刚刚开始接触试驾驶活动。因此，公关活动所面临的一个主要课题，是如何根据中国媒体记者的专业水平，采取别开生面的方式向他们说明A 8轿车的诸多技术优势和车主可以享受到的种种利益。由于时间紧迫、预算有限，开展这项活动的难度就显得更大。

（二）执行项目的地域

针对中国豪华车消费状况，此项目选定三个城市实施：北京、上海、广州。这三个城市也是中国豪华轿车消费最集中的城市。选定这三个城市，目的是通过公关活动分别影响华北、华东、华南市场。

二、项目调查

（一）媒体调研

中国汽车专业媒体记者对试车活动还没有很专业的知识和了解。如何针对中国媒体现状，实施一次别开生面、令人难忘的公关活动；同时，又能准确地把奥迪A 8的特性传达给媒体？公关活动实施前，罗德公关公司对国内20家主要的汽车和生活时尚杂志进行了电话采访。具体了解以下问题：记者对搞一次新款豪华轿车的试驾驶活动在形式上有些什么需求？记者希望选择什么样的地点？时间是一天还是半天或安排在晚间为宜？他们希望自己有多长时间进行试驾驶？通过调研，充分了解了媒体记者的需求，这对罗德公关公司更有的放矢地实施活动非常有帮助。

（二）市场调研

活动实施前，罗德公关公司对中国豪华轿车市场进行了充分调研。调研发现，在中国豪华轿车市场，奥迪A 8的主要竞争对手是奔驰S级轿车和宝马7系列轿车。通过调研还发现，在此之前，奔驰S级轿车和宝马7系列轿车虽然在中国市场有一定的销量，但从来没有在中国国内市场实施过某一具体车型的投放市场公关活动和试驾活动。另据了解，宝马中国区计划在中国市场实施“体验完美”巡回试车活动，但并非针对某一具体车型投放公关活动。因此，罗德公关公司要实施的此次公关活动，将是中国高端豪华轿车市场第一次车型投放和媒体公关活动，意义非比寻常。奥迪品牌在全球的核心价值是“技术领先”，罗德公关公司为奥迪中国策划的此次公关活动为其实现了“公关领先”——在公关活动和策划上已经领先于其竞争对手。

三、项目策划

(一) 具体公关目标

●利用奥迪 A 8 轿车的优秀品质，增强奥迪轿车在中国的总体品牌形象，使之成为豪华配置和领先技术的代表；

●创造消费需求，协助奥迪销售人员实现年销售指标（500 辆）；

●充分宣传奥迪 A 8 的领先科技所带来的突出卖点，如全铝车身结构、全时四驱系统等，以及这些技术优势为消费者带来的全新感受；

●在整个项目实施期间，敦促媒体进行广泛而持续的报道；

●奥迪 A 8 主要面向公务用车，因此要加强与政府部门之间的公关联系。

(二) 具体公关策划

●组织新闻媒体代表参加奥迪 A 8 轿车的试驾驶和试乘坐活动．让他们亲身体验拥有 A 8 轿车一族所享受到的生活风趣；

●根据奥迪 A 8 轿车正式上市活动中所宣扬的主题，设计四次演示活动，诠释 A 8 轿车在“时间、空间、安全和创造宁静氛围”诸方面所具有的优势，并采取非常直观和饶有兴趣的互动方式展现该款轿车给消费者带来的独特享受；

●聘请奥迪的技术人员和专业试车员讲授 A 8 轿车的各项技术和行驶特征；

●通过高雅的艺术表演烘托出奥迪 A 8 豪华至尊的地位。

(三) 目标公众

●政府高级官员、商界领袖、外交官、社会名流等上层社会人士，他们具有很高的社会知名度。

(四) 主要传播信息

●奥迪品牌理念的内涵——人性、激情、领先、远见；

●奥迪 A 8 的特性被概括为“时、空、安、静”：

时间魅力——奥迪 A 8 的强劲发动机为旅途节省了大量时间；该车配

备了豪华的车载一体化办公系统，使车主可以充分利用旅途时间；

空间魅力——奥迪 A 8 轿车为乘员提供充裕的内部空间。内部除宽敞外，还具有极高的舒适性和最豪华的装备。因此许多国家元首和国宾车队都选用奥迪 A 8；

安全魅力——全铝空间框架结构、全时四驱系统等先进技术，使奥迪 A 8 可提供超豪华轿车所能提供的最大程度的安全性能；

宁静魅力——奥迪 A 8 的优秀隔音特性营造了车内非常宁静的氛围。

（五）媒体选择（略）

（六）具体传播手段

●互动式专家讲解——来自德国的奥迪技术专家以专业的知识背景，向记者详细介绍了奥迪 A 8 的各种高科技装备。罗德公关公司用这种巧妙而又富有趣味的传播手段，把奥迪 A 8“技术领先”的理念以令人难忘的手段传递给媒体记者。

●紧扣主题的艺术表演——让每个记者坐在车内体验宁静似乎很难。罗德公关公司特意邀请到中央音乐学院著名古琴演奏大师，李祥霆教授，为媒体记者们上了一堂别开生面的“宁静课”。以在北京的活动为例，在天下第一城古色古香的庭院中，微风轻送，李大师即兴演奏，要么让记者点题演奏。只听古音铮铮，一首清雅的《高山流水》，窗外蝉声稀疏，再浮躁的人也能立刻心灵澄净下来。而李大师身后设计独特的奥迪 A 8 画板，则又突现出一个鲜明的具象。所听、所见、被渲染，记者们就是这样高雅地体验到了奥迪 A 8 的宁静。

●大开眼界的试车表演——罗德公关公司请来奥迪德国总部的专业试车专家，也曾是欧洲赛车手的克兰特先生，在试车场地，为记者们表演了惊险试车。为了体现奥迪 A 8 配备的 ESP 电子稳定程序在打滑或高速刹车等极端情况下所具有的卓越操控性能，克兰特在车速达到 120 公里/小时的情况下，双手撒开方向盘，伸出车顶天窗，同时急踩刹车。奥迪 A 8 在场地上 720 度急转弯，稳稳地停在记者面前。只有在电影特技表演中才能看见的一幕发生在眼前，媒体记者热烈鼓掌。

●记者亲身试驾奥迪 A 8——活动在记者亲身试驾奥迪 A 8 中达到高潮。记者在驾车加速到 80 公里/小时的速度时，急踩刹车，体验奥迪 A 8ABS 防爆子系统的卓越性能。通过试驾，媒体记者们对奥迪 A 8 的卓越安全性能留下了深刻的印象。

（七）与管理层的协调及获得的支持

●在公关活动中需要十几辆奥迪 A 8 轿车，用来接送记者前往试车活动地点。

虽然奥迪 A 8 是非常昂贵的豪华轿车，但奥迪特地协调其在中国的经销商，最后调集 10 辆奥迪 A 8 用于试车活动。

●10 辆奥迪 A 8 及其养护车辆形成一个庞大的车队。经过与当地交通管理部门协调，最后由当地交管部门派出警车开道，车辆行驶问题得到非常圆满的解决。

四、项目实施

1. 项目实施中遇到的困难

●场地的选择是项目实施中遇到的最大困难。项目实施的场地必须符合下列条件：该场地必须符合奥迪品牌高档豪华车的形象；高档、豪华；要有足够的试车空间；交通要方便，离市中心开车行程不超过 2 小时。

●准备时间异常紧迫。当客户最终确认策划方案时，离项目实施时间只有两个星期。

（二）项目实施细节

(以北京活动为例，上海、广州两地实施细节相同)

●活动实施分为两站：在北京古老的皇城根，参加试驾活动的记者都受到奥迪主要领导的迎候，并应邀观看一部有关 A 8 轿车的录像带，由奥迪领导向他们简要介绍为该款轿车而提出的在中国的营销计划以及奥迪最新的市场销售情况。接着，记者们分别乘坐十辆配备专职司机的崭新奥迪 A 8 轿车奔赴天下第一城。在行驶期间，车内播放由罗德公关公司事先录制的一组原创诗歌，这些诗歌在古典音乐的烘托下描述了 A 8 轿车的各项主要特征。

●抵达活动地点后，先让记者们享受一顿精美的午餐。然后引导他们去参观四个互动式演示区，奥迪 A 8 的特性被概括为“时・空・安・静”。大幅中文标题说明所要表达的各个主题：

空间优势：由一位来自德国奥迪总部的产品工程师对 A 8 轿车的主要特性进行全面而简要的介绍，包括该轿车所采用的全铝质车身结构、外观设计风格、内部配置特征、宽敞的坐椅、最佳的人机工程设计等。记者可随意拍照和提问。

享受宁静：由一位琴师在古琴上演奏节奏柔美而幽婉的中国古典乐曲。记者们可一边品茶，一边赋诗，并由琴师当场为他们配曲演奏。在这种氛围下，记者由感性的古乐充分体验了“静”的境界，由感性的认识又联想到奥迪 A 8 的安静魅力。

时间概念：由一对舞蹈演员在奥迪 A 8 轿车和钟楼的背景下表演现代舞，以诠释时间的本质及其稍纵即逝的特性。

安全性能：由来自德国的奥迪驾驶学校的一位教练讲述并表演A 8轿车的各项安全设施及其操作过程。

五、项目实施结果和评估

（一）媒体报道

●在北京、上海和广州三地，有来自93个媒体单位的126名记者参加了针对A 8轿车发布会的公关活动。

●有关A 8轿车的报道中，97.78%的文章从正面角度报道了这次活动。

（二）对销售工作产生的直接影响

自奥迪中国于6月开展营销活动以来，各地经销商共售出50辆A 8轿车，相当于奥迪一年指标的10%。奥迪经销商们反映，前去询问销售信息的顾客人数出现稳定增加。

（三）客户评价

奥迪中国区总监麦凯文对此次的公关活动评价说："我们对A 8轿车媒体公关活动对我们的销售业务所产生的效果感到惊喜，这种积极作用不仅表现在A 8轿车上，而且也表现在奥迪的所有产品线上"。

复习思考题

1. 什么是新闻价值？

2. 什么是新闻制造？

3. 案例分析：

"世界第一张丝绸报纸的诞生"与媒介传播

（一）背景介绍

杭州凯地丝绸股份公司1993年成立，是一家由国家、企业职工和外商共同持股的综合型丝绸出口集团。如今凯地丝绸已经成为国际市场的名牌，深受海外客户的欢迎。这还要从媒介传播说起。当时该公司作为商业大潮中的新生儿，要扩大其社会知名度，生产的丝绸报纸，需要独具创意的公关宣传，以塑造企业整体形象。同时，中国革命历史博物馆得知世界首版丝绸报纸诞生，也要求收藏，还要求展出。

（二）调研

以丝绸为材料印刷报纸，属新闻界和印刷史上的创举，具有高度的新闻价值和保存价值。

（三）目标

以有限的公关宣传费，巧妙借助丝绸报纸这一独特载体，赢得媒介和公众的热切注视。

（四）公关策划创意

杭州国际公关公司为其策划：以丝绸为材料印制浙江省内独家旅游服务报《江南游报》，并向中国丝绸博物馆、中国革命历史博物馆赠送世界首创的丝绸报纸。

（五）实施与执行

《江南游报》丝绸版共印刷100份。1993年6月15日，杭州国际公关公司在北京为该公司举行了向中国革命历史博物馆赠送丝绸报纸的仪式。行家评价：阅读和观赏效果极佳，反映了当代先进的真丝印花科技水平。

（六）评估

世界首创丝绸报被国内20余家报纸、电视台集中报道达30余次，海内外受众人数达2 500万人次。丝绸报宣传活动，既证实了中国高超的印丝术，也树立了该公司的形象，从此开创了丝绸报纸的先河。

案例思考题：

试运用公共关系学中的相关知识分析评点这一案例。

第十二章　公共关系案例与分析

学习目标

了解公共关系案例的含义与要素；理解公共关系案例分析的意义；掌握公共关系案例分析的程序与方法，提高案例分析的能力。

引导案例

"请留心你家的后窗"

20世纪50年代，好莱坞影片《后窗》曾风靡香港，该片描写了一个脑部受伤的新闻记者，在家养伤时闲极无聊，便买来一架望远镜，每日坐在屋子里从对面楼层的后窗窥视住户的家庭隐私，从而卷入了一场谋杀案。影片上映后，香港人竞相观看，形成了"后窗热"。这时，香港的一家生产百叶窗的企业成功抓住了这一事件。他们在报上连续刊登题目为"请留心你家的后窗"的销售广告，其生意一下子兴隆起来。

公共关系学是一门综合性的应用学科。长期的公共关系实践使公共关系理论得到不断的丰富、发展与完善。总结并分析公共关系实践，给予科学的理论概括，从而更有效地指导公共关系实践，是公共关系学研究和学习的重要内容。公共关系案例能全面、生动展示公关技巧，所以每个组织一定要注意尽可能多地了解和研究别人的公关实践，这样才能深刻领会、牢固掌握较多的公关技巧和公关知识，并在本组织中灵活应用，取得较好的效果。

第一节　公共关系案例的含义与要素

公共关系案例是公共关系工作的样板或行动蓝图，它是由公关人员根据真实的公共事例编写成的能体现矛盾发展过程、并能引起研究者思考与决断、引起公关人员参考与仿照的一种分析性材料。

一、公共关系案例的含义

案例一词，英文为Case，在不同的学科有不同的翻译。在医学上译为病例；在法律上译为判例；在企业管理上译为个案、实例、事例、案例等。

案例一词源于医学，其原意是指个别病案或医案。医疗部门须对病情诊断的处理方法有所记录，以便备案可查。这种待处理且有一定典型性的病例资料，即是案例。

关于公共关系的案例，至今没有一个被普遍公认的定义。我们认为：公共关系案例是对某一特定的公共关系活动的内容、情景及过程进行客观描述或介绍。包括公关活动的背景、主体与客体、目标与策划、过程与方式方法及效果等。

公共关系案例具有如下特征：

（1）目的性。案例是为了提高学员思考问题、分析问题、解决问题的能力，根据教学目的而编写的，案例目标明确，直接为公关教学服务。

（2）启发性。案例是有的放矢地围绕一个或几个问题而编写的。有的问题明显，有的问题隐含，需要学员去思考。

（3）客观性。公共关系案例，是对某一特定的公共关系活动的内容、情景及过程进行的客观描述，是尊重客观事实的，它要求案例编写者不带个人偏见。

二、公共关系案例的要素

公共关系案例是由一系列要素构成的。这些要素可以概括为两个方面：一是案例本身所反映的核心内容，即内在要素；二是案例的格式，即外在要素。

（一）内在要素

公共关系案例的内在要素，包括主体要素、客体要素、形象策划要素、传播媒介要素和环境要素等几个方面。

（1）主体要素。企业组织是公共关系的主体，是公共关系活动的主导方面，离开了企业组织这一主体要素，案例本身就毫无意义。

（2）客体要素。公众是公共关系活动的对象，也是构成公共关系案例的客体要素。

（3）形象策划要素。塑造组织形象是公共关系的主要职能，也是公共关系活动的基本目的。因此，塑造组织形象无疑是公共关系案例的目标因素。此外，策划是公共关系工作的重心，是决定公共关系活动成败的重要因素。成功的策划有助于公共关系活动的顺利开展以及企业组织的生存和发展。公共关系案例所反映的是一种有目的、有计划的活动。因此，形象策划也是公共关系案例的基本要素之一。

(4) 传播媒介要素。从某种意义上讲，公共关系是一种传播活动。企业组织是主体，公众是客体，传播则是联结两者的桥梁，是信息交流的媒介。在某一特定的公共关系活动中，主体采用什么样的传播手段与方式，选择什么样的传播媒介把信息传递给特定的公众，使他们接受，是事关公共关系活动成败的关键。因此，研究公共关系案例不能忽视对传播要素的分析。

(5) 环境要素。环境要素是指影响公共关系活动的社会政治、经济和思想文化方面的条件。它是构成公共关系案例的一个客观要素。任何公共关系活动都是在特定的社会历史条件下进行的。社会环境差异，决定公共关系活动的内容与方法必然有所不同，公共关系活动总是或多或少地带有时代与环境的烙印。

(二) 外在要素

案例的外在要素也即案例的格式要素，是指案例编排的格式与结构。格式是个形式问题，形式应适应和服从内容的要求。案例反映的现实多种多样，编写者的风格与目的又因人因事而异，所以难有统一的格式。不过，仍有一些约定俗成、普遍采纳的编写习惯可供借鉴。公共关系案例的外在要素一般由标题、正文和结尾三部分构成。

(1) 标题。即案例的名称。一般在公共关系案例的标题中，都直接地点明本例的主题，指明关键的问题或焦点。如“三株”的“虚假广告”风波、“泰莱诺尔”药物中毒事件等。案例不同于文学作品，在使用标题时不能带有浪漫色彩，应以点明案例所涉及的企业组织的关键问题为宜。

(2) 正文。正文是案例的主体与精华，反映案例的基本内容。对公共关系案例的正文要把握两个方面：一个是情节材料，即案例情节的变化与发展、事件本身的矛盾与冲突，以及解决问题后各方面的反应和社会的、经济的效果；二是背景材料，即介绍相关的历史背景和现实环境，把事件发生的时空条件交代清楚。案例正文的写作手法，应以朴实无华的文字叙述为主，尽可能将事件写得准确、鲜明、生动，有可读性。案例引用的材料必须真实。对具体事例可作适当的增删裁剪。

(3) 结尾。即指对案例正文的精辟总结。

此外，还可根据需要，在案例中加篇首、注释、图表及附录等。

三、案例的类型

根据不同的标准，可以将案例分作不同的类型。

(1) 根据案例的篇幅，可以将它分为小型案例、中型案例和大型案例

①小型案例。这种案例篇幅短小，反映矛盾单一，层次比较简单，线索比较清晰，解决的问题则是简单的公共关系问题。比如策划一篇新闻稿来开展宣传性公关，或组织一个小型赞助来开展社会性公关。如果纯粹以字数多少而论，一般小型案例是指2 000字以下的案例。当然这只是一个大致相对的数字。

②中型案例。这类案例情节结构相对比较复杂，反映一组相关的矛盾体，层次比较丰富，线索也显得复杂，解决的问题是一般组织的重要公共关系问题。比如，策划一个亲善活动来开展矫正性公关，或通过内部系列活动形成内求团结的和谐气氛。从字数的角度来说，一般中型案例是指2 000字到5 000 字之间的案例。

③大型案例。这类案例往往以解决综合公关问题为目标，容量极大，矛盾多样，层次芜杂，线索繁复，情节错综交叉，手段也是多维出击、多点击破，综合地反映公关活动的长篇、大型的公关案例。可以是重要主体(如一个国家）为了处理一件国内外反映极大的事件而综合展开的公共关系实务，也可以是一个组织（一般是企业）整体公关思路与连续性的公关活动。从篇幅上讲，一般超过 5 000 字的案例则是大型的公共关系案例。

当然，纯粹以字数来划分，难免机械和绝对，但是不可否认的是字数自然会影响到其承载案例的容量，所以，不能轻视从篇幅角度来划分的方法。

(2) 根据案例的内容，可以将它分为专题性案例和综合性案例

①专题性案例。一般是针对公共关系活动的某个方面的专题来操作公共关系活动的案例。这类案例手段运用比较单一，活动目标比较简单，说明的问题也比较专题化，便于人们对某一专业问题如何使用公共关系有比较清晰的了解。

②综合性案例。一般是以组织整体公共关系对象来描述组织公共关系运作中存在的一些事关全局的问题。比如组织的宏观形象定位问题，重大突发事件的补救与矫正等，这类问题往往有许多相关因素，不但需要尽数罗列，减少遗漏，而且还需要抓住中心、扭转关键，这无疑是对公共关系从业人员综合素质的考验。

(3) 根据案例的功能，可以将它分为“描述/评审型”与“分析/问题型”。

①“描述/评审型”。“描述/评审型”案例介绍具体某一个公共关系实务的全过程，有现成的公共关系方案和计划，要求案例的使用者能对之进行评审，指出该方案计划的科学性和关键处，同时需要点出其疏漏与不足，整个评审要以公共关系的基本原理为依据。这种案例可以描述发现与处理问题的全过程，使案例学习者能够加深对公共关系基本原理的认识，也能使人们对公共关系方案和计划有一种评审能力。但是，这类案例大多只写到方案拟订好为止，不叙述执行结果，也不加以总结评价，具有不确定性的一面，也有思索回味的余地。

②“分析/问题型”。“分析/问题型”案例是在公共关系状态的描述中显含或隐含有一定的问题，要求案例使用者把这些问题挖掘出来，分清主次、探索原因，最后拟订对策，作出决定。这类案例对于公共关系人员学习、培养分析问题和全面把握问题的能力无疑是有意义的。

当然，上述两类案例是很难划分得泾渭分明的，因为事实上纯粹的描述是不存在的，描述中往往蕴含问题，反之，问题亦离不开描述。同时，评审中不能没有分析，而且任何分析总是带评审性的。因此，上述划分是相对的，而不是绝对的。

由于分析解剖方向的差异，实际上可以对案例作各种分类，但从公共关系教学价值上讲，上述三种分类是最为重要的。

第二节　公共关系案例分析

一、案例分析的意义

公共关系案例的分析是从另一种角度来研究和把握公共关系学。这种分析可以探讨公共关系实务的普遍规律，分析公共关系运作的各种形式，探寻公共关系现象与本质、形式与内容等诸多联系，具有相当重要的意义。

1. 深化理论学习

任何公共关系案例都或多或少地蕴藏着公共关系的理论。因此，案例的研究分析可以通过个别到一般、透过现象到本质来揭示其中蕴藏的公共关系思想，从而在具体案例中推导出一般的公共关系原理，探寻带有普遍指导意义的内在规律。这是案例分析的根本目的所在。如果研究案例只是就事论事地进行分析和讨论，或者是急功近利想找一些立竿见影的榜样去模仿，那是没有什么好效果的。公共关系案例的分析不仅有利于把握公共关系理论，而且有利于深化对公共关系理论的学习，因为案例研究分析是从具体上升到抽象，与一般教学中以抽象框架为依托填塞具体例子的路子正好相反，所以比较易懂好记、生动形象。因此，我们说公共关系案例的分析能深化理论学习，指的就是通过另一思路的补充来深刻地掌握理论。

2. 典型示范引导

因为公共关系案例带有典型性，因此，对其解剖分析本身就有揭示规律的意义，具有示范的价值和引导的功能。从典型案例中总结出的原则和方法、经验和教训，能反映出特定时代的公共关系活动规律。当然，这种示范和引导是科学理论本身的举一反三式的自然辐射，而不应是牵强附会式的照抄照搬，应当是启发思路引导思考，而不是照样画葫芦生搬硬套。

3. 逼真模仿训练

公共关系案例的突出优势是能营造一个逼真的公共关系氛围，使使用者好像身临其境一般，参与式地进行学习和研究。一般的公共关系教学理论的严谨性不言而喻，但学习研究者多是处于旁观者的角色去接受、汲取知识，而公共关系案例由于逼真而直观，让使用者完全以主人翁的角色出现，去分析问题，把握症结，策划活动，解决问题，这不仅可以大大激发人们的学习研究兴趣，也为日后投身于实实在在的公共关系活动作好模拟准备。

4. 知识转化技能

公共关系案例是提供公共关系知识的，其根本目的是使学习研究者将知识转化为技能，通过启发暗示使案例使用者逐步掌握发现问题、分析问题、解决问题的能力。尤其对于普通高等院校的在校学生来说，这一点尤为重要。因为，一般高校学生经过严格而系统的公共关系理论训练，其知识非常全面，但由于缺乏实际工作经验，导致能力严重缺乏，作为应用性学科学习者，公共关系专业学生不能“高分低能”。公共关系案例则是将知识转化为能力的重要手段。在具体公共关系活动之中，综合灵活地运用公共关系知识，完成公共关系实务设计。一旦这种能力真正得到培养，进入岗位以后，他们将能很快地适应社会，胜任自己的社会角色。

5. 理论联系实际

公共关系案例本身就是理论与实际联系的桥梁。研究公共关系案例，便是采集大量的公共关系事例，然后进行精选，优秀的案例往往以现实问题为研究对象，以事实和数据为根据，并将理论知识寓于案例之中。通过分析研究，可以使大量的感性体验升华为理性认识，从而进一步指导实践活动。

二、案例分析的程序与方法

1. 案例分析的一般程序

阅读案例，发现问题。首先需要细致地阅读编写好的案例，从中发现可供分析的材料和依据。当然，阅读方法可以根据个人的阅读习惯而自行选择，但非常清楚明白地掌握事件的前因后果，然后发现可供深究的问题，这是首先应当做好的事情。根据国外的一般情况，重视公关预算以及投入产出的情况，是考核公关活动成败的重要内容。

确定重点，提出思考。一个案例可供人重点考究的地方一般不会太多，就是那么一个或几个，这是该案例之所以成为案例的关键所在，也是案例中最为闪光的内容。针对这些重点，提出思考，引导人们开动脑筋，发挥想象，通过探索，获得答案，再作深挖，产生一个又一个新的思路和想法。

深入分析，得出结论。在各种可供参考的思路中寻找联系，然后更全面清晰地分析其全部关键环节，再各方论证，得出比较一致并且非常清晰的结论。

2. 案例分析的一般方法

案例分析的方法往往受分析者偏好所左右，下面，我们列出一些方法，仅供参考。

专题型分析。即针对某一问题、某一角度、某一侧面、某一因素进行切入性的深层分析。其优点在于重点突破、目标集中，而不是全线出击、到处撒网、遍地开花。可以通过一个具体案例的剖析，把有关问题的来龙去脉、因果联系、难点所在、关键环节、主要技巧、时机把握等一系列问题说透说深，从而使阅读该案例的人，对某一专题问题有一个深入的了解。本书所采用的大量分析，均属于专题型分析，而且所分析的专题都是被选案例中最为闪光的一面。当然专题分析也可能产生一些弊端，比如以偏概全，抓住一点不及其余，而实际上一个公关案例的完成是多方面作用的结果。针对这一点，我们认为可以有两个弥补方法：一是汇编案例群，多点透视达到立体审视效果，即本书的办法；二是专题研究者会诊，由不同专家就自己最拿手的专题进行分析，共同创造其完整性。

综合型分析。即对案例所反映的全部问题进行全面系统分析，甚至包括背景资料的引入和同类其他案例的比较分析。这类分析方法系统完整全面，主干分析与辅助分析、正向切入与逆向推导、正面论述与反面印证交叉使用，相辅相成，勾勒出完整的、立体化的场景和运作顺序，有利于阅读者把握全貌，也可以将学过的公共关系理论知识组装起来。其缺点是难免注意力分散，头绪众多，往往产生蜻蜓点水的效果，什么都说了什么都没说清，尤其是对那些庞杂繁复的案例，综合分析不容易把握。其补救办法是分层次、分阶段、分侧面的切割，既有整体效果、内在逻辑，又不乏细致入微、深入透彻。

讨论型分析。如果说上两种分析是有结论分析的话，那么讨论型分析则是无结论或多种结论的分析，这种分析带有很强的研讨味，有几种思路，甚至是几种迥异、对立的思路并存，供阅读者比较权衡。分析者给出几个结论或不给结论，让阅读者参与完成分析过程。这种分析的优点在于实际上发生的公共关系实务本身确有争议性，很难有统一的结论与模式，所以，讨论型分析更能还其本来面目，也更能启发学生学习。其缺点是对初学者来说把握不易，仿佛模棱两可，使人无所适从。案例分析方法的差异，除了分析者的习惯、专长差异之外，最主要的是案例本身条件有差异，不同的案例有不同的分析方法，所以，要根据具体案例情况，来决定选择什么样的分析方法最为妥当。

三、公共关系案例材料的收集

公共关系案例材料的收集，是一项繁复而艰辛的工作。为了做好这一项工作，需要注意以下几点。

（一）自我操作时的资料保存

公共关系案例编写者在自己开展公共关系实务活动之前就应当有充分的思想准备，保存全部公共关系实务活动过程中的资料，以备日后细细研究。作为公共关系活动的具体操作者，在实施活动期间，可谓是千头万绪，许多人根本没精力也没心思来考虑资料保存问题，忙完一阵子，整个公关活动结束了，才发现许多珍贵的资料丢失了，这是非常遗憾的。有经验的公共关系从业人员，应当能充分估计到将要开展的公共关系活动会有什么程度的反响与效果，如果确系有希望成功的策划活动，从一开始就应当注意收集全过程的资料，整个活动一完成，一份全面、准确、生动、形象、丰富的公共关系案例材料便收集完毕，对这些材料的选编分析本身也成了公共关系评估的内容。

（二）对案例材料进行采访的线索捕捉

对于那些不是自己亲自动手操作，但由案例编写者自己去采访的公共关系案例材料，最重要的是需要捕捉线索。作为案例编写者，应当有足够的敏感性。当某一社会组织提出公共关系活动的目标时，公共关系案例编写者便应当注意其公共关系部的动向和公共关系公司的情况，最好对整个调查、策划、实施、评估全过程都能进行跟踪采访，即便出于效果的考虑，有关方面不愿过早披露策划构思，作为案例编写者也应当想方设法去寻找线索，一旦活动全线推出，如果有充分的材料准备，其公共关系案例分析几乎同步推出，这种新鲜感和亲切感对于案例学习者是很有吸引力的，因为这些案例不仅发生在身边，甚至就发生在昨天或今天。

（三）建立必要的案例信息网络

对于保存的公共关系案例材料，光依靠案例编写者个人去注意收集是极为有限的，尤其对遥远的国外案例材料更是如此。现代社会是信息社会，案例编写者必须注意形成必要的信息网络，以便有广泛的信息渠道和搜寻视野，这一点，国外的一些公关组织，像公关协会、大学的图书馆、公关研究机构的信息库等均做了大量的卓有成效的工作。

（四）注意案例调查的方式方法

首先注意案例调查对象的选择，寻找那些的确具备卓有成效的公关实务潜力并且又乐意配合调查的组织作为案例调查对象。

其次要注意调查态度的坦率和真诚，向对方清楚说明调查意图，使得被调查者明白这种合作将是互利的。案例材料的调查导致案例分析的发表，不但能宣传企事业单位，提高企事业单位的知名度，而且可以帮助企事业单位分析其公共关系活动之得失，帮助他们进一步改进公共关系实务。

最后要注意案例调查中的职业道德问题，要注意尊重被调查者的意愿，做好必要的保密工作。

20 世纪 20 年代，当哈佛大学工商管理学院首次倡导案例教学，并着手建立案例库时，学员外出收集材料经常使企业顾虑重重。最后，他们依靠真诚合作、互惠互利的原则，终于为案例材料的收集打开了通道。经过多年的实践，案例教学越来越为更多的人所理解和重视，现在，被收入案例库已成为许多企业求之不得的殊荣。

案例

昆明世博会的公关活动

中国“99 昆明世界园艺博览会”，由公共关系搭台，以花为媒，借助新闻媒体的宣传报道和渲染声势，引起了社会公众的广泛关注，已成为展示中国形象风采的重要窗口，它将以世纪之交人类盛大的庆典而载入史册。世博会成功的举办，也给云南的发展带来重大的契机，真正做到了

"让世界了解云南，让云南走向世界"。

昆明世博会的成功也反映出理论策划的魔力。通过本案例，我们可以了解公共关系工作的一些基本原则和环节。

（一）背景资料

云南省，地处我国西南边陲，是少数民族聚居最多的省份之一，有汉、彝、白、哈尼、傣、壮、苗等 20 多个民族。昆明市是云南省的省会，一座著名的历史文化名城，元、明、清三代是云南首府和我国西南的名城重镇。昆明又是一座四季如春的"春城"和整年开花的"花城"，为避暑游览名城。

当听说本届世博会要在中国举办时，云南省立即将奇花异卉搬到北京展览，引起人们的注意。后来通过反复游说活动，终于成功地争来了举办世博会的机会。

尽管世博会是由国际展览组织主办、我国具体承办的专业性博览会，但是，对于举办城市而言，它无疑也是一项城市的 CIS 策划与实施。世博会的会址设在云南省昆明市东北部的经典名胜风景区，占地 218 公顷，植被覆盖率在 76.7%，水面占 10%～15%。这些都为世博会的举办提供了良好的自然环境。世博会展区包括五大室内展馆：中国馆、国际馆、人与自然馆、大温室和科技馆；三大室外展区：国际展区、中国展区和企业展区。这次博览会有 26 个国际组织与 68 个国家和地区正式参与。

在昆明世博园内，汇聚着 2 000 多种植物，加上土生土长的遍地奇花异卉，形成了色彩纷呈的花的海洋。

在参展的国际组织与国家和地区中，有 25 个来自亚洲，20 个来自欧洲，14 个来自非洲，8 个来自美洲，1 个来自大洋洲。为了更热情、周到地接待来自五洲四海的嘉宾，云南省的 16 个地、市、州的 6 万名青年志愿者积极参与世博会服务，仅昆明地区就有 2 万人分别在公交线上、旅游景区等地开展服务工作。全省公交、商业、旅游、铁路、民航等 10 个窗口行业的近万名青工，均以立足本职岗位、开展优质服务竞赛等方式，服务中外宾客。由彝族、白族等 56 个民族组成的中国"99 昆明世博会"导游小姐 130 余人，穿着多姿多彩的民族服饰彬彬有礼地展开各种礼仪、导游活动。她们是从全国 2 000 多名报名者中选拔出来的。

（二）策划思路

古希腊物理学家阿基米得曾用物理学原理推断说："给我一个支点，我可以撬起整个地球。"虽迄今未见地球被谁撬起，但千百年来，似乎也未有人怀疑这一大胆推论的正确性。

做策划，最关键的一环大约也就在于找到这样一个恰当的"支点"。

这个支点可以是被策划项目的本身，也可以是足以“撬起”策划项目的另一事由。在前一种情况下，“支点”因其支点身份而辉煌；在后一种情况下，则需要发现支点并锻造支点，这一过程即是策划功力的发挥与显示过程，亦为大家与小家的分野处。

中国“99 昆明世界园艺博览会”堪称宏大项目，非大家无以措手。世博会请来了策划专家，其策划思路即是将世博会本身当作支点来塑造，即不仅策划世博会，也策划昆明、策划云南。非如此不足以凸现世博会的意义与价值，非如此亦不足以拓宽世博会本身的策划思路，亦不足以获取成功举办世博会所需的资源。既然云南作为旅游大省的地位有待世博会这样一个“超级机会”来促成或证明，那么世界园艺博览会不仅是其自身的事情，也不仅是昆明市的事情，更是整个云南的头等大事。于是云南省委书记提出：“以世博会的筹备为契机，把全省动员起来，在整个云南开展塑造形象工程的活动。”于是中国“99 昆明世界园艺博览会”就成为世人瞩目的焦点。这便是把策划的项目当作支点来运作的成功之举。

于是人们也不难理解为什么世博会的理念为“万绿之宗、彩云之南”了。理念，相当于航海图之于航船，又相当于指南针之于夜行人；理念，就是解决把商品推向市场，并被市场接受的问题；理念是策划不可缺少而必须精心提炼的。“万绿之宗，彩云之南”可谓一语双关，若即若离，在似与不似之间，既昭示了科学的事实，又披上了历史文化的彩纱；既说到了世博会，又不只是说世博会，精致巧妙地体现了以世博会为支点“撬起”云南作为旅游大省地位的策划思想。用中国古人冯涛的话说，就是“含不尽之意，见于言外”，“一语天然万古新”。

（三）强烈的公关意识

云南省在申办世博会之前就有了强烈的公共关系意识，在世博会的举办地点还悬而未决、几个申办城市尚处于犹豫观望之际，云南省政府就敏锐地意识到：举办本世纪末最后一次园艺博览会，将是一次展示和提升云南形象的绝佳机会。省政府当机立断，决定加入申办城市的行列，积极开展说服和沟通工作，大力展示云南独特的自然地理优势，终于赢得了世博会的主办权，取得了第一阶段的胜利。与此同时，他们大胆地依靠外脑，邀请了公共关系策划专家为世博会进行整体设计，从而为世博会的成功举办奠定了坚实的基础。

（四）形象建设的奇效

为了更好地办好此次博览会，云南狠抓形象要素，创造良好的“软”、“硬”件环境。为了向海外游客展示昆明以至整个云南省的“硬件”和“软件”环境，省政府千方百计筹集了巨额资金，完成了昆明的基础设施建设和旧城改造工作，整个昆明的城市形象焕然一新：街道宽阔、高楼林立、通讯发达、交通便捷，加上蔚蓝的天空、清新的空气，让游客流连忘返。此外，省政府还很重视“软”环境的塑造。他们通过报纸、电视等大众传播媒介，向昆明市民进行宣传教育。同时要求各单位特别是窗口行业单位积极开展员工素质培训。所以，昆明市民在世博会期间，热情大方，彬彬有礼，遵守公德，爱护环境，主动讲普通话，展示了他们的良好道德修养和精神风貌，给海内外游客留下了美好的印象。

（五）信息传播的力量

云南大力开展传播活动，宣传世博会。早在世博会的准备期间，省政府就在全国各大媒体上大量地进行世博会的宣传报道，在全国掀起了世博会的热潮。他们邀请了党和国家领导人出席盛大的开幕式，并在中央电视台黄金时段进行实况转播。还制作播放了关于北约悍然袭击我国驻南联盟大使馆而西方游客仍受到中国人民热情欢迎的节目，使西方入境游客减少的情况有所缓解。

本章小结

本章通过介绍公共关系案例的含义与要素，让我们从另一种角度来研究和把握公共关系学。同时，对案例分析的程序与方法进行了阐述，这种分析可以帮助探讨公共关系实务的普遍规律，了解公共关系运作的各种形式，对探寻公共关系现象与本质、形式与内容等具有相当重要的意义。学会公共关系案例的分析，可为我们以后的实践奠定良好的基础。

复习思考题

以下是两则案例，请仔细阅读，并运用公共关系学有关原理回答问题。

巨款购买吉祥号码的教训

某年 6 月，广西北海市某公司以 60 万元巨价购得一手机吉祥号码“901888”，创下当时全国电话号码拍卖之最。新闻媒介报道后，引起了广泛的关注和评论。企业的名气虽然打出去了，但并没有产生预期的形象效果。很多人对此事发表了不同的看法：有的说这根本就是无意义的举动，是拿着公司的钱来玩一种迷信的把戏；有的说这纯粹是为了炫耀……

认养动物

在上海动物园因经费紧张面临倒闭之际，“狼”牌运动鞋生产厂家看准时机，率先领养了动物园的狼群，并提出“与狼共存”的口号，其强烈的社会责任感和标新立异的公关创意，不仅引起了社会广泛关注和新闻媒介的报道，而且赢得了社会各界的赞扬。

案例思考题：

(1) 以上两则案例中，两家公司的管理层各具备什么样的公关观念？

(2) 为何两家的公关效果不同？

(3) 你从这两则案例中得到什么样的启示？

公关员国家职业标准（新版）

（国家职业资格工作委员会公共关系专业委员会办公室）

中国公关网讯　备受公关业界广泛关注的《公关员国家职业标准》（新版）日前在京通过专家鉴定。

随着我国公共关系专业服务市场和职业的迅速发展，现使用的《公关员国家职业标准》已不再适应新的形势。2003 年 6 月，国家职业资格工作委员会公关专业委员会在劳动和社会保障部职业技能鉴定中心的指导下，组织专家对《公关员国家职业标准》进行了修订。

《公关员国家职业标准》（修订稿）起草组针对公共关系职业发展的现状，结合本职业实战技能和智业顾问的特点，在广泛征求了业内专业人士意见的基础上，4 次易稿，最终形成了较为规范的《公关员国家职业标准》（修订稿）。新版标准共设五个等级，在原有的初级公关员、中级公关员和高级公关员上，增设了" 公关师"（国家职业资格二级）和" 高级公关师"（国家职业资格一级），对五个等级的申报资格提出了明确的要求，同时，在" 公关师" 和" 高级公关师" 的考核办法上做出了新的规定，除技能知识闭卷考试外，还增加了专业技术报告和答辩的专家评审考核。

3 月 4 日至 5 日，国家职业资格工作委员会公共关系专业委员会在北京召开了《公关员国家标准》（新版）审定会。来自北京、上海、广东、安徽等地的公关专业委员会委员和部分资深学者、专家共 20 人参加了审定工作，国家职业资格工作委员会公共关系专业委员会主任委员和铭先生主持了审定会议，中国国际公共关系协会常务副会长兼秘书长郑砚农同志到会讲话，国家职业技能鉴定中心标准教材开发处领导刘永彭同志亲临专家审定会并作了具体指导。审定会上，与会领导和专家学者对新版标准进行了认真审阅，并给予了较高的评价和认可，认为新标准反映了本职业在我国的水平，涵盖了我国本职业各个等级的职业功能和工作内容，突出了本职业的能力要求。该标准对本职业和等级、职业功能和工作内容的划分合理，全面反映出本职业活动的具体要求，体例格式以及专业术语的作用规范，具有实用性和可操作性。与会专家普遍认为，《公关员国家职业标准》（新版）的实施，将使我国公共关系职业的专业认证和教育培训工作迈上新的台阶，对于加强全国公共关系专业人才队伍的建设，提高广大从业人员的专业素质，促进公共关系行业的发展具有里程碑的意义。

1. 职业概况

1.1　职业名称：公关员

1.2　职业定义：从事组织机构信息传播、关系协调与形象管理事务的调研、策划、实施和评估以及咨询服务的从业人员。

1.3　职业等级：本职业共设五个等级，分别为初级公关员（国家职业资格五级）、中级公关员（国家职业资格四级）、高级公关员（国家职业资格三级）、公关师（国家职业资格二级）和高级公关师（国家职业资格一级）。

1.4　职业环境：室内。

1.5　职业能力特征：

具有一定的分析、推理、判断、表达、交流和运算能力，学习能力强，形体知觉好。

1.6　基本文化程度：高中毕业（或同等学历）。

1.7　培训要求：

1.7.1　培训期限：

全日制职业学校教育，根据其培养目标和教学计划确定。

晋级培训期限：初级公关员不少于120标准学时；中级公关员不少于100标准学时；高级公关员不少于80标准学时；公关师不少于60标准学时；高级公关师不少于40标准学时。

1.7.2　培训教师：

培训公关员的教师应具有本职业公关师职业资格证书三年以上或相关专业中级及以上专业技术职务任职资格；培训公关师的教师应具有本职业高级公关师职业资格证书或相关专业高级专业技术职务任职资格；培训高级公关师的教师应具有本职业高级公关师职业资格证书三年以上或相关专业高级专业技术职务任职资格。

1.7.3　培训场地设备：标准教室和会议室。

1.8　鉴定要求：

1.8.1　适用对象：准备从事本职业工作的人员，以及正在从事本职业工作的专业人员。

1.8.2　申报条件：

——初级公关员（具备下列条件之一者）：

（1）经本职业初级公关员正规培训达规定标准学时数，并取得合格证书。

（2）连续从事本职业或相关职业（新闻、广告、营销、管理、秘书）2年以上。

（3）取得经劳动保障行政部门审核认定的，中等以上职业学校公共关系或相关专业（新闻、广告、营销、管理、秘书）毕业证书。

——中级公关员（具备下列条件之一者）：

（1）取得本职业初级公关员职业资格证书后，连续从事本职业或相关工作（新闻、广告、营销、管理、秘书）2年以上，经本职业中级公关员正规培训达规定标准学时数，并取得合格证书。

（2）取得本职业初级公关员职业资格证书后，连续从事本职业或相关工作（新闻、广告、营销、管理、秘书）3年以上。

（3）具有公共关系专业或相关专业（新闻、广告、营销、管理、秘书）大学专科以上学历，并从事本职业工作1年以上。

——高级公关员（具备下列条件之一者）：

（1）取得本职业中级公关员职业资格证书后，连续从事本职业或相关工作（新闻、广告、营销、管理、秘书）2年以上，经本职业高级公关员正规培训达规定标准学时数，并取得合格证书。

（2）取得本职业中级公关员职业资格证书后，连续从事本职业工作3年以上。

（3）具有大学本科学历，并连续从事本职业或相关工作（新闻、广告、营销、管理、秘书）2年以上。

（4）具有公共关系本科学历，并从事本职业工作1年以上。

——公关师（具备下列条件之一者）：

（1）取得本职业高级公关员职业资格证书后，连续从事本职业工作4年以上，经本职业公关师正规培训达规定标准学时数，并取得合格证书。

（2）取得本职业高级公关员职业资格证书后，连续从事本职业工作5年以上。

（3）具有公共关系本科学历并连续从事本职业工作5年以上，或具有大学本科学历并连续从事相关工作（新闻、广告、营销、管理）6年以上。

（4）具有公共关系（方向）硕士以及MBA、MPA学位并从事本职业或相关工作（新闻、广告、营销、管理）1年以上。

——高级公关师（具备下列条件之一者）：

（1）取得本职业公关师职业资格证书后，连续从事本职业工作5年以上，经本职业高级公关师正规培训达规定标准学时数，并取得合格证书。

（2）取得本职业公关师职业资格证书后，连续从事本职业工作6年以上。

（3）具有公共关系本科学历并连续从事本职业工作10年以上，或具有相关专业（新闻、广告、营销、管理）本科学历并连续从事本职业工作12年以上。

（4）具有公共关系硕士（方向）及以上学历或MBA、MPA学位并连续从事本职业工作5年以上。

（5）具有大学本科学历，职业表现突出者或担任本职业高级管理职务（总经理或总监以上职务），为职业发展和行业建设做出重大贡献的资深专业人士，须由国家职业资格工作委员会公关专业委员会两名委员推荐。

1.8.3 鉴定方式：

分为理论知识（含职业道德）和技能操作考核两种方式。理论知识考试采用闭卷笔试方式，技能操作考核：公关员采用闭卷技能笔试方式；公关师、高级公关师采用现场实际操作方式。理论知识考试和技能操作考核均采用百分制，皆达60分以上者为合格。公关师和高级公关师还须进行专业评审，具体如下：

——公关师：

（1）需提交一份专业技术报告（涉及本职业的、能反映专业能力的项目建议书、研究/开发成果或论文等，并需附上由两位公共关系或相关专业副高级专业技术职务任职资格及以上职称或已获得高级公关师资格两年以上的专家意见书）；

（2）由评审委员会对其所提交的专业技术报告和现场答辩进行审核和评判。

——高级公关师：

（1）需提交一份专业技术报告（涉及本职业的、能反映专业能力的项目建议书、研究/开发成果或论文等，并需附上由两位公共关系或相关专业正高级专业技术职务任职资格或已获得高级公关师资格三年以上的专家意见书）；

（2）由评审委员会对所提交的专业技术报告和现场答辩进行审核和评判。

1.8.4 考评人员与考生配比：

公关员考试（考核）均按每20名考生配一名考评员。公关师和高级公关师考评人员与考生配比：理论知识考试考评人员与考生人员配比为1∶10；技能考核为1∶5；专业评审需同时不少于3名评审委员会委员。

1.8.5　鉴定时间：

公关员各等级的理论知识考试（包括职业道德考试）时间为 90 分钟。公关员各等级技能考核时间为 120 分钟。

公关师理论知识考核（包括职业道德考试）时间为 90 分钟，技能操作考试时间为 90 分钟，专业评审时间为 30 分钟。

高级公关师理论考试（包括职业道德考试）时间为 90 分钟，技能操作考试时间为 60 分钟；专业评审时间为 60 分钟。

1.8.6　鉴定场地设备：标准教室和会议室。

2. 基本要求

2.1　职业道德

2.1.1　职业道德基本知识

2.1.2　职业守则

(1) 奉公守法，遵守公德；

(2) 敬业爱岗，忠于职责；

(3) 坚持原则，处事公正；

(4) 求真务实，高效勤奋；

(5) 顾全大局，严守机密；

(6) 维护信誉，诚实有信；

(7) 服务公众，贡献社会；

(8) 精研业务，锐意创新。

2.2　基础知识

2.2.1　公共关系基础理论

(1) 公共关系的含义

(2) 公共关系的要素

(3) 公共关系的职能

(4) 公共关系的工作程序及其原则

2.2.2　公共关系的发展简史

(1) 中国公共关系的发展简史和现状

(2) 国际公共关系发展史

2.2.3　公共关系职业道德规范

(1) 公共关系职业道德规范的形成过程

(2) 公共关系职业道德规范的内容和基本要求

2.2.4　相关法律、法规知识

(1) 合同法的相关知识

(2) 反不正当竞争法的相关知识
(3) 消费者权益保护法的相关知识
(4) 涉外经济法的相关知识
(5) 广告法的相关知识
(6) 知识产权法的相关知识
(7) 著作权法的相关知识
(8) 劳动法的相关知识
(9) 国家有关新闻出版、信息传播等方面的法规

3. 公关员工作要求

本标准对初、中、高级公关员和公关师、高级公关师的技能要求依次递进，高级别涵盖低级别的要求。

3.1 初级公关员

职业功能	工作内容	能力要求	相关知识
一、沟通协调	(一)接待联络	1. 能按礼仪规范进行接待活动 2. 能答复电话问询 3. 能起草贺信、贺电、请柬	1. 日常礼仪的基本内容和要求 2. 接待来访的程序和基本要求 3. 社交礼仪文书的类型和文体
	(二)演讲介绍	1. 能准备组织演讲材料 2. 能简述组织基本情况	1. 演讲的类型和功能 2. 演讲的基本要求
	(三)公众关系处理	1. 能处理简单问询 2. 能进行事务性联系	1. 公众关系协调原则 2. 公众关系协调的一般方法
二、信息传播	(一)媒介联络	1. 能准备媒介联络资料 2. 能收集、整理、制作新闻剪报	1. 与媒介交往的原则和方法 2. 新闻剪报的基本要求
	(二)新闻发布	1. 能准备有关新闻资料 2. 能联络新闻发布会场事宜	1. 新闻发布的程序 2. 与新闻发布有关的礼仪要求
三、调查评估	(一)方案准备	1. 能准备调查和评估所需资料 2. 能承担调查的联络工作	1. 调查的目的和意义 2. 调查的基本程序
	(二)方案实施	1. 能进行一般性文献调查 2. 能进行问卷的发放与收集	文献调查法的步骤与技巧
	(四)数据统计	能对调查数据进行简单的统计和整理	数据统计的简单方法
四、活动管理	(一)策划准备	1. 能准备策划所需资料 2. 能安排策划会议	1. 专题活动的类型、特点 2. 专题活动策划的一般程序
	(二)活动实施	1. 能联络活动现场 2. 能绘制活动场地布置图 3. 能使用投影仪、幻灯机、照相机和摄像机	1. 会场布置的基本知识 2. 印刷品的一般制作过程 3. 投影仪、幻灯机等设备知识

3.2 中级公关员

职业功能	工作内容	能力要求	相关知识
一 沟通协调	（一） 接待联络	1. 能按礼仪规范进行中外接待 2. 能撰写社交公关文书	1. 中外礼仪的基本内容和要求 2. 社交文书的类型和写作要求
	（二） 演讲介绍	1. 能介绍组织的历史和现状 2. 能组织小型演讲活动	1. 演讲的基本技巧 2. 演讲活动的程序
	（三） 公众关系处理	1. 能处理日常公众问询 2. 能与主要公众进行信息沟通 3. 能安排领导与公众进行沟通	公众关系协调的主要方法和基本要求
二 信息传播	（一） 媒介联络	1. 能进行媒体联络 2. 能安排记者采访 3. 能追踪监测采访结果	1. 记者职业特点 2. 新闻传播的基本程序 3. 新闻追踪和监测的基本要求
	（二） 新闻发布	1. 能检查发布资料的准备情况 2. 能接待现场媒体采访活动	新闻发布的性质、特点
	（三） 宣传稿编写	1. 能撰写新闻通讯稿 2. 能编写组织内部刊物 3. 能编写组织对外宣传册	1. 新闻稿的类型和撰写要求 2. 新闻编写的基本要求 3. 公众的特点和心理需求
三 调查评估	（一） 方案准备	1. 能提供与调查相关的背景资料 2. 能起草小型调查方案	1. 小型调查的基本程序 2. 调查方案的写作要求
	（二） 方案设计	1. 能设计小型观察调查提纲 2. 能设计小型访谈提纲 3. 能设计媒介文献调查方案	1. 调查方法的类型与特点 2. 调查方法的运用及其原则 3. 调查问卷文案写作知识
	（三） 方案实施	1. 能用观察法进行调查 2. 能用访谈法进行调查 3. 能进行各种媒介的文献调查	1. 观察调查法的步骤与技巧 2. 访谈调查法的步骤与技巧
	（四） 统计分析	1. 能对调查数据进行统计分析 2. 能编制调查评估图表	1. 常用的数据统计的方法 2. 调查评估分析的原则和方法
四 专题活动	（一） 活动策划	1. 能制订简单策划方案 2. 能编制行动方案和时间表	1. 专题活动目标和主题的确定 2. 策划构思的方法
	（二） 活动实施	1. 能按要求执行活动方案 2. 能收集活动物品市场信息	1. 音像宣传品制作的有关知识 2. 活动物品的市场信息
五 危机处理	（一） 舆论监测	1. 能监测媒体负面报道 2. 能监测公众关系中的消极信息	1. 危机管理的基本概念 2. 危机处理的程序和技巧
	（二） 危机传播	1. 能应对日常公众投诉 2. 能准备危机传播材料	1. 危机传播管理的原则 2. 危机处理中的新闻发布要点

3.3 高级公关员

职业功能	工作内容	能力要求	相关知识
一沟通协调	(一)接待联络	1. 能制订接待计划 2. 能负责业务谈判接待工作	1. 接待程序、特点和基本要求 2. 谈判知识和技巧
	(二)演讲介绍	1. 能介绍组织政策和远景情况 2. 能组织演讲活动,充当主持人	1. 演讲类型、功能和基本要求 2. 主持人的功能和基本要求
	(三)公众关系处理	1. 能制订外部公众沟通计划 2. 能制订内部公众沟通计划	1. 公众关系沟通的原则和策略 2. 公众关系沟通的主要方法和基本技巧
二信息传播	(一)媒介联络	1. 能规划媒介数据库的建设 2. 能安排记者采访组织或代表组织接受记者采访 3. 能制订简单媒介传播计划	1. 信息传播的基本原则 2. 中国媒介特点 3. 媒介传播组合及传播技巧
	(二)新闻发布	1. 能制订新闻发布计划 2. 能组织新闻发布活动	新闻发言人制度的内容和要求
	(三)宣传稿编写	1. 能编写各种新闻稿件 2. 能起草组织内部刊物及音像资料的编写方案	1. 内部沟通的原理和方法 2. 内部通讯的设计原则
三调查评估	(一)方案准备	1. 能洽谈和承接调查项目 2. 能撰写调查项目方案 3. 能撰写评估项目方案	1. 调查项目的要求和技巧 2. 各种调查的基本程序 3. 评估的原理及其应用
	(二)方案设计	1. 能设计观察调查方案 2. 能设计各种调查问卷 3. 能设计实验调查方案	1. 各种调查方法的取舍原则 2. 各种调查方法的原则及技巧
	(三)方案实施	1. 能执行调查方案的实施工作 2. 能执行评估方案的实施工作	1. 实施调查的知识与技巧 2. 实施评估的知识与技巧
	(四)报告编写	1. 能对调查数据进行分析 2. 能撰写小型调查报告 3. 能撰写小型评估报告	1. 数据统计类型、方法与技巧 2. 调查报告的类型和写作技巧 3. 评估报告的类型、写作技巧
四、活动管理	(一)活动策划	1. 能组织小型活动的策划工作 2. 能起草简单的策划建议书 3. 能对活动效果进行基本预测	1. 主题构思的技巧 2. 策划创意的技巧 3. 大型活动相关的政策法规
	(二)活动实施	1. 能对中型活动进行管理 2. 能制订具体的行动方案 3. 能编制活动预算 4. 能对中型活动进行现场监控	1. 可行性研究的方法 2. 专题活动的流程管理 3. 预算的基本常识和技巧

（续表）

职业功能	工作内容	能力要求	相关知识
五 危机处理	（一） 舆论监测	1. 能对媒介负面报道进行分析 2. 能提出危机处理意见	1. 危机的处理程序 2. 危机预警的基本原则
	（二） 危机处理	1. 能根据危机管理计划进行危机处理工作 2. 能根据危机管理计划进行危机传播管理	1. 危机管理工作要点 2. 危机期间媒介关系的协调与沟通
六 公关咨询	（一） 一般性咨询	1. 能处理日常工作中的咨询工作	1. 公关咨询的工作原理 2. 咨询业务的一般工作流程
	（一） 咨询建议	能起草日常服务公关建议书	公关建议书的写作技巧

3.4 公关师

职业功能	工作内容	能力要求	相关知识
一 传播沟通	（一） 业务沟通	1. 能制定和审定业务洽谈策略 2. 能进行高层次的业务谈判	1. 业务沟通的特点和基本要求 2. 业务洽谈的工作流程及技巧
	（二） 公众协调	1. 能负责制订全年公众沟通计划 2. 能单独承担主要公众关系（政府、行业、社区等）的协调工作 3. 能有效地进行客户关系管理	1. 长期沟通规划的原则 2. 政府、行业、社区等重要对象的工作特点和沟通渠道 3. 客户关系管理的原则与方法
	（三） 公关传播	1. 能制订并执行媒介传播计划 2. 能运用传播工具进行公关传播 3. 能撰写各种专题性新闻稿件 4. 能有效地进行媒介关系管理	1. 媒介概况和新闻报道原则 2. 新闻传播的方式方法 3. 媒介沟通与投放技巧 4. 媒介关系管理知识
二 创意策划	（一） 客户需求测评	1. 能准确把握客户的市场环境并做出符合实际的判断 2. 能客观分析客户公关工作中需改进的环节	1. 市场信息和数据分析的知识 2. 组织竞争战略的有关知识
	（二） 公关策划	1. 能根据客户需求制定有效的公共关系战略和计划 2. 能起草大型公关策划建议书，并提出创意性计划和行动方案 3. 能进行一般性的案例研究分析	1. 公关创意策划的基本方法 2. 决策过程及其理论 3. 创造性思维的有关知识 4. 客户所属行业的市场状况 5. 案例研究的原则和方法

（续表）

职业功能	工作内容	能力要求	相关知识
三 策略管理	（一）公关调查	能运用各种调查研究方法与工具发现一个组织面临的各种公关问题	1. 市场调查的一般知识、方法和步骤 2. 定性与定量的分析方法 3. 调查工作涉及的有关法规
	（二）媒介管理	1. 能规划媒介关系工作框架 2. 能建立并维护媒介数据库 3. 能开展积极的、形式多样的媒介关系活动	1. 媒介关系的工作内容 2. 媒介关系的工作技巧 3. 媒介数据库的有关知识
	（三）市场传播	1. 能运用发布、巡展、论坛、培训等传播工具进行市场传播 2. 能实施全年市场传播计划和行动方案 3. 能帮助组织规划市场传播战略和策略	1. 产品发布、巡展，研讨、论坛、培训等工作的程序、内容和技巧 2. 市场营销的知识和工作原理 3. 整合营销传播的基本理论和技术原理
	（四）企业传播	1. 能利用媒介传播、事件策划、品牌战略等工具进行形象传播 2. 能实施全年形象传播计划和行动方案 3. 能帮助组织规划品牌战略	1. 媒介传播、事件策划、品牌战略的工作原理和工作技巧 2. 组织战略、组织文化、组织运作与管理的基本内容
	（五）公共管理	1. 能制订政府关系工作计划 2. 能建立与政府、行业、社区之间良好的工作渠道 3. 善于并保持经常性的沟通	1. 政府关系、社区关系的工作原理和工作技巧 2. 最新政策动向和产业动向 3. 组织赞助的程序和应用
	（六）公关评估	1. 能结合组织的目标，对公关工作的中、长期效果进行评估 2. 能从公关活动的效果出发，鉴别日常公关工作的薄弱环节	1. 组织管理与绩效评估的有关知识、方法和工具 2. 数理统计与分析的基本知识
	（七）网络公关	1. 能运用互联网技术，加强与各类公众的交流与沟通 2. 能及时更新组织网站上的内容资料，构建网上的沟通平台	1. 网页设计的有关知识 2. 网络营销的有关知识

（续表）

职业功能	工作内容	能力要求	相关知识
四 项目管理	（一）项目确认	1. 能有效地进行项目沟通 2. 能快速对公关需求进行鉴别 3. 能进行商业合同谈判	1. 市场环境的有关知识 2. 高级商务谈判的策略与手段 3. 跨文化传播的有关知识
	（二）项目竞标	1. 能客观分析客户工作中存在的薄弱环节 2. 能有效进行项目沟通 3. 能把握项目竞标的各种变化	1. 公关市场预测的基本知识 2. 客户关系管理知识 3. 项目竞标的工作内容和工作流程
	（三）项目执行	1. 能独立承担项目小组的管理工作，并进行全案跟踪和监控 2. 能进行现场的有效管理和监控，并灵活处理各种变化	1. 流程管理的原则与方法 2. 目标管理知识 3. 时间管理知识 4. 财务管理知识
	（四）项目评估	1. 能有效统筹项目实施的有序性与完整性 2. 能在项目结束后与客户保持积极的沟通并总结实施经验	1. 项目管理的核心原则 2. 项目评估方法与手段
五 危机管理	（一）计划制订	1. 能制订危机管理计划 2. 能协调危机中相关方面的关系	危机管理计划的撰写要求
	（二）危机处理	1. 能及时处理危机事件 2. 能主持危机管理计划的实施 3. 能监控危机事件信息传播	1. 危机管理的工作程序和技巧 2. 危机传播中的新闻发布要点
	（三）危机传播	1. 能起草危机管理预警方案 2. 能承担危机传播管理工作	1. 危机管理预警方案的要点 2. 危机传播管理工作内容
六 管理咨询	（一）公关公司管理	1. 能开展公司的业务管理 2. 能对公司业务、财务、人力资源、客户服务等进行有效的管理	1. 企业管理的主要内容 2. 企业财务、税法、劳动法、合同法等有关的法律知识 3. 人力资源管理知识
	（二）公关部门管理	1. 能协调公关部门的各项工作 2. 能对公关部门业务、人力资源和组织战略决策进行管理 3. 能为组织管理层提出公共关系的策略建议 4. 能协调公关部门与其他部门以及外部公关公司的合作	1. 服务营销与品牌管理知识 2. 组织形象识别系统（CIS）知识
	（三）专业咨询	1. 能对组织公共关系的状态进行策略分析 2. 能对组织的公关战略提出建设性建议和成熟的实施方案 3. 能对组织的中长期公关计划提出指导性的策略建议	管理咨询的原则、程序和方法的专门知识

（续表）

职业功能	工作内容	能力要求	相关知识
七 培训指导	（一）培训	1. 能对中级专业人员进行培训 2. 能对非专业人员进行日常培训	
	（二）指导	1. 能编写专业培训讲义 2. 能对公关员进行业务指导	培训的有关知识、案例教学法

3.5 高级公关师

职业功能	工作内容	能力要求	相关知识
一 传播管理	（一）舆论监测	1. 能及时掌握公众舆论动向，并指导组织建立相应的资料库 2. 能对组织与各主要公众间的关系状态进行整体定位	1. 舆论调查的有关知识 2. 舆论分析的原理和技巧 3. 公共关系状态定位研究
	（二）传播沟通	1. 能审定全年公关传播计划，指导公关传播计划的执行 2. 能制定中长期公关传播战略和规划	1. 长期传播计划的基本内容及其特点 2. 公共关系战略与规划
	（三）关系协调	1. 能监控与各主要公众关系，维持良好的沟通渠道 2. 能指导客户关系管理	1. 公众关系的沟通原则和策略 2. 主要公众对象的特征和工作环境
二 创意公关	（一）创意策划	1. 能主持大型公关活动策划 2. 能对公关建议书提出专家意见 3. 能审定大型公关活动方案 4. 能评判公关活动效果	1. 大型活动的有关政策法规 2. 创新思维的工作原理 3. 策划的基本理论和原则 4. 创新管理的基本知识
	（二）公关研究	1. 能综合进行公众舆论研究与分析，并提出科学建议 2. 能独立进行公关案例研究 3. 能主持开发公关工作工具	1. 舆论及传播研究的有关知识 2. 案例研究与分析 3. 各种研究手段的有关知识 4. 专业发展趋势
三 危机管理	（一）预案策划	1. 能审定危机管理预警方案 2. 能主持或审定危机管理计划	主持或审定危机管理计划的要点
	（二）预防与规避	1. 能主持危机管理工作 2. 能提供危机管理建议 3. 能独立提供危机管理顾问服务	2. 公关咨询工作原理和流程 3. 各种应急技巧训练知识
	（三）危机管理培训	1. 能进行危机管理训练 2. 能根据情况的变化对危机管理预案进行不断更新	1. 专业培训的基本要领 2. 培训工具的有关知识

（续表）

职业功能	工作内容	能力要求	相关知识
四 网络公关	（一） 网络舆论调研与评估	1. 能运用现代传播技术把握组织与公众的关系状态 2. 能对互联网不同公众反应进行整理，建立数据库并及时更新	1. 现代通讯科技的有关知识 2. 网络传播的形式．特点和功能等方面的有关知识
	（二） 网络工具使用	1. 能使用网络工具，建立组织与公众的互动平台 2. 能规划并审定网络公关计划	与网络传播有关的法律与法规
	（三） 网络监测与维护	1. 能监测网上公众的反应 2. 能采取多种互联网沟通手段，保持与公众间日常的积极互动	1. 网络监测的有关知识 2. 网络设计与网络安全方面的有关知识
五 组织管理	（一） 公关公司管理	1. 能独立承担专业公司的运营 2. 能对公司业务、财务、人力资源、客户服务等进行有效监督 3. 能开拓公司新业务和新客户 4. 能规划公司企业文化建设	1. 企业战略、管理等有关知识 2. 营销、质量管理等有关知识 3. 企业使命和社会责任的有关知识
	（二） 公关部门管理	1. 能主持公共关系部门工作 2. 能对公关部门的业务、人力资源和公关战略进行有效的监督	1. 卓越公共关系标准 2. 项目预算知识
六 战略咨询	（一） 环境监测	1. 能组织和指导对组织的各类公众进行分门别类的分析，并分别建立相应的资料库 2. 能负责对组织与各主要公众间的关系状态进行整体定位与把握	1. 消费者权益保护法和组织社团法规等方面的法律知识 2. 相关行业的有关知识
	（二） 问题诊断	1. 根据组织目标，能指导对组织公关整体运作效果进行评估 2. 能对影响组织环境的因素进行分析和研究	管理决策的有关知识
	（三） 战略建议	1. 能负责对组织与各主要公众间的关系进行调整和改善提出建设性建议 2. 能指导撰写并审定组织与公众间关系的咨询报告和建议案	1. 战略管理的有关知识 2. 组织文化建设的有关知识
	（四） 趋势预测	1. 能从组织环境的视角把握组织的公关特征 2. 能提出组织公关运作应注意的主要问题清单 3. 能对组织的中长期公关计划提出指导性的策略建议	战略公关和国际公共关系知识

（续表）

职业功能	工作内容	能力要求	相关知识
七 培训指导	（一）培训	1. 能对高级专业人员进行培训 2. 能对组织领导人进行高级培训	1. 培训方案的编制方法 2. 专业课件开发的有关知识
	（二）指导	1. 能编写专业课件 2. 能对公关师进行业务指导和专业指导	1. 公关职业的前沿知识 2. 专业指导的有关知识

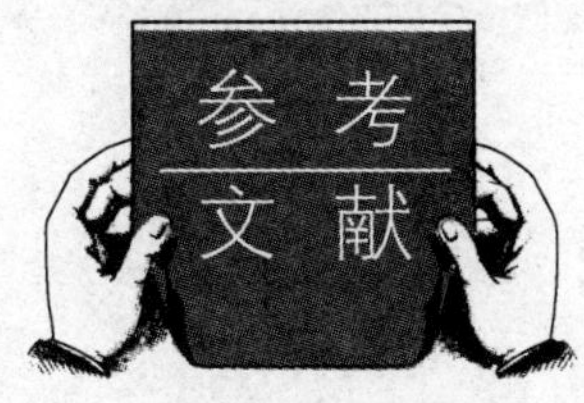

[1] 许成钦．公共关系实务．武汉：华中科技大学出版社，2004
[2] 万力．国际关系策划．北京：民主与建设出版社，2002
[3] 吴勤堂．公共管理学．武汉：武汉大学出版社，2004
[4] 林祖华．公共关系学．北京：中国时代经济出版社，2005
[5] 熊源伟．公共关系学．合肥：安徽人民出版社，2003
[6] 沈志屏．管理策划空间——公共关系新论．辽宁出版社，1999
[7] 李兴国．公共关系实用教程．北京：高等教育出版社，2000
[8] 廖为建．公共关系学．北京：高等教育出版社，2000
[9] 舒咏平．公关托出名牌．武汉：武汉大学出版社，1999
[10] 郭惠民．国际公共关系教程．上海：复旦大学出版社，1996
[11] 王珑．公共关系原理与实务．重庆：重庆大学出版社，2004
[12] 黄昌年．公共关系学．上海：上海交通大学出版社，2003
[13] 廖为建等．公共关系学．北京：经济科学出版社，2002
[14] 斯各特·卡特里普，艾伦·森特．公共关系教程（第 8 版）．北京：华夏出版社，2001
[15] [美]桑德拉·黑贝尔斯，查里德·威沃尔二世．有效沟通（第 7 版）．华夏出版社，2005
[16] [美]斯蒂芬·M. 波伦，马克·莱文．职场沟通艺术．北京：中信出版社，2003
[17] 董耀会，俞健红．卡耐基成功处世艺术．北京：中国经济出版社
[18] 李亚平、仝德稷．公共关系实战精要．北京：中国经济出版社，2005
[19] 王刚．把握好为人的艺术与处世学问．武汉：中国三峡出版社，2003
[20] 杨光，张力威．实用公共关系．大连：大连理工大学出版社．2005

图书在版编目(CIP)数据

公共关系学/马纯,张祎主编.—合肥:合肥工业大学出版社,2007.2(2014.7重印)

ISBN 978-7-81093-547-0

Ⅰ.公… Ⅱ.①马…②张… Ⅲ.公共关系学 Ⅳ.C912.3

中国版本图书馆CIP数据核字(2007)第018161号

公 共 关 系 学

主编 马 纯 张 祎 责任编辑 疏利民 特约编辑 陆 敏

出 版	合肥工业大学出版社	版 次	2007年2月第1版
地 址	合肥市屯溪路193号	印 次	2014年7月第8次印刷
邮 编	230009	开 本	710毫米×1000毫米 1/16
电 话	总 编 室:0551—62903038	印 张	17.75
	市场营销部:0551—62903198	字 数	325千字
网 址	www.hfutpress.com.cn	印 刷	安徽江淮印务有限责任公司
E-mail	hfutpress@163.com	发 行	全国新华书店

ISBN 978-7-81093-547-0　　定价:28.00元

如果有影响阅读的印装质量问题,请与出版社市场营销部联系调换。